주린이를 위한

친절한
주식공부

최신 개정판
당장 써먹는 주식투자 실천 가이드

주린이를 위한 친절한 주식공부

지은이 곽상빈
발행처 도서출판 평단
발행인 최석두

등록번호 제2015-00132호
등록연월일 1988년 07월 06일

개정판 1쇄 발행 2023년 05월 25일
개정판 7쇄 발행 2025년 01월 10일

주소 (10594) 경기도 고양시 덕양구 통일로 140 삼송테크노밸리 A351호
전화번호 (02) 325-8144(代)
팩스번호 (02) 325-8143
이메일 pyongdan@daum.net

ISBN 978-89-7343-555-5 13320

ⓒ 곽상빈, 2023, Printed in Korea

주린이를 위한

친절한 주식공부

· 곽상빈 지음 ·

《 최신 개정판 》

평단

돈 공부를 열심히 해보니
답은 주식투자뿐이었다!

돈이 돈을 버는 세상,
노력은 한계가 있었다

내가 처음 주식투자에 관심을 가지게 된 것은 경제학과에 입학한 2008년이었다. 그 당시 남들보다 늦은 나이에 대학에 입학한 나는 각종 아르바이트로 꽤 많은 돈을 모아두고 있었다. 그래서 돈이 운용되는 메커니즘을 진지하게 알아보자고 생각하고는 '주식 좀 배워봐야겠다'고 마음먹게 되었다. 사실 그전까지는 주식투자를 '투기꾼들의 도박'으로 생각해 멀리하던 터였다.

우리나라 경제 역사상 가장 비극적인 사건은 1998년 IMF 외환위기일 것이다. IMF 사태가 터지기 전까지 아버지는 건설회사의 하청업체 사장이었다. 초등학교에 막 입학한 나는 아버지가 '사장님'이라는 사실이 정말 자랑스러웠다. 당시 아버지는 개인사업자라 할 수 있었는데, 회사의 주인으로서 누릴 수 있는 것들이 어린 내 눈에는 굉장히 멋져 보였다.

그러던 중 비극이 닥쳤다. 외환위기 상황이 심각해지면서 국내 굴지의 대기업들이 공중 분해되고 쓰러져 갔다. 아버지가 의지하고 있던 한보그룹도 도산하고 현대건설 계열사들이 구조조정에 들어가면서 아버지의 회사는 졸지에 부도를 내고 말았다. 불행은 그것으로 그치지 않았다. 아버지가 설정했던 보증 때문에 20억 원의 빚을 떠안은 우리 가족은 살던 집도 잃고 재산도 모두 압류당한 채 달동네로 도망쳐야 했다.

어린 나이에 그 일을 겪은 나는 한동안 충격에서 헤어나지 못했다. 그 뒤 나는 아버지가 이루지 못한 사업 성공을 위해 다양한 도전을 했다. 기술을 배우고 인터넷 쇼핑몰 회사에서 아르바이트를 하며 장사도 배웠다. 대학에 가는 시간조차 아깝다는 생각에 실업계 고등학교에 자원했고, 벤처기업을 차려 사장의 자리에도 올랐다. 그때 나는 겨우 열여섯 살이었다.

나는 "열심히 일해서 버는 소득이 그 무엇보다 아름답다."라는 원칙을 정해 정말 열심히 살았다. 잠자는 시간을 아껴가며 프로그램을 개발하고 제품을 만들기 위해 부단히 노력했다. 그냥 열심히만 하면 성공은 자연히 따라올 것으로 믿었다. 워런 버핏 같은 투자자보다는 빌 게이츠의 스타트업 신화를 좇아 "나도 노력하면 저렇게 멋진 인생을 살 수 있을 거야." 하는 기대를 품었다.

그러나 내가 밤을 새워가며 만든 제품들은 팔리지 않았고, 열심히 아르바이트를 해가면서 손에 쥔 건 월 150만 원 정도가 다였다. 정말 열심히 일하는 엔지니어 선배들을 봐도 삶이 쉽사리 나아질 것 같지 않았다. 내가 초능력자가 아닌 이상 노동소득에는 한계가 있다는 사실을 실감했다. 사업도 어설프게 해서는 절대 성공할 수 없을뿐더러, 돈 없이 시작해서는 큰돈을 벌지 못한다는 뼈아픈 교훈을 얻었다.

　나는 경제학과에 입학한 뒤 돈에 대해 누구보다 열심히 공부했다. 그 결과 답은 주식투자이며, 주식투자야말로 진정한 회사의 주인이 되는 길임을 깨달았다. 주주는 회사의 경영자인 CEO를 고용할 수 있고, 의사결정에 참여할 수 있으며, 회사가 번 돈으로 배당을 받는 존재다. 주주의 또 다른 장점은 "사장은 회사가 망하면 원금보다 큰 책임을 지지만, 주주는 자기가 투자한 원금만 날리면 책임이 끝난다."는 것이다. 이를 전문용어로 '유한책임有限責任'이라 한다.

나는 주주가 되기로
결심했다

　　　　　　　　　　아무리 열심히 일해도 억대 연봉이 한계라고들 한다. 노동소득은 분명 상한선이 있는 것 같다. 잠도 제대로 못 자고 일하는 컨설팅 회사 임원들의 연봉이 아무리 높다 해도 주주 같은 자본가가 누리는 자본소득에 비하면 얼마 되지 않는다. 자본이 축적되면 그 자본을 투자해서 더 큰 자본소득을 창출할 수 있다. 그러나 노동소득은 생활을 위해 사용하고 나면 축적되는 데 한계가 있을 뿐만 아니라 그것만으로는 노후 보장이 힘들다.

　그렇기 때문에 소득이 생기면 하루라도 빨리 자본을 축적하는 데 써야 새로운 자본의 형성을 꾀할 수 있다. 주식시장은 지속적으로 성장하고 있다. 앞으로 경제가 성장하는 속도(예를 들면 GDP 성장 속도)보다 기업이 성장하는 속도가 더 빠를 것이기에 그렇다.

부동산 시장 같은 실물시장에 비해 세금이나 거래비용이 낮고 환금성은 높은 것이 주식이다. 게다가 4차 산업혁명이 진행 중인 이때 그와 관련된 산업에 투자할 수 있는 통로는 주식뿐이다. 개인투자자가 직접 사업체를 차리지 않는한 말이다.

돈이 나를 위해 일하도록
판을 짜라

우리나라는 정말 다양한 업종의 다양한 기업이 있다. 기업마다 성장 단계와 성장 가능성이 다르고, 규모와 주가가 다르므로 투자자마다 자신에게 적합한 종목을 잘 고른다면 다양한 현금흐름을 만들어낼 수 있다. 소액으로 단타를 즐기고 싶다면 소규모 회사 중에서도 리스크가 큰 종목을 공부해서 투자하면 되고, 장기투자로 목돈을 만들고 싶다면 우량주에 장기투자 하면 된다.

거의 16년에 걸쳐 주식시장을 경험해본 결과 우리나라만큼 주식투자에 대해서 뒤늦게 관심이 집중된 나라도 없고 성장 가능성이 높은데 관심을 갖지 못한 종목이나 미개척 종목이 많이 숨어 있는 나라도 없다는 생각이 든다. 나도 10년 전부터 꾸준히 우량주를 모아두었다면 지금쯤 큰 부자가 되지 않았을까 한다. 그런데 주식을 샀다가 팔았다가 하면서 단타매매를 즐겼고 한 종목을 꾸준히 가지고 있지는 못했다.

주변을 둘러보라. 정말 열심히 일해도 경제적으로 항상 궁핍한 사람들이 대부분이다. 왜 그럴까? 무엇보다 노동의 가치가 위대하다고 배우며 자란 탓일까? 우리는 열심히 일해서 번 돈으로 먹고살려고 노력하고 또 노력한다. 그럴수록 자본에 대해 공부할 시간은 없고, 자본주의의 꽃이라 할 수 있는 주식투자와는 더욱 멀어진다. 남들은 돈이 돈을 벌 수 있는 시스템을 즐기고 있는 동안 나는 상대적으로 가난해지고 있는 것이다.

그렇다. 돈이 나를 위해 일해줄 수 있는 포트폴리오를 만들지 않으면 남들보다 뒤떨어지게 된다. 안타깝지만 이것이 자본주의 사회의 생존 법칙이다.

주식시장은 공부하는 자만이
살아남는 곳이다

그렇다고 아무런 공부 없이 주식시장에 진입하는 것은 정글에 맨몸으로 뛰어드는 것과 다를 바 없다. 2020년부터 '주린이'라는 말이 널리 쓰이고 있다. 주린이는 주식에 대해서는 어린이라는 신조어다. 모든 사람이 주식으로 돈을 버는 모습에 나도 한번 주식해볼까 하는 생각에 주식투자를 막 시작한 주린이들이 빚까지 끌어모아 주식에 올인하고 있다.

그런데 주식은 예·적금 상품처럼 가격이 일정하지 않다. 수시로 떨어지거나 오르거나를 반복한다. 그 와중에 잘못 투자하면 내가 투자한 종목이 사라질 수도 있다. 일명 상장폐지가 그것이다. 거래정지가 되어 한동안 현금화하지 못해 돈이 묶여버릴 수도 있다.

나도 로스쿨 2학년 재학 당시 어떤 종목에 1,500만 원을 투자했다가 일주일 만에 거래정지가 되는 경험을 했다. 대표이사가 횡령으로 기소된 게 이유였는데, 바로 상장폐지 실질심사에 들어가는 것을 보고 밤잠을 설쳤다. 그나마 막연한 감으로 한 게 아닌 분석해 투자한 것이기에 거래정지가 풀리고 50%의 수익을 보았다. 그래도 아찔한 기억이다.

이런 황당한 일을 겪지 않으려면 반드시 주식시장의 작동 원리를 알아야 한다. 그뿐만 아니라, 거래소 규정을 이해하고 회계 공부도 해야 한다. 치열하게 공부하고 시간을 투자한다면 큰 수익을 볼 수 있는 곳이 주식시장이다.

코로나 팬데믹, 기본기가 탄탄하면
이때가 기회다

코로나19 확산은 우리 삶을 많이 바꿔놓았다. 팬데믹 사태 초반에는 주가가 곤두박질쳤고 주식시장은 폭락을 향해 달려가고 있었다. 그런데 재미있는 건 그 엄청난 하락장에서 개미투자자들의 끝없는 주식 매수였다. 이에 '동학개미운동'이라는 신조어까지 탄생했다. '동학농민운동'을 패러디한 이 신조어는 외국인과 기관투자자에 늘 당하기만 했던 개인투자자들이 이번에는 잘 맞서 싸웠다는 의미를 내포하고 있다.

우리나라 주식시장은 주로 외국인투자자들이 좌지우지했다. 그런데 코로나 팬데믹 이후 갑자기 개미투자자들의 자금 규모가 늘면서 개인투자자들이 시장을 움직이기 시작했다. 이는 주린이들의 유입이 급작스럽게 많아진 결과이기도 해서 한편으로는 위험 요소가 커지기도 했으나, 주식시장의 발전에는 긍정적인 신호라고 생각한다.

개미투자자일수록 자신을 지키기 위해서는 주식을 제대로 공부할 필요가 있다. 나는 단타를 즐겨 하던 시절, 큰 이득을 보기도 하고 큰 손실을 보기도 했다. 그러다가 주식 공부를 제대로 하면 값비싼 대가를 치르지 않고 작은 위험으로 큰돈을 벌 수 있다는 사실을 깨달았다. 그 기회의 땅이 바로 주식시장이다. 주주가 되면 그 종목의 기업과 같은 배를 타게 된다.

요즘 다양한 투자 정보가 쏟아지고 있다. 투자 공부를 시작하기에 더없이 좋은 환경이 된 것이다. 회사의 주인이 되겠다는 생각으로, 기업 공부와 주식 공부를 시작할 이 절호의 기회를 놓치지 않길 바란다.

이 책은 주식투자를 시작하는 주린이에게 기본기를 쌓아주기 위해 설계되었다. 투자하다가 애매한 것이 있을 때마다 이 책을 펼쳐보고 참고하길 바란다. 평생 하게 될 주식투자에 이 책이 길잡이가 되길 기대한다.

2023년 4월
곽상빈

왕초보를 위한
투자단계별 백과사전

이 책은 주식투자를 시작하려는 사람들의 잘못된 인식을 바로잡고 투자의 기본기를 잡는 데 도움을 주기 위해 탄생했다. 그동안 대학 등에서 경제 교육, 재테크 교육 등을 해오면서 주식은 이렇게 공부하는 것이 가장 빠르고 효과적이라는 생각에서 책을 집필하기 시작했다.

요즘에는 경제뉴스나 유튜브만 보더라도 어느 종목이 대박 종목인지 쉽게 알 수 있다. 게다가 불황이면 그것이 기회라고 하고 호황이면 랠리에 올라타라고 한다. 내부 정보를 이용해 주식으로 떼돈을 벌었다거나 2천만 원으로 시작해 400억대의 주식 부자가 되었다는 뉴스도 드물지 않다. '주식투자의 신'이라 불리던 사람의 투자 실적이 사기였다는 사실이 밝혀지는 것도 본다.

그중 가장 위험한 것은 아무런 지식 없이 '뜬소문'에 혹해서 주식투자를 하는 것이다. "설마 내가…" 할지 모르겠지만 그랬다가 전 재산을 날리는 일이 비일비재하다. 일단, 당신에게 좋은 종목이라고 알려주며 투자를 권하는 사람들은 당신이 돈 벌기를 바라고 알려주는 것이 아닐 확률이 높다. 자기가 보유한

종목의 주가를 조금이라도 올려보려고 호재 소문을 퍼트리는 경우일 가능성
이 높고, 아니면 주식시장에 떠도는 소문을 그대로 전하는 것일 수도 있다. 설
령 그것이 정말 호재에 대한 정보라 해도 곧이곧대로 믿고 투자한다면, 그 시
점에서 언제까지 그 종목을 보유해야 하고, 어떤 투자 전략을 구사해야 하는
지 모른다면 지속적인 수익을 내기는 힘들 것이다.

이 책은 주식으로 대박을 치는 '천기누설의 비밀'을 알려주는 책이 아니다.
설사 그런 마술 같은 투자 기법이 존재한다 해도 시장의 투자자들이 그 방법
을 알게 되는 순간 모두 큰돈을 벌 수는 없을 것이다. 그게 바로 주식시장의
역설이다. 주식시장은 장기적으로 보면 균형으로 수렴하기 때문이다.

나는 요행을 이야기하고 싶지 않다. 다만, 이 책에서 소개하는 방법과 순서
대로 주식을 공부하고 하나씩 좋은 종목으로 포트폴리오를 채워 나간다면 최
소한 주식투자로 손해 보는 일은 없을 것이다. 주식투자에서 성공하려면, 다른
분야와 마찬가지로 일정한 지식과 규칙을 습득하고 실전 연습을 통해 내공을
쌓아야 한다.

이 책의 순서는 가장 효율적인 주식 공부를 위해 총 4부, 11장으로 구성했
다. 1부는 왕초보가 알아야 할 기본 개념을 정리했다. 주식투자는 결국 정보
와 분석의 싸움이다. 투자 정보는 증권사 홈페이지나 각종 경제뉴스, 애널리스
트들의 보고서에서 습득해야 하는데, 기본 개념 몇 가지는 숙지하고 있어야 이
해할 수 있을 것이다. 아울러 어디서 정보를 얻고 어떻게 활용할지에 대해서도
소개한다.

2부부터는 본격적으로 실전에서 써먹을 수 있는 내용으로 수익률 높은 종

목을 고르는 원칙과 매수, 매도 타이밍에 대해 알아본다. 투자 실패를 원천 봉쇄하는 데 꼭 필요한 지식이다.

3부에서는 투자자들이 가장 어려워하는 재무분석 방법을 이야기한다. 투자자들이 알아야 할 내용만 최대한 쉽게 설명했다. 회계사이며 오래도록 주식 강의를 한 필자의 노하우를 아낌없이 전수한다. 재무제표, 재무상태표에 대한 설명과 재무비율 분석법을 담았다. 종목의 수익성, 안정성, 활동성, 성장성을 확인하는 방법을 쉽게 설명한다.

이와 더불어 캔들(봉)차트와 PC 증권사 앱(HTS)에서 각종 추가지표를 분석하는 방법도 자세히 다룬다. 차트만 잘 볼 줄 알아도 종목 선정에서 자신감을 얻을 수 있다. 실패는 줄이고 수익률은 높일 것이다.

끝으로 4부에는 주식투자를 시작하려는 사람들과 시작한 지 얼마 안 된 사람들을 위해 실제로 도움이 되는 내용을 담았다. PC와 스마트폰에 거래 시스템 설치 방법부터 주식을 사고파는 과정을 시뮬레이션을 통해 자세히 알려준다. 차트 분석하는 방법과 전문가 분석, 기관투자자 동향 파악하는 방법도 넣었다. 나아가 증권사 앱(예: 영웅문)을 최대한 활용해 수익률 높이는 팁들도 듬뿍 담았으니 꼭 활용하길 바란다.

이 책에서 소개하는 지식을 공부하고 이를 토대로 실전투자를 지속적으로 연마한다면 가까운 미래에 당신도 주식고수가 될 것이다.

차례

Part 1 주린이의 눈높이에 맞춘 쉬운 개념 설명

Part 2 쉽고 정확한 종목 분석, 매수·매도 타이밍 잡기

Part 3 공인회계사의 족집게 재무분석 강의

친절한 주식투자
용어 해설

포인트! 주식투자를 하다 보면 용어가 생소하고 어렵게 느껴져서 투자를 망설이거나 정보를 이해하지 못해 잘못 투자하는 사람들을 종종 봅니다. 주식투자를 오래 하다 보면 용어에 익숙해지지만, 처음 투자하는 초보들에게는 어느 정도 정리가 필요합니다. 자주 사용하는 주식 용어만 이해해도 주식투자가 한결 재밌고 쉬워집니다.

• **가치투자**: 기업의 내재가치를 분석해 현재 주가가 저평가되어 있다면 이를 매수해서 내재가치에 수렴할 때까지 보유해 차익을 거두는 전략을 말한다. 워런 버핏이 이 방법을 사용해서 큰 부자가 되었다.

• **감자**: 회사가 자사 자본금을 감소시키는 것을 의미하며, 주금액을 감소시키는 방법과 주식 수를 감소시키는 방법이 있다.

• **거래량**: 주식시장에서 주식이 거래된 물량을 말하는 것으로 일별, 주별, 월별로 따질 수 있다. 거래량은 주가의 변동을 주도하는 대표적 요인으로서 주

가의 상승과 하락만큼이나 중요하다.

- **거래정지**: 증권거래소에서 상장법인이 일정한 요건에 해당할 경우 증권 거래를 강제로 정지하는 제도를 말한다. 거래정지가 이루어지면 거래정지 기간에는 주식 거래가 불가능하고, 거래정지 후에 거래가 재개되는 경우 주가가 오르기도 한다. 만약에 거래정지 사유가 상장폐지 실질심사라면 상장폐지가 될 위험도 있다.

- **골든크로스**: 단기 이동평균선이 장기 이동평균선을 상향 돌파하는 경우를 말한다. 이것은 강력한 강세장으로 전환하는 신호라고 볼 수 있다. 쉽게 말하면 주가가 상승세를 탔다는 의미다.

- **공시**: 사업 내용, 재무 상황, 실적 같은 기업의 상황 및 활동 내역을 투자자 등에게 알리는 제도다. 공시는 주가에 중요한 영향을 주는 것이므로 눈여겨 보아야 한다. 네이버 증권에 들어가도 쉽게 공시를 확인해볼 수 있다.

- **권리락**: 주주가 현실적으로 주식을 소유하고 있어도 주주명부가 폐쇄되거나 배정 기준일이 지나 신주를 받을 권리가 없어져 주가가 떨어지는 현상을 말한다.

- **기관투자자**: 법인 형태의 대규모 자본을 보유한 투자자를 의미한다. 기관투자자는 증권사, 은행 등 전문가들을 통해서 투자만 전문적으로 하므로 개미투자자들에 비해 정보력이 좋다.

- **기술적 분석**: 과거 주식의 가격과 거래량 등을 이용해 주가 변화 추세를 보고 미래의 주가를 예측하는 방법이다. 차트 분석이 기술적 분석의 대표적 사례이다.

- **데드크로스**: 단기 이동평균선이 중장기 이동평균선을 하향 돌파하는 경우를 말한다. 일반적으로 데드크로스는 주식시장이 약세로 전환되고 있는 신호

로 해석된다.

- **미수금**: 미수금은 유가증권의 위탁매매 업무와 관련해, 증권사가 고객으로부터 회수할 금액이다. 투자자가 당장 돈이 없어도 신용 거래처럼 총 투자금액의 일부만으로 주식을 매수할 수 있고 나중에 부족한 금액을 채워 넣는데 그 금액을 미수금이라 한다.

- **배당락**: 배당락은 두 가지 의미로 볼 수 있다. 첫째, 일반 투자자가 현금 배당을 받은 뒤 배당 기준일이 지나 배당금을 받을 권리가 없어지는 것을 말한다. 둘째, 회사가 배당을 주식으로 하는 경우, 주식 수가 늘어난 것을 감안해 회사 시가총액을 유지하기 위해 주식 1주 가격을 인위적으로 떨어뜨리는 것도 배당락이다.

- **블루칩**: 재무 구조가 건실하고 하락장에서도 내재가치만큼 주가를 유지할 수 있는 우량주를 블루칩이라고 한다.

- **순환매**: 특정 주식의 주가가 상승하면 그와 관련된 종목도 덩달아 주가가 상승해 순환적으로 매수하려는 분위기가 형성되는 현상을 말한다.

- **스캘핑**: 스캘핑이란 하루에 분, 초 단위로 거래하면서 차익을 얻는 단기투자 기법 중에서도 거래 주기가 극히 짧은 투자 방법을 말한다.

- **시간 외 매매**: 정규 장이 열리는 시간 외에도 매매할 수 있게 만든 제도다.

| 장전 시간 외 매매 | 8:30~8:40 전일 종가 매매 |
| 장후 시간 외 매매 | 15:40~16:00 당일 종가 매매 |

- **액면분할**: 납입 자본금의 증감 없이 기존 주식을 일정 비율로 분할해 주식 수는 늘리고 자본금은 줄이는 것을 말한다. 액면분할을 하는 이유는 주식 수를 늘리고 주가를 떨어뜨려 주식 거래를 활성화하기 위해서다.

- **예수금**: 주식 거래를 위해 계좌에 넣어둔 현금으로 매매 가능한 금액이다. 지금 현금으로 출금 가능한 금액을 말한다. 주식 매매는 영업일 기준 3일째 되는 날 체결되므로 예수금은 D+1, D+2 형태를 띤다. D+1 = 내일 출금 가능한 금액, D+2 = 모레 출금 가능한 금액이다.
- **외국인투자자**: 외국계 금융회사와 해외 증권사를 통해 거래하는 투자자들을 뜻한다.
- **자사주 매입**: 주식회사가 발행한 자사의 주식을 다시 매입하는 것을 말한다. 이 경우 자본의 마이너스 항목인 자기 주식으로 재무상태표에 기록한다.
- **자전거래**: 증권사가 같은 주식을 동일한 가격과 수량으로 매도·매수 주문을 내서 거래를 체결하는 방법이다.
- **작전주**: 주식시장에서 작전세력에 의해 시세차익을 노리고 주가 조작을 하는 종목을 의미한다.
- **장부**: 회사가 작성하는 회계 기록을 말하며, 재무제표를 장부라고 부르기도 한다.
- **재무제표**: 기업이 자신의 재무 정보를 기록, 요약해서 보고하는 일종의 보고서다. 재무제표에는 재무상태표, 포괄손익계산서, 자본변동표, 현금흐름표, 주석이 있다.
- **주도주**: 가장 인기 있거나 유망한 종목을 말한다. 시장에서 주목을 받고 시장을 선도하는 종목의 주식이라고 보아도 된다.
- **증거금**: 주식을 사면 매수 금액의 일정 비율을 예수금에서 차감하는 금액으로 주식 매수 시 최소한 있어야 하는 금액을 말한다. 즉 주식 거래를 위한 보증금에 해당한다. 증거금 제도는 투자자가 보유한 금액보다 몇 배 많은 주식을 주문할 수 있게 하는 제도다. 100% 증거금률이라면 보유 금액까지만 주식

매수가 가능하다는 뜻이다.

- **코스닥**KOSDAQ : 전자거래시스템으로 운영되는 한국의 장외 주식 거래 시장으로 증권거래소 시장과는 다른 특별한 시장이다. 코스닥 시장에는 주로 벤처 기업이 상장되어 있다.

- **코스피**KOSPI : 우리나라 종합주가지수로서 증권거래소에 상장된 종목들의 주가를 그 비중으로 가중 평균해 나타낸 수치다. 증권시장에 상장된 기업들의 주가를 평균한 것이기 때문에 규모가 큰 기업의 주가를 대표하는 지수로 보아도 무방하다.

- **턴어라운드 주** : 적자 상태에서 실적 개선으로 흑자 전환이 예상되는 기업의 주식을 말한다.

- **호가** : 투자하고 있는 종목을 매도할 때 판매할 가격 또는 구매할 가격을 미리 호가창에 걸어두는 것을 의미한다.

Part 1

주린이의 눈높이에 맞춘
쉬운 개념 설명

1장

주식투자가 처음인데요

— 기초 지식

01 월급생활자의 주식투자법!

포인트! 월급생활자라면 매월 월급에서 일정 부분 저축을 할 것입니다. 은행 적금으로 매달 일정 금액을 저축하는 분들이 많을 것입니다. 그러나 금리가 제로에 가까운 요즘, 은행에 돈을 묻어두는 것은 오히려 손해일 수 있습니다. 적금에 붓던 금액을 주식에 투자하십시오. 연봉 수준에 따라서 투자할 수 있는 여력은 다르겠지만, "자산이 돈을 벌어준다."는 말처럼 주식은 많이 가질수록 더 큰 수익을 창출해줄 것입니다. 연봉에 따라 어떤 투자 전략을 취해야 할지 소개해봅니다.

주식만 한 투자처가 없다

월급생활자는 급여의 일정 부분을 투자 수단에 관계없이 투자해야 미래에 목돈을 마련할 수 있다. 투자 없이는 부자가 될 수 없는 것이 우리의 현실이 된 지 오래다. 2021년부터 투자한다고 해도 매달 50만 원씩 연수익률 5%의 증권에 투자할 경우 10년이 지난 2031년이 돼서야 1억 원을 만들 수 있다. 1억 원이라는 돈은 매달 50만 원씩 10년이나 투자해야 손에 들어오는 금액이다.

종합지수의 증가 추이만 보아도 주식만 한 투자처를 찾기가 어렵다. 주식시장은 종합지수가 대변하는데, 코스피 종합주가지수는 과거 1,035.7원에서 시작해 2021년 4월에 3,195.5원을 기록하였고 이후 조정을 거쳐 2023년 3월 2,394.59원까지 낮아졌지만 여전히 과거에 비해서는 두 배 이상을 유지하고 있다. 즉, 주식시장에 돈을 묻어두면 장기적으로 이익을 본다는 이야기다.

월급으로 생활하는 근로소득자의 경우에는, 매달 약 100만 원씩 분할매수(분할매수의 자세한 개념은 3장 참조)를 하면서 주가가 낮아질 때 주식 수를 더 늘려 나가는 방식으로 분산투자(분산투자 개념은 1장 뒤에 나온다)를 하면 부자가 될 가능성이 크다고 본다. 매달 100만 원씩 투자한다 해도 종목을 분산해서 투자할 경우에는 위험이 크지 않고, 주식시장이 지속해서 성장할 것이기 때문에 그와 더불어 자산 가치도 늘어날 것이다. 소액투자자에게는 이만한 투자 방법이 없다.

증권사마다 있는 적립형 펀드도 고려해볼 만하다. 요즘에는 지수펀드 같은 ETF(ETF 투자 방식은 1장 뒤에 나온다)가 잘돼 있기 때문에 적금을 넣듯 이에 투자하는 것도 나쁘지 않다. 이때 주의할 것은 투자는 하되 주가가 오르지 않는 것에 대해 조급함을 가지면 절대 안 된다는 것이다. 장기투자로 분산투자를 하면서 단타매매처럼 조급해하면 큰 재산을 모을 수 없다.

연봉에 따라 다른 투자 방식

근로소득자는 직종과 연차에 따라 연봉

이 천차만별이다. 연봉에 따라 매달 현금흐름이 달라지므로 그에 따른 투자 전략도 달라져야 한다.

　연봉이 2천만 원이 안 되는 근로소득자라면, 월 50만 원 정도를 주식에 투자해볼 것을 권한다. 주식은 시작부터 큰돈을 벌기가 어렵다. 그러나 자산 포트폴리오를 일찌감치 구축해두면 미래에 큰 자산이 형성된다. 처음부터 주식으로 돈을 벌기는 힘든 월급 수준이지만, 3~4년만 매월 50만 원씩 주식 종목을 모으면 어느새 3천만 원 이상의 포트폴리오를 만들어낼 수 있을 것이다.

　게다가 포트폴리오는 가만있지 않고 추가로 배당이나 무상증자 등을 통해 재산을 불려 더 큰 재산을 벌어다 준다. 분산투자로 위험을 좀 더 줄이고 싶다면 지수펀드와 주식에 일정 금액을 나누어 투자하는 것도 좋은 방법이다.

　연봉이 3천~4천만 원 정도인 근로소득자라면, 5년 안에 1억 원을 만들 수 있다. 매달 100만 원씩 투자하면 수익률이 5%만 나와도 5년 안에 1억 원이 모인다. 주식은 분산투자만 제대로 해도 최소 5% 이상의 수익을 충분히 낼 수 있고, 때에 따라 가치투자를 잘만 해두면 기업가치가 상승하면서 5년 안에 200% 이상의 수익도 기대해볼 만하다.

　연봉 5천만 원 이상의 근로소득자는 투자 금액을 유연하게 늘릴 수 있다. 조금 절제한다는 생각으로 초반부터 200만 원씩 투자 금액을 설정해 3년만 투자하면 3억 원은 거뜬히 모인다. 은행 적금 상품보다는 주식시장을 통해서 분산투자 하는 것이 재산 형성에 유리하다고 본다. 저금리 시대에 은행에 맡기기에는 수익률이 너무 낮고, 부동산에 투자하려면 대출을 받아야 하는 소득 수준이라면, 주식이 가장 적절한 투자 수단이다. 매달 100만 원 정도는 지수펀드에 넣고, 나머지 자금 중에서 100만 원 이상씩 괜찮은 주식을 사 모으는 것도 좋은 전략이다. 분산투자로 위험은 줄어들고, 수익은 주식시장의 전반적 수익률만큼은 나오기 때문이다.

투자금은 얼마로 시작할까?

주식투자를 처음 시작할 때 정말 피 같은 돈을 투자한다고 생각해야 한다. 매일 직장에 출퇴근하느라 피곤한 몸에 상사의 듣기 싫은 소리까지 참아가며 번 돈으로 시작하는 투자다. 돈을 버는 것이 얼마나 힘들고 치사한 일인지는 경제활동을 해본 사람이라면 누구나 안다. 금수저로 태어나지 않은 이상 돈을 벌려면 그만큼 고통을 감수해야 한다.

그렇게 일해서 받은 월급을 고스란히 여가 생활이나 유흥에 탕진하는 일은 없어야 한다. 적어도 주식투자를 시작하겠다면 말이다. 그 피 같은 돈이 나중에 당신을 더는 치사하게 살지 않도록 만들어줄 것이다.

처음 주식투자할 때 얼마로 시작해야 나중에 부자가 될 수 있을까? 정답은 없다. 다만 주식 공부도, 좋은 종목을 수집하는 것도 빠를수록 좋다. 월급을 받으면 지출하고 남은 돈은 저축을 할 것이다. 적금을 넣거나 보험에 가입하는 사람도 있고, 금융기관에서 알아서 굴려줄 것을 기대하며 펀드에 가입하는 사람도 있다. 그런데 이렇게 해서는 우리가 상상하는 1000% 이상의 수익을 내기가 어렵다.

부자가 되고 싶다면
지금부터 주식 공부하라

그렇다면 어떻게 해야 할까? 월급을 받으

면 매월 지출액을 일정하게 통제하고 나머지는 무조건 주식을 하나씩 사라. 이것을 습관화하면 놀라운 효과가 발생한다.

내 주변에는 주식투자로 5억 원 이상을 번 선배도 있고, 어릴 때부터 주식을 사기 시작해서 부자가 된 친구도 있다. 이들의 이야기를 들어보면 하나같이 월급에서 일정 금액을 떼서 좋은 주식을 매수하는 데 썼다고 한다. 부자들은 주식을 사서 파는 물건으로 생각하지 않고 그 기업의 미래와 꿈이라고 생각한다. 그래서 부자들은 좋은 기업의 주식을 사서 모아둔다. 그들에게 주식을 수집하는 행위는 곧 그 기업의 미래를 함께 나누는 일이다.

주식투자를 얼마로 시작해야 하느냐는 질문에 나는 이렇게 답하고 싶다.

"지금부터 주식 공부, 기업 공부를 시작하세요. 좋은 기업, 좋은 종목이라고 판단되면 적은 돈이라도 투자해서 하나씩 사두세요. 나중에 그 기업이 성장하고 주가가 성장하면 어느새 부자가 되어 있을 겁니다."

목돈을 모아서 주식을 한꺼번에 왕창 사겠다는 생각은 투자 마인드가 아니라 도박 마인드다. 주식을 기업에 대한 소유권으로 생각하고 하나씩 모으기 시작하면 나중에 그 기업이 성장하는 만큼 내 재산도 늘어날 것이다. 좋은 회사가 우량기업이 되면 나도 부자가 될 것이고, 그 기업의 제품이 대박나면 나도 배당을 많이 받을 것이다. 즉, 기업의 비전을 공유하고 행복을 공유하는 것이다.

주식투자는 잘 계획해서 적은 금액부터 투자하는 것이 바람직하다고 본다.

02 주식의 종류,
증권사 선택

주식투자가 무엇이고 어떻게 하는지 이제부터 본격적으로 알아보겠습니다. 기본 지식부터 차근차근 쌓은 다음 투자를 진행해야 하는 이유는 주식투자가 결코 만만한 분야가 아니기 때문입니다. 잘 모르면서 덥석 투자부터 시작했다가는 큰 손실을 볼 수 있습니다. 여기서는 주식의 기본 종류인 보통주와 우선주에 대해 이해하고, 나아가 증권사를 선택하는 기준에 대해 설명하겠습니다.

보통주와 우선주

주식에는 다양한 카테고리가 있지만, 크게는 보통주common stock와 우선주preferred stock로 구분한다. 기업을 주식시장에 상장하면 주식을 발행해서 유통시킬 수 있는데, 대표적으로 이 두 가지 형태가 거래된다.

보통주, 일반적으로 거래되는 주식

보통주는 일반적으로 거래되는 주식을 뜻한다. 주식투자자들이 매수와 매도를 반복하는 그 주식이 바로 보통주이다. 보통주는 기업의 소유권을 반영하는 증서이기도 하다. 따라서 보통주를 소유한 투자자는 기업의 수익에 대한 소유권ownership을 가지게 되고, 보통주를 많이 보유해서 지분율을 확보하면 대주주가 될 수 있다. 대주주는 회사의 경영진을 좌지우지할 수 있고 이사회 이사를 선임해 감시, 감독을 할 수 있다.

보통주 주주들은 기업을 운영하는 동안 기업의 이익에 비례해서 배당을 받지만 이익이 발생하지 않으면 배당받지 못한다. 영위하던 기업을 접고자 할 때는 상법상 해산과 청산의 절차를 거치게 된다. 기업이 청산할 때는 모든 채권자에게 채무를 변제하는데, 가장 마지막에 남은 잔여재산을 분배받는 것이 보통주 주주들이다.

오랜 기간에 걸쳐 자본이 성장하고 기업이 이익을 내면서 보통주 주주들도 이득을 취해왔다면 기업 청산 시에는 다른 이해관계자들에게 남은 재산을 먼저 분배한 다음 최종적으로 남은 재산만을 받게 된다. 결국 다른 채권자들에 대한 책임을 지고 남은 재산이 없으면 청산으로 아무것도 건질 수 없게 된다. 보통주는 기본적으로 유한책임이지만 그만큼 원금을 날릴 가능성도 있다.

우선주, 배당은
우선이나 의결권은 없다

우선주는 보통주보다 특정한 권리에서 우선적 지위를 가진다. 보통주보다는 배당을 우선적으로 지급받는 배당우선주를 발행하는 것이 일반적이다. 우선주는 기업에 대한 소유권을 가지며, 이익이 생기면 배당을 우선적으로 받을 권리가 있다. 그러나 보통주가 누리는 권리 가운데 하나인 의결권은 없다. 결국 우선주는 주주총회에서 경영에 참여할 기회를 박탈당하는 대신 기업의 배당을 우선적으로 수취하게 된다.

기업은 우선주 주주에게 정해진 배당금을 지속적으로 지급해야 한다. 이익이 발생하면 주주총회에서 결정하는 만큼 주주에게 배당을 지급하는데, 우선주 주주는 보통주 주주와는 달리 정해진 금액을 먼저 가져갈 수 있다. 우선주는 거의 매년 정해진 이자를 지급받는 채권처럼 안정적인 주식이라고 볼 수 있고, 이는 안정형 배당펀드에 우량기업의 우선주가 많이 포함된 이유이기도 하다.

또한 우선주 주주는 기업이 해산하고 청산할 때 보통주보다 우선적으로 잔여재산 분배를 받게 된다. 주식의 특성상 채권자보다는 우선주 주주가 후순위로 잔여재산 분배를 받지만, 보통주보다는 앞서 잔여재산을 회수할 수 있다. 우선주의 경우, 간혹 회사와의 계약에 따라 환매 조건이 부여될 수도 있다. 즉, 우선주 투자자는 회사에 일정한 가격으로 우선주를 매수하도록 청구할 권리가 있어 원금을 빨리 회수할 수 있다. 우선주는 이처럼 안정적인 현금흐름을 확보할 수 있다.

증권사는 어떻게 선택할까?

주식투자를 시작하려면 증권계좌를 개설해야 한다. 그 전에 증권사를 골라야 하는데 기준은 거래수수료가 저렴한지, 증권거래시스템이 잘 갖춰져 있는지, 지점수가 많아서 접근이 용이한지, 교육 프로그램이 잘 갖춰져 있는지 등 다양하다. 하지만 요즘은 스마트폰 거래가 간편해진 데다 주식 관련 좋은 책과 강연이 많기 때문에 굳이 그런 조건을 따져볼 필요가 없다. 결국, 가장 중요한 선택 기준은 거래수수료와 주식 거래시스템이 될 것이다.

주식투자를 막 시작한 왕초보들은 한번 증권사를 선택하면 바꾸기도 힘들고 가입 절차나 계좌 개설이 복잡해서 고민이 될 것이다. 그래서 초보자들이 증권사를 선택할 때 고려해야 할 몇 가지 기준을 정리해보았다.

단기투자자에게
중요한 거래수수료

거래수수료는 주식을 거래할 때 주식투자자가 증권사에 내는 요금이라고 할 수 있다. 수수료는 매도와 매수 시에 모두 발생하므로 매도와 매수가 빈번한 경우에는 부담스러운 요소다. 가치투자를 하는 진득한 투자자들은 한번 종목을 사면 잘 팔지 않기 때문에 수수료 부담은 그리 크지 않다. 하지만 데이트레이딩을 하는 단기투자자들은 수수료 출혈이 크기 때문에 잘 따져봐야 한다.

주식 거래시스템

증권사 수수료는 가장 낮은 것이 0.011% 정도이다. 그런데 수수료만 싸다고 해서 좋은 증권사가 아니다. 왜냐하면 투자를 해서 이익을 얻으려면 종목 분석을 철저히 해야 하는데, 종목 분석 프로그램이 얼마나 잘 갖춰져 있느냐에 따라 수익률의 차이가 생기기 때문이다. 즉, 주식거래 시 자주 활용하는 홈트레이딩시스템HTS과 모바일트레이딩시스템MTS의 성능을 확인할 필요가 있다.

일단 초보자가 보아도 쉽게 종목을 비교할 수 있도록 화면구성이 잘되어 있고 빠른 정보 프로그램을 갖춘 증권사를 선택하는 것이 좋다. 현재 투자자들이 가장 많이 쓰는 프로그램은 키움증권의 '영웅문'인 것 같다. 이 밖에도 이베스트투자증권, 유안타증권, KB투자증권, NH투자증권 등 다양한 증권사에서 편리한 HTS와 MTS를 제공하고 있다. 각각 비교해보고 사용하기 쉽다고 판단되는 증권사에 가입하면 된다.

03 주가지수를 꼭 봐야 하나?

포인트! 주가지수는 크게 코스피 지수와 코스닥 지수로 나눕니다. 코스피200 지수도 있는데 이는 코스피 종목에서 대표기업 200개의 지수를 말하며 별도로 공시하고 있습니다. 주가지수란 각 시장의 주가 변동 상황을 종합적으로 나타내는 지표를 말하며, 원래 명칭은 종합주가지수였으나 2005년 11월부터 한국종합주가지수로 이름이 바뀌었습니다. 한국종합주가지수를 보는 이유는 투자할 종목이 속한 시장 상황을 가장 잘 보여주는 것이기 때문입니다.

주가지수란?

인터넷 검색창에 '주가지수'를 입력하면 각종 주가지수 정보가 나온다. 우리나라의 주가지수는 코스피KOSPI이고, 코스닥시장KOSDAQ의 지수와 코스피200을 별도로 공시하고 있다.

주가지수에 관해 주식 왕초보들이 가장 궁금해하는 것은 주가지수가 무엇을 나타내느냐는 것이다. 주가지수란 일정 시기의 주식가격을 100으로 해서 산출한 지수를 말한다. 즉, 주식시장에 상장된 모든 종목의 현재 시가총액을 기준 시점의 총액으로 나눈 뒤 거기에 100을 곱해서 수치로 나타낸 것이다. 현재는 1980년 1월 4일의 주가지수를 기준 시점으로 해서 공시하고 있다.

주가지수는 주식시장 전체가 어떤 방향으로 움직이는지를 보여주는 지표라 할 수 있다. 코스피 지수에 포함된 종목에 투자하려면 코스피 지수를 참고하고, 코스닥 지수에 포함된 종목에 투자하려면 코스닥 지수를 봐야 한다. 참고로 코스피200 지수란 한국 증권시장에 상장된 대표기업 200개의 주가를 종합해서 나타낸 지수다.

간혹 개별 종목이 주가지수의 흐름과 다르게 움직이거나 오히려 반대로 움직이는 경우도 있다. 이런 종목은 개별 종목 자체에 비체계적 위험(해당 종목에

[그림 1-1] 네이버 주가지수 검색 화면

[그림 1-2] 네이버 금융 국내증시 화면

만 영향을 주는 위험)이 있거나 작전 세력의 비정상적 투자일 수도 있다.

주가지수와
개별 종목의 관계

일반적으로 주가지수와 개별 종목 간의 상관계수는 -1에서 1까지 있다. 상관계수가 1이라면 주가지수와 개별 종목이 동일하게 움직인다고 볼 수 있다. 반면에 상관계수가 -1인 경우에는 주가지수와 개별 종목이 정반대로 움직인다는 것을 뜻한다.

반대로 움직인다고 해서 나쁜 주식은 아니다. 주가지수가 하락할 때 오히려 상승하는 개별 종목이 있다면 좋은 신호로 받아들일 수도 있다. 또한 상관계수가 반대인 종목으로 포트폴리오를 구성하면 한 종목에서 손실이 나더라도 다른 종목에서 이익이 발생해 안정적인 수익을 낼 수 있다.

보통 우량한 종목은 주가지수와의 상관계수가 0.5에서 1 사이에 분포하는 것으로 알려져 있다. 물론 단기투자를 하는 데이트레이더의 경우에는 주가지수와 관계없이 종목의 특성이나 정보 등에 따라 주식을 사고팔아도 된다. 그러나 장기투자를 하려는 가치투자자들은 주가지수가 상승할수록 전체 주가가 상승할 가능성이 높아지므로 주가지수의 추세를 파악해 상승기에 투자를 시작하는 것이 좋을 수 있다.

04

종목 분석은
꼭 해야 할까?

포인트! 주식투자에서 기본이고 가장 중요한 것은 어느 종목에 투자할지 선택하는 것입니다. 종목을 선정하려면 종목 분석을 꼭 해야 합니다. 분석하기가 어렵다고 포기하면 주식투자로 수익을 내기가 어렵습니다. 종목 분석 방법은 크게 기본적 분석과 기술적 분석으로 나눌 수 있습니다. 여기에 심리적 분석을 추가하는 전문가들도 간혹 있지만, 이는 지나치게 주관적인 부분이므로 여기선 생략하겠습니다. 주식을 미래의 재산 증식 수단으로 생각하는 투자자라면 기본적 분석이 필수입니다.

자, 이제부터 기본적 분석, 기술적 분석이란 무엇인지 알아봅시다.

기본적 분석이란?

기본적 분석은 기업의 내재가치(본질적 가치)를 보고 투자하기 위해 기업 자체가 좋은 기업인지를 분석하는 것이다. 워런 버핏이 주장하는 가치투자가 바로 기본적 분석을 통해 투자하는 것이다. 4장에서 자세히 다루겠지만, 가치투자란 기업이 현재 재무상태에 비추어 안정적인지, 순이익과 순이익률에 비추어 수익성이 좋은지, 회전율 등을 통해서 영업활동을 효율적으로 하고 있는지 등을 분석해 투자에 반영하는 것을 말한다. 목적은 기업의 본질 가치인 내재가치에 비해 주가가 저평가된 경우에 투자해서 장기간 보유하려는 것이다.

내 주변에는 기본적 분석만 가지고 투자해서 이익을 보는 선배들이 많다. 나와 함께 근무한 김 중위님의 경우도 딱 두 가지 문제만 따지고 투자해서 6억 원을 잘 굴리고 있다. 그분이 따지는 기본적 분석은 다음과 같다.

- 기업의 이익과 수익성에 비해 주가가 매력적인가?
- 이익을 늘리기 위해 기업은 어떤 노력을 하고 있는가?

언뜻 간단해 보이지만, 이 두 가지 궁금증을 해결하려면 기업의 다양한 활동과 재무상태를 분석해야 한다. 이 두 가지가 제대로 잡힌 기업이라면, 단기적으로는 주가가 그 본질을 따라가지 못하더라도 언젠가는 그 가치에 수렴할 것이기 때문이다. 그것을 믿고 몇 년간 그 종목을 보유하는 것이다.

기본적 분석에서 분석 대상은 기업의 영업실적, 대표이사의 마인드, 대주주의 마인드, 제품이나 서비스의 시장성, 기술개발, 사업을 위한 적극적 투자 등 기업 경영적 측면이다. 기업 외부 환경에서는 기업을 둘러싼 산업이 상승세에 있는지, 금리는 어떻게 변화하고 있는지, 주가지수의 방향은 어떻게 변하고 있는지, 환율은 어떻게 변하는지 등 경제 환경을 분석한다.

기술적 분석은
주가의 흐름 파헤치기

　　　　　　　　　기술적 분석은 종목을 보는 관점이 기본적 분석과 다르다. 기본적 분석이 기업의 내재가치를 구하기 위해서 노력하는 것이라면, 기술적 분석은 종목이 그동안 보여온 주가 흐름을 주식 차트를 통해 알아보고 패턴을 분석해서 투자의사를 결정하는 것에 해당한다. 기술적 분석은 주로 데이트레이딩을 하는 단기투자자들이 이용하는데, 캔들차트의 모양을 보고 주식을 사고파는 방식이다.

　기술적 분석은 과거의 기록을 보고 미래를 맞힌다는 점에서 과거지향적 투자 기법이라는 비판을 받기도 한다. 패턴에 따라 주가가 움직이리라는 생각은 지금 같은 불확실한 경제 상황에서는 위험할 수도 있다. "주가가 하락한 다음 장대양봉이 나오면 투자하라!"같이 특정 패턴만 보고 투자하는 것이기에 그렇다.

　나는 이 방법만 가지고 주식투자 강의를 하는 사람을 본 적이 있는데, 사기꾼이라고 생각한다. 장대양봉이 생긴 뒤 어떤 변수에 의해 주가가 하락할지 모르는 일이다. 단순히 차트 모양만 보고 투자하는 것은 마치 사람의 얼굴만 보고 거래하는 것처럼 위험천만한 방법이다. 따라서 기술적 분석은 단기투자에만 활용할 것을 추천한다.

05

분산투자가
정확히 무슨 뜻?

포인트! 분산투자란 성격이 다른 두 주식을 이용해 위험을 회피하는 전략입니다. "계란은 한 바구니에 담지 말라."는 격언을 실천한 투자 전략이라 할 수 있습니다. 분산투자의 반대는 한 종목에만 '몰빵'하는 투자인데, 이는 리스크를 극대화하는 전략입니다. 리스크를 줄이면서 안정적인 수익을 얻으려면 분산투자가 답이죠. 분산투자를 하면 단기적으로는 고수익을 포기해야 할 수도 있지만, 장기적인 포트폴리오를 구성해 가치투자 기법을 활용한다면 재산 증식에 도움이 될 것입니다.

주식투자의 리스크
피할 수 있을까?

주식투자를 한 번이라도 해본 사람은 떨어지는 주가를 바라보는 것이 얼마나 고통스러운 일인지 알 것이다. 이는 전문가들이 흔히 말하는 주식투자에 따른 '리스크risk'다. 좋은 종목에 투자해서 수익만 올릴 수도 있겠지만, 그것이 우리 마음대로 되는 일도 아니고 주가는 언제든 하락할 수 있다. 주가가 하락하면 당연히 투자 원금을 날릴 수 있으므로 미리 리스크를 감안하고 투자해야 한다.

경제학을 전공한 사람이라면 주식시장의 예상 수익률이 은행 예금 금리보다 훨씬 높다는 것을 알고 있으며, 이는 당연한 결과다. "하이 리스크, 하이 리턴high risk, high return"이라는 말이 있듯이 리스크가 큰 만큼 예상 수익률도 높아진다. 투자자들의 각오와 용기에 비례해 잘하면 큰 이득을, 잘못하면 큰 손실을 입는 것이 바로 주식이다.

은행 예금만큼은 아니지만 어느 정도 손실을 방지하는 전략이 있다. 그것이 바로 계란을 한 바구니에 담지 않고 여러 바구니에 나누어 담는 '분산투자'다.

성격이 판이한 종목에
반반씩 투자하라

분산투자는 "계란은 한 바구니에 담지 말라."는 격언을 구체적으로 보여주는 주식투자 방법이다. 한 종목에만 투자할 경우 그 종목의 주가가 폭락하면 전 재산을 날릴 수 있다. 반면 성격이 전혀 다른 두 종목에 반반씩 나눠 투자하면 하나의 종목에서 손실이 발생해도 다른 종목에서 발생한 이익으로 이를 커버할 수 있다. 전 재산이 날아가는 것을 어느 정도 방지할 수 있다는 것이 분산투자의 매력이다.

1년간 1천만 원을 모았는데 이 돈으로 주식투자를 한다. 이 돈을 한 종목에 올인했는데, 주가가 반 토막 나면 원금은 500만 원으로 줄어든다. 그런데 성격이 다른 종목 A, B에 500만 원씩 나누어 투자한다면 A주식에서 반 토막이 나서 주가가 250만 원이 되더라도 B주식에서 주가가 상승해 750만 원이 되면 결과적으로는 원금을 유지할 수 있다. 서로 판이하게 움직이는 종목들에 분산투자를 하는 이유가 여기에 있다.

무조건 여러 종목은 안 된다

그러나 무조건 여러 종목으로 나눈다고 다 분산투자는 아니다. 아무 종목이나 마구잡이로 포트폴리오에 포함시키면 손해만 커질 뿐이다. 분산투자의 본질은 최대한 좋은 주식들 가운데 '성격이 다른' 주식을 골고루 섞어 위험을 최소화하는 것이다. 여기서 중요한 두 가지 조건은 '좋은 주식을 골라야 한다는 것'과 '성격이 다른 주식을 포함해야 한다는 것'이다.

좋은 주식을 고르는 방법은 앞에서 소개한 기본적 분석을 통해 가능하다. 성격이 다른 주식이란 업종이나 규모가 다른 주식을 말한다. 이를테면, 블루칩(업종의 대표주 또는 우량주)과 테마주를 섞어서 투자할 수 있다. 수출 위주 산업에 투자했다면 내수 중심 산업에도 일정 비율로 투자한다. 벤처기업의 잘나가는 주식에 투자할 생각이라면 우량주도 하나 포함시키는 것이 좋다.

다만 분산투자를 하면 수익률은 낮을 수 있다. 분산투자는 위험을 줄이고 안정적으로 수익을 내는 것을 목표로 하기 때문이다. 여기에 장기적인 가치투자를 할 경우 10년쯤 뒤에는 경제 성장과 함께 전체 포트폴리오도 성장해서 재산 증식에는 도움이 될 것이다.

06

배당은 어디서 어떻게 받나?

포인트! 주식에 투자하는 이유는 크게 수익과 배당으로 나뉩니다. 주식을 산다는 것은 그 기업의 주주가 된다는 뜻입니다. 주주는 기업의 이익금을 현금이나 주식으로 받게 되는데 그것이 바로 배당입니다. 주식 배당은 '이익잉여금'이라는 자본계정에서 지급됩니다. 이익잉여금이란 기업의 돈주머니라 할 수 있습니다. 배당은 현금으로 지급하는 현금배당과 주식으로 지급하는 주식배당으로 나눌 수 있습니다. 각각 어떻게 이뤄지는지 자세히 알아봅시다.

주주가 받는 배당이란?

배당은 주주의 주요 수익원이다. 기업은 매출액에서 시작해서 각종 비용을 차감하고 최종적으로 주주에게 귀속되는 당기순이익을 창출해낸다. 올해 창출된 당기순이익은 재무상태표상의 이익잉여금이라는 자본 항목으로 들어간다.

이익잉여금은 곳간에 모아둔 곡식에 비유할 수 있다. 매년 벌어들인 당기순이익을 이익잉여금이라는 항목에 두기에 그렇다. 이를 상법에서는 '배당가능이익'이라 한다. 배당을 줄 수 있는 재원이라는 뜻이다. 이익잉여금이 클수록, 이익잉여금의 원천인 당기순이익이 클수록, 주주는 많은 배당을 가져갈 수 있다.

배당은 상법상 주주총회를 통해서 지급된다. 배당의 재원은 이익잉여금이지만, 회계상으로는 주주총회를 거쳐 처분되므로 '미처분 이익잉여금'이 배당 재원에 해당한다. 주주총회를 통해 배당으로 처분되고 그 과정에서 일정한 준비금을 적립하게 된다. 상법상으로는 자본금의 2분의 1에 달할 때까지 현금배당액의 10%를 이익준비금으로 적립하도록 강제하고 있다. 지나치게 배당이 많아지면 회사 재원이 모두 유출될 수 있으므로, 이를 방지하기 위한 조처다.

현금배당, 주식배당

주주에 대한 이익의 분배는 모두 배당이라고 할 수 있는데, 현금배당 외에도 주식배당이 있다. 우리가 보통 알고 있는 것은 주주총회를 통한 현금배당이지만, 현금 대신 주식으로 배당을 주는 주식배당도 있다. 주식배당은 이익잉여금을 재원으로 주식을 발행해서 주주들에게 지급하는 것을 말한다. 신규로 발행해서 주는 주식 수만큼 자본금은 증

[그림 1-3] 주식배당의 원리

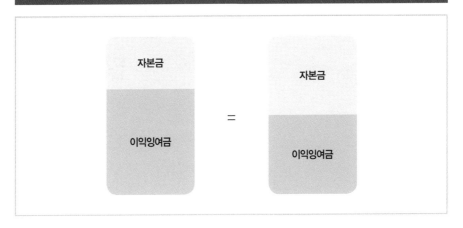

가하고 그만큼 이익잉여금은 감소하게 된다. 주식배당은 재산이 기업 외부로 유출되지 않으므로 재정 구조를 튼튼히 한다는 측면에서는 현금배당보다 낫다. 그러나 지나치게 많은 주식배당은 자본금의 비대화를 초래할 수도 있음을 기억하자.

07

ETF로 돈 번 사람이 많다던데?

포인트! 이번에는 ETF 투자에 대해 알아봅시다. ETF란 상장지수펀드라고도 하며 주식처럼 거래할 수 있는 펀드를 말합니다. 개별 주식과 마찬가지로 증권계좌를 통해 거래할 수 있습니다. ETF는 수익성과 안정성을 높이고 펀드 운용 비용은 줄인 실속 있는 종목입니다. 제 주변에도 ETF에 투자해서 상당한 수익률을 실현한 분들이 많습니다. 고액이 들어가는 개별 종목 투자에 비해 소액으로 우량주를 보유하는 효과를 누릴 수 있어 인기가 있는 상품이 바로 ETF죠. 자세한 내용으로 들어가 봅시다.

ETF란 무엇인가?

나는 군대에서 재테크 강의를 했었다. 강의도 하고 투자 상담도 해주었다. 그런데 얼마 전 즐거운 소식이 들려왔다. 내게서 경제 교육을 들었던 장교 한 명이 지수펀드에 가입해 30% 이상의 수익률을 기록했다는 소식이었다. 그 친구는 지수펀드에 가입해 매달 월급에서 일정액을 넣어왔는데, 이제는 제법 목돈이 되었다고 했다. 목돈이 없는 상태에서 주식투자를 하자니 우량주는 너무 비싸서 사지 못했고, 소액으로도 가능한 ETF를 선택한 것이다.

ETF^{Exchange Traded Fund}란 상장지수펀드라고도 하며 주식처럼 거래할 수 있는 펀드를 말한다. 개별 주식과 마찬가지로 기존의 주식계좌를 통해 거래할 수 있다. ETF는 코스피200처럼 주가지수를 따라 가격이 움직이도록 구성된 여러 주식과 다른 금융상품이 혼합된 펀드다. 이 펀드는 시장의 평균적인 지수를 따라 수익률을 유지하는 데 목적이 있고, 다른 펀드나 금융상품에 비해 거래 비용이 적다는 장점이 있다.

구성 종목과 수량 등 자산 구성 내역^{PDF: Portfolio Deposit File}이 투명하게 공개

[그림 1-4] 국내 ETF 종목

증권정보

국내증시 ▾　ETF ▾

종목명	현재가	전일대비	등락률	시가총액	거래량
KODEX 200	43,535	▼ 5	-0.01%	4조6,430억	975,388주
TIGER 200	43,405	▼ 15	-0.03%	2조3,069억	170,119주
KODEX 200선물인버스…	1,975	▲ 5	+0.25%	2조1,547억	74,960,511주
KODEX 단기채권	102,795	− 0	0.00%	1조9,935억	23,672주
KODEX 삼성그룹	10,285	▲ 20	+0.19%	1조8,749억	63,994주
KODEX 레버리지	28,070	▼ 5	-0.02%	1조6,336억	9,774,019주
KODEX 200TR	14,030	▲ 25	+0.18%	1조4,984억	16,330주
KODEX MSCI Korea TR	13,935	▲ 15	+0.11%	1조4,840억	392,730주
KODEX 2차전지산업	19,550	▲ 105	+0.54%	1조4,623억	1,129,077주
KODEX 종합채권(AA-…	109,120	▲ 115	+0.11%	1조3,196억	517주

ETF 더보기 ›

되어 있고, 장중에는 실시간으로 순자산가치NAV: Net Asset Value가 제공된다. 1좌를 거래할 수 있는 최소한의 금액만으로 분산투자 효과를 누릴 수 있다는 것도 장점이다. 일반 펀드보다 운용 보수가 낮고 주식에 적용되는 거래세도 붙지 않는다는 것도 장점이다.

ETF 종목은 네이버 증권정보에서 쉽게 검색할 수 있다. 네이버에서 ETF를 치면 [그림 1-4]와 같은 화면이 뜬다. 각 종목을 클릭하면 주가 차트를 비롯해 좀 더 자세한 정보를 알 수 있다.

관리가 귀찮다면
ETF

ETF는 펀드매니저가 운용하는 일반 펀드와는 달리 관리가 필요하지 않은 종목이다. 우량주가 다수 포함되지만 소액으로도 투자가 가능하기 때문에 소액투자자들에게 유리하다. 비용은 낮은 반면 수익률은 일반 펀드보다 높아서 한동안 폭발적인 인기를 누리기도 했다. ETF는 단점보다 장점이 많다. 아직 목돈을 마련하지 못한 소액투자자라면 ETF를 추천한다.

해외 ETF 투자에 관심 있는 사람들이라면, '인베스팅닷컴investing.com'을 즐겨찾기에 추가해두면 좋다. 인베스팅닷컴에는 해외 증시와 지수, 환율, 각종 경제지표가 한눈에 정리돼 있고 기술적 분석을 위한 정보도 제공된다. 기본은 영어로 설정돼 있지만, 한글 서비스도 제공된다. 메뉴 상단 '시장'에서 '지수', 'ETFs'를 클릭하면 실적표가 자세히 나와 있다.

[그림 1-5] 해외 주가지수와 ETF(인베스팅닷컴)

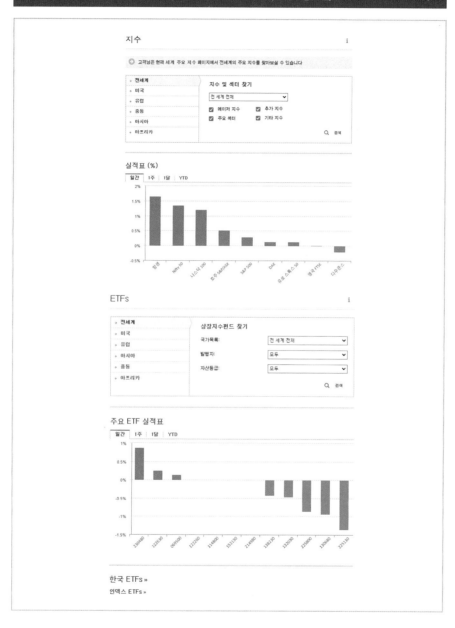

ETF의 장점

- - - - - - - - - - - -

1. 선택의 폭이 넓다

투자자들의 다양한 수요에 적합한 ETF 상품이 다양하게 존재한다. 해외의 지수상품에 투자할 수 있는 ETF뿐만 아니라 단기투자자와 장기투자자의 성향에 맞는 투자상품을 골라서 투자할 수 있다.

2. 운용 비용이 저렴하다

일반 펀드의 경우 펀드매니저에 대한 수수료가 상당 부분을 차지한다. 그러나 ETF의 경우는 시장지수에 연동되어 지수가 운용되기 때문에 펀드매니저 운용 비용이 들어가지 않는다. 수수료가 없다는 것은 거래를 하면 할수록 큰 장점으로 다가올 것이다.

3. 배당수익을 노릴 수 있다

ETF 상품은 대부분 배당금을 지급한다. ETF 종류에 따라 다르지만 고배당 종목에 집중투자한 ETF의 경우에는 배당금 수익을 창출할 목적으로 투자하기에 적합하다. 채권이 많이 포함된 ETF의 경우에는 이자 수익도 노릴 수 있다.

4. 분산투자로 위험을 회피한다

ETF는 개별 종목에 투자하는 것에 비해서 변동성이 다양한 주식으로 포트폴리오를 구성하므로 가격 폭락에 대한 위험을 상당 부분 피할 수 있다. 개별 종목에 비해서 안정성이 높고 수익성도 추구하는 상품으로 볼 수 있다.

2장

종목 선정은
어떻게 할까요?

― 종목 선정의 기준

01

종목 고르기 전
이것만은 꼭 지켜라!

포인트! 주식투자에서 수익을 내려면 매수할 좋은 종목을 잘 골라야 하죠. 좋은 종목을 고르는 게 어렵다면, 사야 할 종목보다 사지 말아야 할 종목부터 생각하는 것도 좋습니다. 일단, 거래량이 얼마 안 되는 주식은 단기투자에서 배제해야 하고, 기업의 재무 상황에 비해 고평가된 주식은 가치투자 시에 배제해야 합니다. 이렇게 투자할 종목을 좁힌 다음 기업의 위험 요소를 철저히 고려해 가장 유망한 주식을 골라야 합니다. 가끔 작전주에 휘말리는 경우가 있는데, 작전주에는 절대 투자하면 안 됩니다.

투자 대상을
좁히는 법

우리나라 증권시장에 상장된 주식 종목은 1천 개가 넘는다. 이렇게 많은 종목을 모두 검토하고 투자할 수는 없으므로, 어떤 종목을 우선적으로 고려할지 일차적으로 걸러내는 작업이 필요하다.

하루에 집중적으로 분석할 종목은 10개 이내로 좁히는 게 좋다.

투자 대상을 좁히는 방법은 투자 목표에 따라 달라진다. 단기투자를 목표로 한다면 거래량이 많은 종목 가운데 낙폭이 크거나 테마주로 묶인 것을 먼저 고려해보는 것이 좋다. 장기투자를 목표로 한다면 종목이 속한 산업이 신성장 동력인지, 재무제표상 기업의 안정성이 좋은지를 우선적으로 따지고 EPS와 PER 등을 통해 저평가된 주식을 대상으로 삼으면 된다. EPS와 PER의 의미는 8장에서 자세히 이야기한다.

작전주는 가급적 피하라

증권시장을 보면 실제로는 부실 기업인데 비정상적으로 주가가 폭등하는 경우가 있다. 작전주가 대표적인 예다. 기업의 재무제표는 금융감독원 전자공시시스템http://dart.fss.or.kr/에서 확인할 수 있다. 재무상태표상으로는 부채가 자산보다 커서 자본잠식 상태이거나 손실이 누적된 기업인데, 갑자기 주가가 오른다면 작전주로 의심해볼 필요가 있다. 재무제표 보는 법은 7장에서 설명한다.

작전주에 투자해서 이익을 볼 것을 기대한다면 순진한 생각이다. 작전주에 투자하면 손해를 볼 수밖에 없는 것이 작전주는 본질적으로 망할 회사를 가지고 장난치는 것이기에 그렇다. 이런 작전주에 투자자로 들어가는 순간 원금을 다 날릴 각오를 해야 한다. 정보에 현혹되지 말고 기업의 본질을 믿고 투자하자.

기업의 위험 요소를
파악하자!

주가의 역사가 담긴 것이 주식 차트이고, 기업의 역사가 담긴 것은 재무제표다. 재무제표는 전자공시시스템을 통해 확인할 수 있는데, 재무제표만 잘 보아도 기업의 재무 위험을 평가해볼 수 있다. 재무상태표에서 부채가 자산보다 크다면 일단 파산 위험이 높다는 신호다. 이것은 분식회계로 이슈가 되었던 대우조선해양 사례가 대표적으로, 당시 대우조선해양의 재무상태표는 부채가 자산보다 큰 자본잠식 상태였다.

유동자산이 유동부채보다 커서 현금 안정성이 큰지, 영업이익이 이자를 갚기에 충분한지도 따져봐야 한다. 순이익이 나는 회사라면 그 이익이 과거의 추세에서 상승세인지도 검토해보는 것이 좋다.

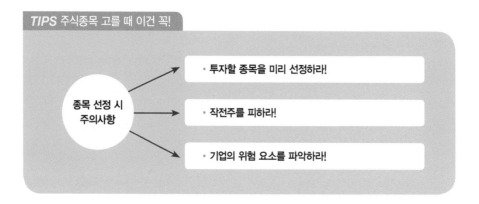

TIPS 주식종목 고를 때 이건 꼭!

종목 선정 시 주의사항

· 투자할 종목을 미리 선정하라!

· 작전주를 피하라!

· 기업의 위험 요소를 파악하라!

02

일상 속에
답이 있다!

포인트! 주변의 주식투자 선배들을 보면 종목 선정에 대한 답을 찾을 수 있을 것입니다. 흔히 '주식 고수'라는 사람들의 이야기를 들어보면, 일상에서 관심 있는 산업 또는 분야의 종목을 사서 큰돈을 벌었다고 합니다. 제 선배들 중에도 그런 분들이 있습니다. 종목 선정이 어려운 왕초보라면, 특히 더 일상에서 종목을 발견하려는 노력이 필요합니다. 관심 있는 종목이 생기면 그 종목에 대해 공부하고 분석해서 투자할 때 성공할 가능성이 매우 높습니다.

잘 모르는 업종은 피하라

"회계사는 주식투자를 하면 망한다."

이것은 주식투자 업계에 퍼져 있는 통설이다. 나는 회계법인에 다닐 때 감사 대상인 업체 또는 용역을 의뢰한 고객의 사업이 아주 매력적이어서 투자를 권유받았다거나, 내부 비밀을 알게 됐다는 소문을 듣고 투자해서 본전도 못 건진 사례를 많이 보았다. 나 역시 특정 분야의 사업이 얼마 뒤면 대박이 날 거라는 소문을 듣고 투자했다가 손실을 본 적이 있다. 그러니 회계사가 주식투자를 하면 망한다는 것이 아예 틀린 말은 아닌 것 같다.

특히 주식을 막 시작한 초보자일수록 더더욱 자신이 잘 모르는 업종이나 관심이 없는 종목에 소문만 듣고 투자해선 안 된다. 어느 종목이 호재라는 소문을 들었다면 적어도 재무비율이나 투자 의견 컨센서스라도 찾아보는 노력을 한 뒤 투자해야 한다.

기업 전문가라고 할 수 있는 회계사들마저 주식투자에서 실패하는 이유는 바로 그런 노력이 부족해서다. 초보 투자자들이 이른바 경제 전문가들보다 더 많은 수익을 올리는 경우가 있는데, 그 비결은 바로 '일상에서 종목 건지기'에 있다.

가장 좋아하는
기업에서 시작한다

주식 왕초보들에게 가장 필요한 투자 방법은 뭐니 뭐니 해도 일상에서 가장 많이 이용하는 기업이나 상품에서 좋은 종목을 찾는 것이다. 사실 주식시장은 우리가 이용하는 제품이나 서비스를 제공하는 기업에서 발행한 주식이 거래되는 곳이다. 하늘에서 뚝 떨어진 새로운 시장이 아니라는 말이다.

2013년에 나와 함께 일했던 이한수(가명) 과장님은 회계 용역도 같이하고 술자리도 자주 했던 분이다. 평범한 샐러리맨이지만 회계사무소 경리 업무를 오래 해왔는데, 유난히 내게 주식투자에 대해 자주 묻곤 했다. 신기하게도 이 과장님은 주식 10종목 대부분에서 수익을 거두고 있었다. 5천만 원을 투자해 2~3년 만에 1억까지 포트폴리오를 불릴 정도로 수익률 100% 이상의 매우 우수한 투자 실적을 보유하고 있었다.

이 과장님은 2010년부터 업무 관계로 신라호텔에 머무를 기회가 많았는데, 그 호텔은 서비스도 좋고 30년 넘게 영업 중이라 건실한 기업이라는 생각을 했다고 한다. 그러던 중 호텔신라가 삼성 계열사라는 사실을 알게 되었다. 삼성 계열사는 절대 망하지 않는다는 자기 나름의 소신도 있었고, 호텔신라가 면세점 사업과 유통 사업을 하고 있다는 것을 알게 되어 이 종목을 조사하기 시작했다. 조사해보니 재무비율도 안정적이고 앞으로 더 성장할 것이라는 확신이 서서 투자를 결심하게 되었다.

2010년에 1주당 2만 8천 원도 안 하던 이 종목은 2014년이 되면서 4배나 뛰어 10만 원이 넘어갔다. 이 과장님은 자신이 좋아하는 호텔의 가치를 알아보고 과감하게 투자했을 뿐이지만, 그 결과 1천만 원을 투자해 산 주식의 값은 4천만 원대로 훌쩍 뛰었다. 투자 금액이 비교적 크지 않아서 큰돈을 벌지는 못했지만, 3천만 원의 수익을 냈으니 그만하면 초보치고는 훌륭한 성과였다.

관심 있는 종목을
조사하고 분석한다

이 과장님이 보유한 종목 중에는 더 놀라운 성과를 거둔 것도 있다. 이 과장님은 자동차에도 관심이 많아서 10년 가까이 현대자동차, 그것도 누구나 아는 브랜드인 '소나타'를 타고 다녔다. 그런데 어느 날 사무실 사람들이 소나타에 대해 폭리라고 욕하는 것을 듣고는 현대자동차에 대해 조사해보았다. 그런데 깜짝 놀랄 만한 사실을 발견했다. 현대자동차는 거의 독점 수준으로 매출이 좋은 데다 영업이익률이 높고 부채 수준은 매우 안정적이었던 것이다. 국가적으로 보아도 자동차 산업은 성장세였다.

그래서 이 과장님은 현대차 주식을 200주나 샀다. 2011년 당시 주가가 8만 원 정도였으니 1,600만 원을 투자한 셈이다. 이 과장님의 입장에서는 조금 부담스러운 투자였는데, 이 종목에서도 엄청난 일이 벌어졌다. 주가가 계속 상한가를 치더니 2013년에 20만 원을 돌파한 것이다. 그 결과 1주당 12만 원, 총 2천만 원의 수익을 실현할 수 있었다.

주식투자를 처음 시작할 때 가장 쉽고 좋은 길은 자신의 주변을 돌아보는 것이다. 분명 자신이 이용하는 제품이나 서비스 가운데 애착이 가는 것이 있을 것이다. 삼성 갤럭시 시리즈가 정말 좋다고 생각하면 삼성전자를 분석해서 투자를 고려하면 될 것이고, 평소 신세계백화점을 자주 이용한다면 신세계 관련 종목을 검색하고 분석해서 투자하면 될 것이다. 가장 쉬운 투자 원칙은 주변에 관심을 기울이는 것임을 꼭 기억해두자.

03

실패 없는 종목
선정의 2가지 원칙

포인트! 종목 선정에서 중요한 두 가지 원칙을 이야기하겠습니다. 첫째 1등 기업을 따라가는 것이고, 둘째 대주주의 지분 매입을 보는 것입니다. 1등 하는 제품이나 서비스를 보유한 기업의 종목은 무엇보다 안전한 종목입니다. 다만 1등 기업의 주가는 비교적 높은 편이므로 장기 보유 전략이 유효합니다. 또 대주주가 주식을 매입한다면 그 기업에 뭔가 좋은 일이 있다는 뜻입니다. 대주주가 지분을 늘리는 것을 알고 이를 잘 따라가면 큰돈을 벌 수 있습니다. 이때 대주주들보다 신속하게 주식을 매입해야 합니다. 주가가 오르기 전에 사야 훨씬 큰 이득을 기대할 수 있으니까요.

적어도 망하지 않는 투자

우리나라 1등 기업의 대표주자가 삼성전자라는 것에 이의를 제기할 사람은 없을 것이다. 삼성전자는 액면분할 이후에 의외로 주가가 정체되어 있으나 앞으로 성장성이 높은 종목임에는 분명하다.

PER가 동일업종 PER에 비해 낮으며 실적도 꾸준히 나올 뿐만 아니라 여전히 인기검색종목 1위를 차지하기 때문이다. 외국인 소진율이 예전보다 줄었다고는 하지만 여전히 55%에 육박하고, 시가총액이 491조 3,131억 원(2021. 4. 28)으로 시가총액 순위 1위이며 자타가 공인하는 글로벌 기업이다.

주식시장에서 10년 이상 1등을 유지하고 있는 삼성전자는 스마트폰 등 전자기기 시장을 선도하는 제품을 매년 출시하면서 소프트웨어에서도 혁신을 이어가고 있다. 게다가 고객 만족을 위한 A/S 등에서도 차별화를 이루는 등 종합적으로 1등 기업으로서의 입지를 굳혔다는 것이 중론이다.

이 같은 1등 기업에 투자하면 적어도 망하지는 않는다는 것이 주식투자 업계의 정설이다. 업종마다 대표주 또는 1등주가 있는데, 이것만 잘 찾아서 투자해도 10년쯤 뒤에는 주가가 몇 배로 뛰어 있을 것이기 때문이다.

우량주를 장기 보유한다

나와 함께 주식 공부를 했던 박상도(가명) 회계사는 우량주에만 투자한다는 원칙을 고수했다. 그는 자신의 포트폴리오에 코스닥이나 제3시장의 종목은 절대 넣지 않고 오로지 코스피의 우량주만 넣는다고 했다. 그가 특히 좋아하는 종목은 삼성전자, 한국전력공사, 포스코, SK하이닉스, 한국타이어 등이었다. 이 종목들의 공통점은 모두 업종별 1위, 누구나 잘 아는 우량주라는 것이다.

그는 자신이 주식에 대해 공부를 많이 하지 못했고, 스캘핑scalping 같은 단기투자에 소질이 없다는 것을 잘 알기에 우량주 투자 원칙을 고수한다고 했다. 아울러 1등 주는 장기적으로 떨어질 염려가 거의 없어 복잡한 분석이 필요 없고, 그냥 주가가 오를 때까지 기다리기만 하면 되니 정말 편한 투자라는 것이다.

나도 그의 투자 방식에 공감한다. 이 투자 방식이야말로 워런 버핏Warren Buffett이 말한 가치투자의 일종이 아닌가 싶다. 여기에 재무제표를 통해 재무적인 성장성, 수익성, 안정성 분석을 통한 확신까지 더해진다면 더할 나위 없이 좋은 투자 방식이라고 생각한다. 물론 이 방식을 선택할 경우 단기적으로 큰 수익을 얻긴 어렵다. 하지만 주식을 도박의 일종으로 여기며 초단기간에 월급을 벌어가려 하는 주식꾼(?)이 아니라면 이 방식으로 10년 후 부자를 꿈꿔보는 것도 나쁘지 않을 것이다.

앞서 언급한 투자의 귀재 김 중위님도 국내에서 독점적 지위를 지닌 기업의 종목이나 세계 1위의 기업에 투자하는 비중을 높이라고 말한 적이 있다. 이런 기업은 시장의 변동 속에서도 언젠가는 빛을 보고 주가가 몇 배로 오른다. 그 기업이 성공할수록, 그 기업의 제품이 많이 팔릴수록 내가 보유한 주식의 가격도 오르게 되니 그 기업이 1등이라면 그만큼 확실한 투자가 어디 있겠는가.

최대주주의 주식 매입이 신호다

삼성공조라는 종목이 있다. 2020년 1월에만 해도 5,000원 정도에 불과했던 종목의 주가가 2021년 최고치 29,600원을 달성하였다. 거의 6배가 상승한 것이다. 그 이유는 대주주의 주식 매입추세만 보더라도 잘 알 수 있다.

일반적으로 최대주주나 회사의 임원이 주식을 매입하면 종목의 주가가 저평가 되어 있고 호재가 있는 것이 아닌가 의심해볼 필요가 있다. 삼성공조의 최대주주 회장이 가업을 이어오고 있고 그 아들이 있는데, 이 둘이 주식시장에

서 주식을 매입하기 시작했다. 삼성공조의 공시만 보더라도 2017년부터 2021년 초까지 지속적으로 대주주가 주식을 매입한 사실을 알 수 있다.

대주주와 2세가 회사 주식을 오랜 기간 지속적으로 매입한다는 것은 해당 종목에 무언가 좋은 일이 일어나고 있다는 것이다. 게다가 대출까지 받아서 해당 종목을 매수하면 더욱 그렇다. 공시를 볼 때 주식을 담보로 대출받고 있다면 이는 호재를 품은 신호로 보아도 된다. 이러한 호재 신호를 포착하여 해당 종목에 어떤 뉴스가 있는지 공부하면 분명 이유를 발견할 수 있다.

번호	공시대상회사	보고서명	제출인	접수일자
31	유 삼성공조	임원·주요주주특정증권등소유상황보고서	고태일	2018.08.02
32	유 삼성공조	임원·주요주주특정증권등소유상황보고서	고태일	2018.07.25
33	유 삼성공조	임원·주요주주특정증권등소유상황보고서	고태일	2018.01.08
34	유 삼성공조	임원·주요주주특정증권등소유상황보고서	고태일	2017.12.21
35	유 삼성공조	임원·주요주주특정증권등소유상황보고서	고태일	2017.12.13
36	유 삼성공조	임원·주요주주특정증권등소유상황보고서	고태일	2017.05.18
37	유 삼성공조	임원·주요주주특정증권등소유상황보고서	고태일	2017.05.08
38	유 삼성공조	임원·주요주주특정증권등소유상황보고서	고태일	2017.03.02

2~3년을 보고 투자하라

나와 군 생활을 함께한 김 중위님은 주식 차트를 전혀 보지 않고도 높은 수익을 내는 것으로 부대 안에서 유명했다. 김 중위님은 주가가 일시적으로 하락해도 대주주가 자신의 지분을 늘리면 이를 좇아 주식을 더 샀다. 해당 종목의 주가가 떨어져도 시장이 완전히 망하거나 기업에 치명적 악재가 없는 한 1~2년 뒤에는 반드시 주가가 오른다는 것이 그분의 설명이었다. 그분은 이런 방식으로 3년 이상 장기투자를 해서 결과적으로 고수익을 올렸다.

대주주의 주식 매수 기사는 인터넷 뉴스에도 자주 등장하며, 금융감독원의 전자공시시스템http://dart.fss.or.kr에서 '주식 등의 대량보유 상황보고서'를 찾아보면 쉽게 알 수 있다. 이런 방식으로 투자해서 수익을 거둔 종목이 생각보다 많은데, 대표적인 것이 2016년에 바이오 종목으로 크게 이슈가 되었던 휴젤과 셀트리온이고 매년 상승세를 이어온 삼성전자도 마찬가지다.

나와 내 후임이었던 조 중위는 이런 투자 방식을 따르다가 단기적으로 손실을 보았다. 나는 결혼 자금이 급히 필요해서 주가가 떨어졌지만 팔았고, 조 중위는 주가가 떨어지는 것을 보고 재빨리 팔아치운 바람에 손실만 본 경우다. 김 중위님은 우리에게 2~3년을 보고 투자하라고 조언해주었다. 대주주가 지속적으로 주식을 매입해 지분율을 50% 이상으로 올리고 있었고 산업도 신소재 개발로 발전하고 있어서 그다음 해에는 분명 주가가 오를 상황이었던 것이다.

"주식 초보자들은 대주주의 움직임을 보고 따라 하기만 해도 안전하게 수익을 올릴 수 있다."는 김 중위님의 조언은 적절했다. 주식시장에서 해당 종목에 대해 대주주만큼 애착을 가진 이도, 성장성과 수익성을 그만큼 잘 아는 이도 없기 때문이다.

04

기업의
CEO와 IR를 본다

종목 선정 시 기업의 CEO와 기업의 IR를 보아야 합니다. 기업은 결국 사람이 움직이는 것이므로 CEO의 의사결정에 기업의 미래가 달려 있다고 해도 지나친 말이 아닙니다. 어떤 종목에 투자하기로 마음먹었다면 적어도 그 기업 CEO의 경영 방침과 자질은 확인해보십시오. 또 좋은 기업일수록 기업 홍보 및 이미지 관리도 잘합니다. 투자자들을 위해 IR를 잘할 수밖에 없습니다. IR가 잘되는 기업의 주가가 오르는 것은 시장에서 투자자의 수요를 잘 이끌어내는 효과 덕분이겠지요. 이런 기업에 투자하는 것이 좋습니다.

워런 버핏의 원칙

워런 버핏은 "주식에 투자하는 것이 아니라 사람에 투자한다."라는 유명한 말을 했다. 매년 미국의 부자 순위 3위 안에 들어가는 그의 투자 방식은 전 세계 사람들에게 큰 영향을 미치고 있다.

다른 거대 투자자들에 비해 워런 버핏의 원칙은 담백하고 단순하다. 좋은 기업, 이해하기 쉬운 기업을 분석하고 그 기업을 움직이는 CEO의 능력과 성품을 보고 투자한다는 것이다.

"시총 상위 30곳 CEO 주가를 분석한 결과 최고경영자CEO 임기가 길어 중장기 투자를 해온 대형주의 영업이익이 3년 새 52조 원이나 급증할 전망"이라는 기사도 있었다(《매일경제》 2017. 7. 5). 같은 기사는 "특히 장수 CEO가 포진한 LG생활건강, 삼성전자, LG화학, SK하이닉스는 2014년 대비 올해 예상 영업이익이 2배씩 늘어날 것으로 예상된다. 금융업종 중에선 CEO 임기가 5년이 넘은 하나금융지주가 이 기간 순이익이 꾸준히 증가해 주가수익률이 업종 내 1위를 달리고 있다."라고 밝혔다. CEO의 역할이 주가에 얼마나 큰 영향을 미치는지 알 수 있는 대목이다.

기업의 미래,
CEO에 달렸다

주식투자 분석에서 CEO는 보통 정성적 분석qualitative analysis으로 분류된다. 그만큼 주관적이고 계량화하기 어려운 요소이지만 CEO의 도덕성과 경력, 경영철학은 그 기업의 성패를 좌우할 정도로 중요하다. 가령 미국에서 스티브 잡스Steve Jobs의 CEO 프리미엄은 상상을 초월할 만큼 대단했다.

특히 코스닥KOSDAQ에 상장된 벤처기업 주가는 CEO의 영향력이 거의 절대적이다. 코스피KOSPI 상장사들은 대부분 대기업이고, 규모가 큰 우량주의 경우에는 이미 형성된 거대 시스템에 따라 운영되므로 경영자의 영향력이 절대적인 것은 아니다. 코스닥 상장사들은 CEO의 의사결정에 따라 조직이 단기간에 크게 변화할 수 있으니, CEO에게 더 관심을 가지고 분석해서 투자해야 한다.

주식에 투자한다는 것은 곧 기업의 미래에 투자하는 것이다. 기업이 성장하고 수익을 내야 주가도 오르고 배당도 지급된다. 그리고 이것을 주도하는 인물이 바로 CEO다. CEO가 어떤 인물인지 파악하지도 않은 채 해당 종목에 투자한다면 이는 마치 '배우자가 누구인지도 모르고 결혼하는 것'과 다를 바 없다.

얼마나 홍보에 적극적인 기업인가?

주식투자로 고수익을 올리는 선배들을 보면 하나같이 주식을 사면서 해당 기업의 홈페이지나 뉴스를 탐독한다. 한때 나와 함께 주식투자를 했던 김현수(가명) 씨는 장기투자로 2억 원 정도의 포트폴리오를 형성한 고수익 개미투자자다. 그는 어느 종목에 투자할지를 고민할 때 다양한 지표를 검토하기도 하지만, 무엇보다 그 기업의 IR를 챙겨 본다고 한다. IR^{Investors Relations}란 투자자들을 향한 기업 홍보이자 이미지 메이킹을 뜻한다. 기업의 IR가 잘되면 제품 판매가 좋을 수밖에 없고 결국 주가도 오르게 된다는 것이 김 씨의 주장이다.

그는 수천만 원을 투자한 기업이 IR를 더 잘하도록 나름 감독했다. 특히 코스닥 기업의 경우 IR 담당자에게 전화를 걸어 기업에 호재가 있으면 홈페이지에 상세히 올리거나 다양한 매체를 통해 홍보할 것을 요구했다. 그런 노력 덕분인지 주가가 올랐다고 한다.

IR를 잘하는 기업의 주가가 높다는 계량적·직접적인 상관성은 입증되지 않았지만, 간접적인 측면에서는 관계가 있는 것으로 나타난다. IR를 열심히 한다는 것 자체가 자사 제품과 서비스, 경영에 대한 기업의 자신감을 드러내는 일이다. IR에서 밝힌 사업 내용이나 수익성이 허위로 드러날 경우, 그 기업은 법적 제재를 받을 뿐만 아니라 엄청난 이미지 타격을 입게 되므로 IR를 제대로 하는 기업일수록 신뢰할 만하다.

적극적으로 IR를 한다는 것은 투자자에게 신경 쓰면서 투자자 관리를 잘한다는 의미이기도 하다. 투자자 입장에서 보면 더 좋은 투자 기회를 지속적으로 제공받고 의사결정에도 도움을 받을 수 있다는 뜻이다. 아무리 좋은 투자나 사업을 하고 있어도 제대로 홍보가 안 되면, 사람들이 그 기업의 진가를 알아보기 어려울 것이다. IR를 제대로 해야 주식 투자자가 몰리고 주가도 올라간다.

주식 왕초보라면 투자하기에 앞서 해당 종목의 기업 홈페이지에 들어가보자. 거기에서 IR 자료를 살펴본 뒤 매력적인 기업인가를 판단하라.

05 외국인투자자와 기관투자자를 보라

포인트! 국내 주식시장에서 두 개의 큰 투자 주체는 외국인투자자와 기관투자자입니다. 이 두 주체가 국내 주식시장의 판도를 좌우합니다. 외국인투자자들은 대부분 해외 기관투자자입니다. 이들은 투자하기 전에 면밀한 기술력 검증과 시장성, 수익성 검토를 거치기 때문에 이들을 따라 해서 손해 볼 것은 없습니다. 기관투자자는 국내 주식시장에서 외국인투자자 다음으로 큰 투자 주체라고 할 수 있습니다. 투자자문사, 투신사, 연기금 등이 있는데 투자자문사, 투신사 등은 비교적 공격적인 투자를 하고 연기금은 장기적인 안목에서 가치투자를 합니다. 구체적으로 어떻게 이들을 따라 투자하는지 자세히 살펴봅시다.

경제뉴스에 귀를 기울이라

외국인투자자는 국내에 등록한 뒤 투자해야 하기 때문에 자금력이 있는 해외 기관투자자가 대부분이다. 외국인투자자의 국내 지분율이 40%를 넘어 거대한 세력으로 자리매김한 지 오래되었다.

따라서 이들을 따라 투자할 줄 알아야 투자 수익률을 높일 수 있다. 어떻게 해야 외국인투자자를 따라 할 수 있을까?

외국인투자자들의 동향을 주식매매시스템HTS으로 확인하는 구체적인 방법에 대해서는 후술하겠지만(11장 참조), 대략적인 투자 방식은 다음과 같다.

우선, 외국인투자자가 집중 매수하는 종목을 따라가는 것이 중요한데, 그런 종목은 주로 해당 기업의 해외 IR 동향을 보면 알 수 있다. 경제뉴스를 보면 외국인투자자가 집중적으로 투자하는 종목이 공시되므로 그것만 보아도 외국인투자자들의 움직임을 충분히 알 수 있다. 하지만 그들이 들어오기 전에 해당 종목을 선점하면 더 큰 시세차익을 올릴 수 있으므로 해외 IR가 진행 중인지 파악하는 노력이 필요하다.

기업이 해외 IR를 개최해 외국인투자자들에게 자기 종목을 홍보한다면 조만간 외국인투자자들의 매수세가 이어지리라고 예상할 수 있다. 이런 일정을 알아보려면 IR를 대행하는 증권사에서 공시하는 자료 등을 찾아볼 필요가 있다.

지분율이 급증할 때가 적기이다

이보다 더 쉬운 방법은 외국인투자자들의 지분율이 갑자기 급증하는 종목을 공략하는 것이다. 특히 외국인투자자의 지분율이 거의 0%에 가깝다가 갑자기 투자가 몰리는 종목이 있다면 뭔가 있다는 이야기이다. 외국인투자자들은 성장이 예상되거나 앞으로 실적이 좋아질 종목을 미리 매집하는 경우가 많다.

좀 더 기술적인 방법을 소개하자면, 외국인투자자들의 지분율 추세가 지속적으로 상승하는데 이상하게 주가가 오르지 않는 종목이 있다면 투자를 서두르는 것이 좋다. 이런 종목은 아직 시장에서 내재가치만큼 주가가 오르지 않은 저평가주가 분명하기 때문이다.

경제 교육을 할 때마다 주식투자를 하는 교육생들을 항상 만난다. 그들은 "외국인투자자의 지분율이 높은 기업이 무조건 좋은 기업입니까?"라고 묻는다. 나는 주식투자에서 '무조건'은 없다고 답한다. 다만, 외국인투자자가 갑자기 관심을 보이는 종목은 호재가 숨어 있을 가능성이 크고, 외국인투자자가 갑자기 팔아치우는 종목은 그만한 이유가 있으므로 좀 더 면밀한 분석이 필요하다고 조언한다.

종목 분석 능력이 떨어지는 사람에게 가장 확실한 전문가는 외국인투자자이다. 그들을 따라 하면 손해는 안 볼 것이다.

절대 손해 안 보는 기관투자자

기관투자자는 국내 주식시장에서 상당한 비중을 차지하는 투자 주체다. 외국인투자자의 지분율이 40%가 넘는다는 것을 앞서 보았는데, 기관투자자는 그 정도의 파괴력은 없지만 나름의 전문성으로 절대 손해 안 보는 투자를 하는 주체라고 할 수 있다. 외국인투자자가 '큰손'이라면 기관투자자는 '작은손' 정도는 된다.

주식시장에서 기관투자자는 투자신탁, 투자자문사, 연기금 정도로 분류할 수 있다. 투자신탁이나 투자자문사는 연기금에 비해 공격적이고 고수익을 추구하는 투자 패턴을 보인다. 연기금은 장기간의 생존 가능성과 기업의 안정성을 보고 투자하는 패턴을 보인다. 어쨌든 기관투자자들은 상장사들에 대한 정확하고 자세한 정보를 기반으로 투자하므로 그들이 매수하거나 보유하는 종목에 따라 투자하면 절대 손해 볼 일이 없다.

> 국민연금이 최대주주로 있는 종목은 BNK금융지주, 포스코, KT, 네이버,
> KB금융, 하나금융지주, 신한지주, KT&G, DGB금융지주 등 9개이다.
> 엔씨소프트는 지난 5일 공시를 통해 국민연금공단 지분율이 12.12%로
> 증가해 최대주주가 국민연금으로 변경되었다고 밝히기도 했다. 국민연금
> 이 국내 게임사 엔씨소프트의 최대주주에 올라서면서 엔씨소프트의 주
> 가 방향에도 긍정적으로 작용할 전망이다.
> 기관투자자의 주주권 행사가 강화될수록 기업의 투명한 지배구조 및 배
> 당성향 확대 등 주주환원정책이 강화되면서 해당 종목의 주가에도 긍정
> 적인 영향을 미칠 것으로 보인다. - 〈브릿지경제신문〉(2017. 7. 9)

가치투자자라면 연기금을 보라

연기금이 보유하는 종목이 아직은 국내
증시에서 절대적 비중을 차지하지 않는다. 외국 증시에서는 연기금이 차지하
는 비중과 영향력이 막강하지만, 우리나라에선 아직 그 정도는 아니다.

다만, 연기금이 보유하는 종목은 당장은 아니더라도 투명성과 신뢰성이 개
선되고 주가가 오르는 경우가 많다. 특히 연기금은 주식을 수시로 사고팔지 않
고 장기간 보유하므로 기업 입장에서는 경영 안정성을 더욱 보장받는 셈이다.
국민연금공단에서 보유한 최대주주 종목 현황을 [표 2-1]로 정리했으니 참고
하길 바란다.

기관투자자들이 좋아하는 종목은 대부분 기업의 펀더멘털fundamental이 우

량하고 유동성이 좋은 종목이다. 기관투자자들은 매매 종목을 고를 때 증권사들의 유료 보고서와 자체 전문인력의 판단을 활용하므로 이들이 투자하는 종목을 잘 분석하고 따라 하면 이런 인프라를 간접적으로 이용하는 효과를 누릴 수 있다.

국민연금관리공단에서는 국내 주식 운용 현황을 홈페이지에 아래와 같이 공시하고 있다.

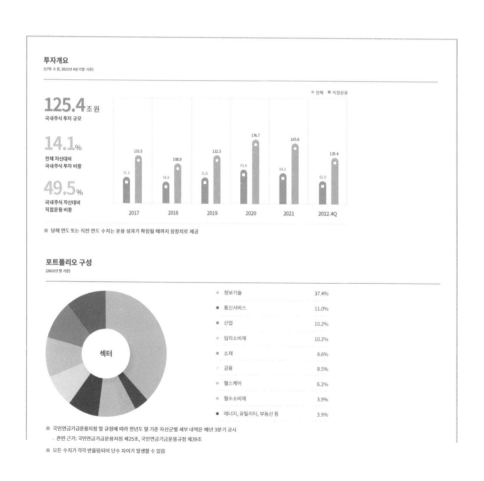

Top10 투자종목

(단위: 억 원, 2021년 말 기준)

번호	종목명	평가액	자산군 내 비중	지분율
1	삼성전자	398,413	22.0%	8.5%
2	SK하이닉스	86,696	4.5%	9.1%
3	NAVER	55,368	2.9%	8.9%
4	현대차	36,211	2.1%	8.1%
5	삼성SDI	36,157	2.1%	8.0%
6	삼성바이오로직스	35,172	2.8%	5.9%
7	카카오	35,065	2.4%	7.0%
8	LG화학	29,246	2.0%	6.7%
9	기아	27,398	1.6%	8.2%
10	현대모비스	22,467	1.1%	9.3%

※ 국민연금기금운용지침 및 규정에 따라 연도 말 기준 자산군별 세부 내역은 다음 해 3분기 공시

- 관련 근거: 국민연금기금운용지침 제25조, 국민연금기금운용규정 제39조

출처: 국민연금관리공단 홈페이지(www.nps.or.kr)

06

매출액과
PER를 보라

포인트! 우리는 보통 기업의 성과에 따라 주가가 움직인다는 사실을 알고 있습니다. 그런데 그 '성과'라는 것을 파악할 때 손익분석을 해야 하는데, 그건 전문가들이나 하는 거라며 알려고 하지 않는 분들이 많습니다. 분석을 어려워하는 분들을 위해 가장 간단하게 매출액이라는 지표를 보고 종목을 고르는 방법을 소개하겠습니다. 이와 더불어 PER라는 지표를 활용해서 좋은 종목을 고르는 방법이 있는데, 즉 저PER주를 고르는 것입니다. 왜 그런지, 어떻게 그런 종목을 발굴하는지 자세히 알아보겠습니다.

시장 규모가
얼마나 큰가?

정말 기술력이 뛰어나고 혁신적인 기업이라도 기본적인 시장이 협소하면 주가가 성장하기 어렵다. 신제품의 경우, 수요가 어느 정도냐에 따라 앞으로의 매출 성장과 주가 상승이 결정되므로, 시장의 규모가 특히 더 중요한 변수라고 할 수 있다.

투자할 종목을 고를 때 매출의 등락이 크지 않고 많은 고객에게 지속적으로 매출이 발생하는 제품을 보유한 기업인지를 확인하라. 일반 개인을 상대로 매출이 많이 발생하는 기업은 지속적으로 성장할 힘이 있다. 소비자들이 꾸준히 소비하는 제품의 경우에는 특히 더 그렇다.

예를 들어 삼성전자, 신세계, 포스코 등의 경우 지속적으로 매출액이 유지되며, 다른 종목들과 비교할 때 그 규모도 상당한 수준이다. 매출액의 규모나 구성은 금융감독원 전자공시시스템http://dart.fss.or.kr에서 기업을 검색하면 손익계산서를 통해 확인할 수 있다. 이에 대해서는 8장에서 자세히 다룬다.

확실한 하나의
필살기가 있는가?

보통 잘나가는 사람들을 보면 자신의 필살기 분야 하나에 올인해서 최상의 퍼포먼스를 보여주곤 한다. 연예인들도 한 우물만 파서 성공을 거듭하고 있는 유재석 씨나 아이유 등이 대표적인 사례일 것이다. 고물가, 고환율, 고금리인 3고 시대에 빛나는 기업 몇 곳을 들여다보면 한 우물만 판 기업이 많다. 이러한 불황에도 주가가 40% 넘게 오른 BGF리테일은 CU라는 편의점 한 가지 아이템으로 영업이익 상승과 주가상승을 이끌어냈다. 그만큼 하나의 필살기에 집중하는 것이 중요하다는 것이다.

이렇듯 이것저것 복잡하게 벌려놓고 수습도 못 하는 기업보다는 한 가지 확실한 제품에서 매출이 발생하는 기업의 성장성과 안정성이 훨씬 좋다. 수익구조를 보면 매출이 다각적으로 발생해서 분석이 복잡한 기업보다는 단순하고 확실한 수익구조를 보이는 기업의 종목을 사는 것이 현명하다.

워런 버핏은 초창기에 '코카콜라'라는 대규모 매출을 내는 종목으로 큰 성공을 거둔 바 있다. 그는 이처럼 하나의 확실한 시장에서 대규모 매출을 창출하는 종목에 가치투자를 해서 지금까지 명성을 이어오고 있다. 내가 군에 입대하기 전 함께 일했던 모 과장님은 단순히 신세계백화점에 가면 사람들이 붐비고 매출액의 규모도 줄지 않는다는 것만으로 투자를 시작해서 좋은 수익을 거두기도 했다. 이처럼 대박을 낼 만한 종목은 멀리 있지 않다. 매출액 규모라는 단순한 지표 하나만으로 투자해도 좋은 성과가 나올 수 있다.

일반적으로 제품이나 시장을 다각화하는 기업의 심리는 단순하다. 현재 주력하는 제품이나 시장에서 재미를 보지 못하기 때문에 조금이라도 돈이 될 것 같은 다른 사업에 손을 대는 것이다. 한 가지 주력 사업에서 대규모 매출을 내는 기업이라면 굳이 돈이 되지 않는 다양한 사업에 손을 대서 매출 구조를 복잡하게 만들 이유가 없다.

기업들의 손익계산서를 보면 매년 매출이 불규칙하거나 비용이 갑자기 많이 발생하는 경우를 발견하게 된다. 이런 경우에는 기업의 주력 사업이 흔들리는 것은 아닌지 의심해볼 필요가 있다. 정말 우량한 기업은 매출액이 발생하는 원천이 단순하고 비용도 안정적으로 발생한다.

**매출액보다
투자가 많은 종목은 피하라**

매출액이 크다고 그 종목을 덥석 매수해서는 안 된다. 매출액이 큰 이유를 따져볼 필요가 있다. 업종마다 차이가 있지만 대부분의 기업은 투자로 매출이 발생한다. 어떤 경우는 매출 증가를 더욱 촉진하기 위해 추가 투자를 하는데, 이때는 매출이 투자를 견인한다고 볼 수도 있다. 어쨌든 대량 투자가 발생했다는 것은 곧 매출액이 발생할 것으로 예상되는 신호signal이기는 하다.

그러나 투자가 많고 자금을 많이 보유했다고 해서 그 기업에 무턱대고 투자했다가는 낭패를 볼 수 있다. 특히 공장 신설 중이라거나 제조설비를 증설하는 중이라고 공표하는 기업이라면, 그 투자액만큼 매출이 발생할 수 있는 확실한 거래처나 시장의 확보 여부를 중점적으로 보아야 한다. 확실한 거래처나 시장 확보 없이 대량 투자를 감행한 경우, 그 투자액은 모두 감가상각으로 처리돼 적자만 발생하고 주주에게는 손실로 귀속될 것이기 때문이다. 이런 종목은 주가가 폭락하기 십상이다.

나는 코스닥 두 종목에 투자한 적이 있는데, 대량 투자가 이루어진 기업이어서 기대가 컸다. 시장의 기대치도 이와 같아서, 투자한 만큼 실적이 나오면서 주가가 상승하리라는 전망이 우세했다. 그러나 예상외로 매출이 증가하지 않았다. 주가는 투자액에 반비례해서 지속적으로 하락했다. 투자가 기업 경영에 부담을 주어 시장의 전망이 점점 나빠지기 시작하면 주가는 당연히 떨어진다. 투자자들의 심리가 주식 거래를 통해 주가에 즉각적으로 반영되기 때문이다.

설비 투자든 공장 증설이든 형태를 불문하고 투자를 많이 하는 기업은 분명 그만한 묘책이 있는 것이고, 그것은 호재일 가능성이 크다. 다만, 투자에 비해 매출 증가가 큰 기업이거나 대량 투자를 해도 버틸 수 있는 현금 여력이 있을 경우에만 그것을 호재로 해석할 수 있다.

그렇다면 대량 투자가 기업에 큰 무리를 주지 않으면서 매출 증가를 이끌어내는 것인지 어떻게 확인할 수 있을까? 그런 투자라면 기업 재무제표의 현금흐름표상에서 '영업활동 현금흐름'이 많이 발생한다. 기업이 보유한 현금이 많고, 기업의 수익성 지표인 각종 수익률(ROE, ROA 등)도 높게 형성된다. 이런 지표들을 보는 방법은 7장을 참고하라.

기업이 부담되지 않는 투자로 많은 수익을 창출하면 이는 결국 주주들이 가져가는 배당의 재원이 되는 만큼 관련 지표를 잘 따져봐야 한다. 이후 기업의 대규모 투자가 호재로 이어질 것으로 예상된다면, 그 종목은 조만간 대박 종목이 될 것이다.

저PER주인지
보라

주식 왕초보들이 매번 내게 하는 질문이 있다.

"회계사님, 어떤 종목을 사야 돈을 벌까요?"

너무나 당연한 질문이다. 나는 콕 집어서 어느 종목이라고 추천해주지는 않는다. 아주 친한 친구가 물어볼 경우에만 내가 투자하는 종목을 언급하는 정도다. 자기 스스로 좋은 종목을 고르는 노력을 하도록 유도하는 것이 맞다고 생각한다.

하루 이틀 주식투자를 해서 반짝 몇 푼 벌고 그만둘 생각이라면 다른 사람이 추천하는 종목을 사도 된다. 그래서 손해를 봤다면 주식투자를 깔끔하게 포기해야 한다. 그러나 주식으로 오랫동안 월급 외 소득을 쌓고 싶다면 스스로 좋은 종목을 고르려는 노력을 해야 한다.

주식 왕초보가 좋은 종목을 고를 때 가장 기본이 되는 기준은 PER다. 뒤에서 자세히 설명하겠지만, PER^{Price Earning Ratio}는 기업의 1주당 순이익 대비 현재 주가의 비율을 말한다. 즉, PER가 낮다는 것은 기업의 이익에 비해 아직 주가가 낮은 상태라는 뜻이다. 저PER주는 해당 업종의 PER에 비해 낮은 PER를 보유한 종목을 의미하며, PER가 낮으면 앞으로 주가가 오를 확률이 높다고 보면 된다.

저PER주의 주가가 앞으로 오를 가능성이 높은 것은 이론적으로 명확하다. 주가의 결정 원리에 그 답이 있는데, 주가는 미래에 기업이 벌어들일 순이익을 일정한 기준에 따라 할인^{discount} 및 보정해서 결정된다. 한마디로 미래의 순이익이 높을수록 주가가 높다. 저PER주는 순이익이 높게 형성되어 있는데도 주가는 높지 않은 상태를 뜻하며, 앞으로 시장 거래를 통해 그만큼 주가가 높아져야 정상인 종목이다.

네이버 검색창에 종목명을 입력만 해도 종목에 대한 다양한 정보가 제공된다. 종목의 PER 정보는 물론이고, 그 종목이 속한 업종의 평균 PER 정보가 제공되므로 이를 비교하면 저PER주인지 쉽게 알 수 있다. 지금 어떤 종목을 매수해야 할지 고민 중이라면 저PER주인가를 먼저 따져보는 습관을 들이자.

신용등급이 오르면
투자 신호다

기업의 신용등급도 눈여겨봐야 할 지표입니다. 기업의 신용등급이란 S&P, 무디스, 피치 그룹 같은 신용등급 기관들이 A, B, C 순으로 우량한 순서를 평가해 공시하는 것을 말합니다. 기업의 신용등급이 오른다는 것은 무슨 뜻일까요? 위험이 줄어들었다는 뜻입니다. 그만큼 종목의 안정성에서 높은 점수를 받게 되고, 시장에서 투자할 만한 주식이라는 평판을 얻어 주가가 오르게 됩니다.

기업 신용등급
무슨 의미일까?

기업의 신용등급이 오를지를 개인투자자가 미리 알기는 힘들 것이다. 신용등급이 오른 종목은 공시 뒤 1년간 주가가 10% 이상 오른다는 실증 연구도 있는 만큼 투자할 만한 종목임에 틀림없다. 왜 그럴까?

기업의 신용등급은 채권 같은 채무 유가증권의 잠재적 투자자들에 대한 금융 지표이기에 그렇다. 신용등급은 일반적으로 기업 전반에 대한 것이 아니라 채권 등 금융상품에 대한 것으로 S&P, 무디스, 피치 그룹 같은 신용등급 기관들이 A, B, C 순으로 우량한 순서를 평가해 공시한다.

우리나라 기업 신용도 평가는 한국신용정보, 한국신용평가 등 신용평가사에서 담당한다. 신용평가사에서 기업의 신용등급을 상향 조정했다는 것은 그 기업의 재정 상태가 호전되고 대외 신뢰도가 높아졌음을 의미한다. 신용등급이 높은 기업은 채권을 발행해서 자금을 조달할 때도 낮은 비용으로 자금을 사용할 수 있다.

주식시장에서 특정 종목의 신용등급에 변동이 생기면 주가가 크게 변동하는 일이 자주 발생한다. 만약 신용등급이 상향 조정되면 기업의 위험이 줄어 투자 가치가 높아짐에 따라 분명 1년 내에 주가가 오를 것이다. 실제로 웬만해서는 손해를 보지 않는다고 알려진 기관투자자들의 투자 요소에는 기업의 신용등급과 그 변화에 대한 고려가 포함된다. 따라서 기업의 신용등급이 상향 조정되면 그 종목에 투자할 준비를 하면 된다.

신용등급 정보
어떻게 알까?

신용등급 상승 정보는 어떻게 알 수 있을까? 내가 자주 사용하는 것은 NICE신용평가www.nicerating.com 홈페이지다.

NICE신용평가 홈페이지에 접속하면 메인 화면에 등급 속보가 뜬다. 하위 메뉴의 '기업'을 클릭하면 기업별 등급 변동이 나타난다. 여기서 '더보기'를 클

[그림 2-1] NICE신용평가 홈페이지 – 기업의 신용등급 속보

릭하면 더 많은 기업의 등급 속보를 볼 수 있다. 이 메뉴만 이용해도 등급 변화가 생긴 기업을 한눈에 알아볼 수 있다.

　신용등급이 상향 조정된 기업들은 뉴스에 보도되기도 하므로 증시 관련 뉴스에 주목할 필요가 있다. 등급 상향에 대한 공시가 이루어진 뒤에 뉴스가 나오더라도 해당 종목을 유심히 관찰해서 투자 여부를 고려하는 것이 좋을 것이다.

3장

주식투자 모르고 하면 집 한 채 날린다던데

― 심층 지식

01

회계 지식은
어디까지 필요한가?

포인트! 로또 당첨을 바라는 것처럼 주식을 할 생각이라면 회계를 몰라도 됩니다. 하지만 주식투자를 매달 적금을 붓듯 장기적으로 할 생각이라면 회계 공부가 필요합니다. 장기적인 수익을 위해서는 저평가된 주식을 골라야 하고 그러려면 회계를 알아야 합니다. 회계 지식의 핵심은 적정 주가를 파악하는 것입니다. 적정 주가보다 낮을 때 사서 높을 때 파는 것이 주식 매매의 기본이기 때문입니다. 왜 그런지, 어떻게 하는 건지 자세히 알아봅시다.

**괜찮은 기업을
어떻게 발굴할까?**

워런 버핏 덕분에 가치투자와 재무제표에 대한 관심이 높아졌다. 이전에는 회계 공부를 해서 주식투자를 한다고 하면 고리타분한 사람이라는 평가를 받았다. 심지어 "교과서만으로 공부하고 수능을 치는 것과 같다."는 소리도 들었다.

　그러나 지금은 기업의 펀더멘털인 내재가치를 재무제표로 철저히 분석하고 업종을 파악해 차근차근 정공법으로 투자하면 안정적 수익을 보장해준다는 것을 많은 투자자가 깨닫고 있다.

　회계 지식은 가치투자를 하려는 사람들에게는 필수다. 왜 그런지 차근차근 살펴보자. 4장에서 자세히 이야기하겠지만, 가치투자란 기업가치의 펀더멘털을 보고 투자하는 것으로 투자 타이밍을 따지지 않는다. 가치투자자는 코스피의 상승 또는 폭락에 대해서도 크게 동요하지 않는다. 단지, 투자하기로 마음 먹은 기업의 재무제표와 시장의 지표를 비교해 저평가돼 있는지 고평가돼 있는지만 따질 뿐이다.

　코스피, 코스닥의 주가지수가 앞으로 어떻게 변할지는 정확히 알 수 없다. 따라서 가치투자자는 그런 주가지수를 눈여겨보기보다는 정말 괜찮은 기업을 발굴하는 데 온 힘을 쏟는다. 기업가치를 분석하고 시장과 비교해서 저평가된 기업에 투자하고 그 주식을 장기 보유한다.

회계의 힘은 언제 발휘되나?

　　　　　　　　　기업가치는 기업의 수익성, 안정성, 활동 성 등으로 결정되며 적정 주가를 파악할 수 있게 해준다. 적정 주가와 실제 주가를 비교하면 고평가 또는 저평가 여부를 알 수 있다. 바로 여기서 회계 지식이 힘을 발휘한다.

　투자자는 적정 주가가 실제 주가에 얼마나 근접했느냐에 따라 투자 및 그 시기를 결정한다. 가치투자를 하려는 사람은 실제 주가가 적정 주가보다 현격

히 낮을 때 그 주식을 매수한다. 실제 주가가 적정 주가보다 높아지면 그 주식을 팔아 매매차익을 챙기기 위해서다. 그런데 실제 주가가 적정 주가를 향해 움직이지 않게 되면 이런 분석도 큰 의미가 없다. 이를 전문용어로 '가치함정'에 빠졌다고 한다. 가치함정에 대해서는 4장에서 자세히 이야기한다.

실제 주가가 적정 주가로 움직이고 있다는 것을 어떻게 믿을 수 있는가? 워런 버핏의 스승 벤저민 그레이엄Benjamin Graham의 가르침에서 그 힌트를 얻을 수 있다.

그레이엄은 시장의 보이지 않는 손이 주식시장의 가격을 적정 가격으로 이끄는데, 이는 시장에서 거래가 빈번히 일어나는 과정에서 장기적으로 그럴 수밖에 없는 원리라고 설명했다. 장기적으로 기업의 실질적 내재가치를 반영한 적정 주가로 수렴하는 것은 주식투자자들의 거래 때문이다. 그레이엄의 논리에는 투자자들이 장기적으로 기업의 진정한 가치를 알게 된다는 전제가 깔려 있다.

요즘은 투자자를 위한 회계 지식, 재무제표 보는 법과 관련한 도서가 많이 출시되면서 굳이 회계를 전공한 전문가가 아니라도 많은 사람이 회계에 대한 지식이 풍부해졌다. 이처럼 회계 지식이 널리 전파되었으니 많은 투자자가 적정 주가를 알게 되었을까? 아이러니하게도 그렇지 않다.

실제 주가가 적정 주가로 수렴하게 되는 때가 언제인지에 대해서는 어느 누구도 명확한 답을 내놓지 못하고 있다. 사실 이것이 문제다. 주식시장에는 1년간 또는 10년간 저평가된 주식도 있다. 평생 가치가 오르지 못하다가 상장폐지되는 기업도 있지 않은가. 주식투자에 가치투자 기법만 통용되는 것도 아니다.

따라서 가치투자를 너무 맹신하는 것은 옳지 않다. 다만 다른 투자 기법보다 가치투자가 확률적으로 수익을 낼 가능성이 높을 뿐이다.

기업가치의 변화를
포착하는 힘

내재가치가 튼튼한 회사의 주식을 사면 주식투자로 돈을 번다. 기업의 내재가치를 파악하기 위한 재무분석은 회계 지식을 필요로 하는 매우 어려운 영역이다. 그러나 개인투자자들이 회계 지식을 다 알 필요는 없다. 주식투자를 하기 위해 경영학을 전공해야 하는 게 아닌 것과 같은 맥락이다. 주식투자자가 알아야 할 회계 지식은 이 책에 나오는 것으로 충분하다.

기업의 내재가치를 알기 위한 자료는 재무제표에 다 있다. 재무제표를 보면 이 기업이 영업 활동을 잘하고 있는지, 빚은 얼마나 지고 있는지, 위험 요소는 없는지 등을 파악할 수 있다. 경제 환경 및 산업에 관한 센스는 뉴스만 잘 봐도 생기지만, 종목에 관한 센스는 뉴스만 봐서는 절대 길러질 수 없고 재무제표를 봐야 한다. 가치투자에서는 처음부터 끝까지 재무제표가 중요하다.

회계 지식이 있으면 재무제표를 충분히 분석할 수 있다. 재무제표를 통해 여러 정보를 비교하는 투자자들이 늘고 있다. 인터넷 커뮤니티를 보면, 기업별로 어떤 재무제표를 봐야 하는지 분석하는 사람들이 많다. 재무제표를 둘러싼 회계 지식 몇 가지만 갖추면 주요 지표를 직접 생산해내서 주식을 비교해볼 수 있다.

재무제표를 구성하는 항목에는 재무상태표, 손익계산서, 현금흐름표 등이 있다. 재무상태표는 일정 시점의 재산 상태를 나타낸다. 손익계산서는 일정 기간의 경영성과를 나타낸다. 현금흐름표는 일정 기간 기업의 현금흐름을 보여준다. 주식투자자라면 그중 손익계산서 및 재무상태표를 분석하는 지식은 꼭 갖춰야 한다. 여기에 대해서는 7장과 8장에서 자세히 이야기한다.

02 분식회계, 역분식회계를 알아야 하는 이유

포인트! 주식에서 성공하려면 기본적인 회계 지식이 필요하고, 더불어 나쁜 기업에 속지 말아야 합니다. 겉으로는 모든 재무상태가 건실하고 좋은 뉴스들도 쏟아지지만, 속은 망하기 일보 직전인 기업도 있습니다. 그런 기업에 속아서 투자했다가는 큰 손해를 입게 됩니다. 그래서 주식투자자들은 분식회계와 역분식회계의 개념을 알 필요가 있습니다. 분식회계란 의도적으로 장부를 조작해 기업의 경영성과나 재산 상태를 왜곡하는 것을 말합니다. 이처럼 나쁜 기업을 좋은 기업으로 둔갑시키는 분식회계도 있지만, 좋은 기업을 나쁜 기업으로 깎아내리는 역분식회계도 있습니다. 과연 어떤 개념이며 어떤 의도로 그렇게 하는지 자세히 알아보겠습니다.

여럿이 공모해
장부를 조작하다

2017년 1월 금융위원회는 회계 투명성과 신뢰성 제고를 위한 종합대책을 발표했다. 주요 골자는 회계분식 발생 시 영향이 크거나 분식의 발생하기 쉬운 회사는 회계법인의 자유 수임을 제한하고 정부의 지정 수임으로 한다는 내용이다. 회계부정에 대한 제재 수준 또한 10년 이하의 징역 등으로 대폭 강화했다. 이는 당시 대우조선해양 분식회계의 영향으로 많은 피해자가 양산된 데 따른 후속 조치로 보인다.

회계부정은 이해관계자가 다수이기 때문에 위험성이 어마어마하다. 회계부정의 대표적인 사례가 분식회계다. 분식회계粉飾會計는 한자를 이해하면 의미가 더 명확해진다. 분식회계의 '분粉'은 얼굴에 바르는 '분' 화장품과 같은 자이고, '식飾'은 꾸민다는 뜻이다. '회會'는 모인다는 뜻이고, '계計'는 숫자를 센다는 뜻이다. 결국 분식회계란 "분으로 예쁘게 꾸미기 위해 사람들이 모여 숫자를 센다."는 뜻이 된다.

분식회계는 정확히 그렇게 이루어진다. 기업은 거대한 조직이기 때문에 혼자서는 장부를 조작할 수 없고, 설령 그것이 가능하다 해도 결제 과정에서 들통나기 마련이다. 분식회계는 여러 명이 공모해 장부를 변형하거나, 없는 거래를 만들거나, 숫자를 조작한 결과이다.

분식회계, 역분식회계
왜 하는 걸까?

매출액을 부풀리거나 자산을 크게 부풀려 잡거나 비용을 줄여서 성과를 많이 낸 것처럼 꾸미는 것 등은 우리가 흔히 아는 일반적인 분식회계다. 즉 분식회계는 기업을 좋은 쪽으로 포장하려는 것이다. 반대로 기업이 망해가는 것처럼 회계를 조작하는 방식도 있는데, 이를 역분식회계逆粉飾會計라 한다.

분식회계, 혹은 역분식회계를 왜 하는 걸까?

일반적인 분식회계는 좋지 않은 기업을 좋은 기업으로 둔갑시킨다. 재무제표만 봐서는 이익이 많이 나는 우량기업이고 자산 규모가 크고 재무 구조가 건실하다. 이런 기업의 임원들은 이해관계자들을 현혹시켜 자금을 조달하고, 일정 요건을 충족시킨 뒤 증권시장에 상장시키기도 한다. 어떤 의도에서든 경영진의 이득을 위해 나쁜 기업을 좋은 기업으로 둔갑시키는 눈속임이 분식회계이다.

역분식회계는 좋은 기업 또는 괜찮은 기업을 나쁜 기업으로 깎아내리는 기법이다. 내 생각에는 '역분식회계'라는 용어보다는 '변식회계便飾會計'가 더 어울린다고 본다. 왜냐하면 "똥으로 꾸미기 위해 모여서 숫자를 세는" 형국이기 때문이다.

왜 좋은 기업을 나쁜 기업으로 둔갑시키는 걸까? 여러 가지 이유가 있겠지만, 크게는 '경영권 확보' 또는 시세차익을 위한 '지분 확보', 세금을 적게 신고하는 '탈세'에 목적이 있다.

기업 인수 합병이나
탈세 목적

우선, 지분 확보를 목적으로 기업의 경영성과를 악화시키는 수법은 기업 인수 합병M&A에서 널리 쓰인다. 대주주가 기업의 주식을 싸게 확보하기 위해 그 기업의 경영성과가 나쁘게 나오도록 매출을 누락한다. 혹은 비용을 과다하게 잡아 당기순이익을 끌어내리거나 손실로 만들어버린다.

이렇게 손실이 나는 것으로 공시된 기업은 주식시장에서 매력적이지 않은 기업으로 찍혀 주가가 떨어진다. 주가가 일시적으로 내려가면 역분식회계를 주도한 세력은 해당 주식을 헐값으로 매수해 지분율을 늘린다. 그리고 나서 다음 회계연도에 다시 이익을 만들어 주가를 올리면 시세차익과 지분율 확보를 동시에 취할 수 있다.

이보다 더 흔한 역분식회계는 탈세를 목적으로 이익을 낮추는 것이다. 세법상 세금은 당기순이익에서 시작해 세무조정을 거쳐 과세표준을 계산해서 걷어가게 된다. 순이익을 많이 낸 기업에서 세금을 많이 내는 것은 당연하다. 그런 기업이 세금을 덜 내려고 인위적으로 수익을 누락하거나 비용을 과다하게 잡아 순손실을 만들어낸다. 손실이 나는 회사는 과세표준도 없기 때문에 세금을 내지 않아도 된다. 이런 방식으로 세금을 탈루하는 것이다.

03

분할매수와
분할매도, 공매도

포인트! 이번에 공부할 개념은 분할매수와 분할매도, 그리고 공매도입니다. 워낙 주식시장에서 자주 언급되는 말이기도 하거니와, 손실을 최소화하고 이익은 극대화하기 위해 이 개념들을 알아두어야 합니다. 분산투자가 자산을 분산해서 투자해 위험을 회피하는 방법이라면, 분할매수와 분할매도는 매수와 매도의 시점을 분산해서 위험을 회피하는 전략입니다. 공매도는 주가가 비쌀 때 그 종목을 빌려서 팔고 주가가 하락하면 그 종목을 사서 원래 주인에게 갚아 차익을 실현하는 방식입니다. 최근에는 일반인도 공매도를 할 수 있지만, 위험성 때문에 아무나 하지는 못합니다.

손실은 최소화, 이익은 극대화

주식투자를 하다 보면 분할매수와 분할매도에 대해 많은 이야기를 듣는다. 분할매수와 분할매도는 정확히 무엇이고, 어떻게 하는 것이 좋을까?

분할매수와 분할매도의 개념 자체는 매우 쉽다. 분할매수는 주식을 한 번에 많이 사지 않고 조금씩 점진적으로 매수해 나가는 방식이고, 분할매도는 종목을 한 번에 다 매도하지 않고 조금씩 팔아 나가는 것을 말한다.

분할매수는 매수하려는 금액 또는 물량의 목표를 정하고 체계적으로 나누어 매수하는 방식을 띤다. 이를테면 특정 종목을 2천만 원까지 매수할 목표를 세운 다음, 차트를 보면서 매수 시점을 잘 계산한다.

왜 분할매수를 할까? 분할매수는 손실을 줄이기 위한 전략이 될 수 있다. 어떻게 하는 건지 [그림 3-1] 차트를 보면서 살펴보자.

[그림 3-1]에서 빨간색으로 표시한 부분의 아래 지점(5일 선이 20일 선을 뚫고 올라갈 지점)에서 목표 금액의 4분의 1에 해당하는 500만 원으로 종목을 매수한다. 그런데 주가가 갑자기 다시 내려가면 손실은 500만 원에서만 발생하므로 아직 목표 자금 가운데 1,500만 원이 남았다. 즉, 자금의 4분의 3은 아직

[그림 3-1] 차트로 본 분할매수

손실을 보지 않은 것이다. 만약 예상대로 주가가 상승한다면 추가 자금을 투입한다. 분산투자가 자산을 분산해서 투자해 위험을 회피하는 전략이라면, 분할매수는 투자 시간을 분산함으로써 위험을 회피하는 전략이라고 보면 된다.

분할매도는 비교적 대규모 물량의 단일 종목을 한꺼번에 매도하지 않고 일정 기간에 걸쳐 조금씩 매도하는 방식이다. 예로 상호기금이 보유한 특정 종목의 주식을 나누어 매각하는 것이 있다. 분할매도를 하는 이유는 해당 종목의 시장가격을 떨어뜨리지 않고 대규모 물량을 매각하려는 것이다.

주식이 상승할 때 이익을 극대화하기 위해서 분할매도를 하기도 한다. 특정 종목이 10% 올라서 다 팔았는데, 그 뒤 계속 오른다면 괜히 손해 본 느낌이 든다. 이런 경우에 대비해 원칙을 정해두고 분할매도하는 것도 나쁘지 않다.

없는 것을 판다?

공매도空賣渡란 말 그대로 "없는 걸 판다." 라는 뜻으로 주식을 가지고 있지 않은 상태에서 매도 주문을 내는 것을 말한다. 없는 주식을 판 뒤 결제일이 돌아오는 3일 안에 주식을 구해 매입자에게 돌려주면 된다. 약세장이 예상되는 경우 시세차익을 노리는 투자자가 활용하는 방식이다

셀트리온은 한때 공매도 물량으로 1위를 점유했던 종목이다. 2016년 초 셀트리온 거래량 중 5%가량이 공매도로 거래되었다.

그럼 왜 공매도를 할까? 대출을 받아서 거래하는 것보다 저렴한 비용으로 개인에게 주식을 빌려서 매도한 다음, 나중에 주가가 떨어지면 주식을 사서 갚음으로써 시세차익을 얻을 수 있기 때문이다. 이를테면 5천 원짜리 주식을 빌

[그림 3-2] 차트로 본 공매도

려와 매도하고 주가가 하락해서 2천 원이 되면 사서 원래 주식의 주인에게 갚는다. 이렇게 해서 3천 원의 시세차익을 실현할 수 있게 된다. 공매도를 했는데 예상과 달리, 주가가 상승하면 손실을 보게 된다.

[그림 3-2] 차트를 보면, 주가가 50만 원 가까이 되던 6월 초에 공매도를 하려고 그 주식을 빌려서 팔아 50만 원을 회수하고 40만 원까지 떨어졌을 때 사서 원래 주인에게 갚는다.

공매도는 이후 주가가 상승하면 손실 위험이 막대하므로 아무나 할 수 있는 게 아니다. 공매도 제도는 자금력이나 정보 접근성 측면에서 외국인과 기관투자자에게만 유리하고, 개인투자자에게는 매우 불리하다. 불법 공매도가 성행할 여지도 많다. 2020년 코로나19로 공매도 세력이 급증하면서 2020년 3월 16일부터 2021년 5월 2일까지 공매도를 금지하는 조치가 있었다.

04 주의가 필요한 초단타 매매와 테마주

이번에는 주식투자에서 좀 더 신중을 기해야 하는 개념으로 초단타 매매와 테마주에 대해 알아보겠습니다. 초단타 매매란 장기투자와 정반대되는 개념으로 초단기간 내에 매매하는 기법을 말하며 '데이트레이딩'이라고도 합니다. 그중 초, 분 단위로 매매하는 스캘핑이라는 기법이 있는데 마구잡이로 했다가는 엄청난 손해를 볼 수 있습니다.

테마주는 특정한 이슈나 사건, 분야 등에 관련돼 묶인 종목을 말합니다. 대표적으로 대선 시기마다 나오는 정치 테마주가 있습니다. 테마주는 주가가 고평가된 경우가 많으므로 신중한 매수가 요구됩니다. 다만 테마주 그룹으로 묶인 이유에 따라 이익을 낼 수도 있습니다.

스캘핑, 잘 알고 하자

데이트레이딩이란 분, 초 단위로 주가 차트를 보면서 비정상적인 패턴을 보이는 주식을 포착해 시세차익을 챙기고 빠져나오는 초단타 매매 기법을 말한다. 데이트레이딩을 하려면 계속해서 차트를 들여다보아야 하고 소문이나 이슈에 민감해야 한다. 아무나 데이트레이딩을 할 수 있는 게 아니다. 이른바 '주식꾼'들은 이 방법으로 이득을 볼 수 있지만 개미들은 백날 해봤자 손해만 볼 것이다. 데이트레이딩 가운데서도 가장 극단적인 기법이 스캘핑인데, 이에 대해서 알아보자.

스캘핑scalping이란 원래 '가죽 벗기기'라는 뜻으로 인디언들이 전리품으로 적의 시체에서 머리 가죽을 얇게 벗겨서 챙긴 행위를 가리킨다. 초단타 매매로 '박리'를 챙기는 행위가 머리 가죽 얇게 벗기기를 연상시킨다는 데서 스캘핑이란 명칭이 붙었다. 스캘핑은 초 단위, 분 단위로 매매를 한다. 예를 들어, '미투온'이라는 주식을 오전 9시에 사서 9시 1분에 판다. 매수하자마자 매도하는 경우도 있고, 몇 분간 보유했다가 파는 경우도 있다.

타이밍을 놓치면 매우 위험하다

스캘핑이 가능한 것은 주가가 단기적으로 요동치는 주식이 있어서다. 하루에도 몇 번씩 주가가 오르락내리락하며 소문이나 정보의 영향을 많이 받는 주식이 있다. 특정 종목에 대한 이슈가 부각될 경우 주가는 급등하거나 급락하는데, 이런 상황에서 타이밍을 잡아 매수와 매도를 하며 시세차익을 얻는다. 스캘핑 투자는 불과 몇 초 만에 수익이 엎치락뒤치락할 수 있기 때문에 매우 위험하며 금액이 클수록 리스크도 걷잡을 수 없게 된다.

간혹 데이트레이딩을 하는 개인투자자 가운데 1년 만에 스캘핑으로 몇억을 벌었다는 사람들도 있다. 그러나 그런 경우는 아주 드물고 캔들차트를 정밀하게 분석하지 않고 데이트레이딩을 하면 오히려 큰 손해를 본다.

데이트레이딩에 관심이 있다면, 네이버 카페 데이트레이딩클럽https://cafe.naver.com/mystockcafe을 참고하기 바란다. 데이트레이딩 및 주식과 관련된 강의와 정보를 제공하고 트레이딩 후기 등 이야기를 나누는 곳이다. 신규상장 정보, 테마주 정보, 실전 데이트레이딩 기법 등에 대한 최신 정보가 많이 올라오고 있으니 참고하면 도움이 될 것이다.

JNI트레이딩https://cafe.naver.com/jnitrading도 데이트레이딩을 배울 수 있는 네이버 카페다. 주식 트레이딩 기법에 대한 강의를 제공하고 노하우를 공유하는 게시판이 많다. 실전 매매 팁과 단타 매매 후기 등을 볼 수 있고, 데이트레이딩에 대한 감을 잡을 수 있는 정보가 많아 참고하면 도움이 될 것이다.

테마주는 단타 매매로

테마주는 투자자들의 심리를 반영한 주식이라고 보아도 무방하다. 예를 들어, 대통령선거 시즌에는 안철수 테마주, 박근혜 테마주, 문재인 테마주 등 정치인 관련 테마주가 쏟아진다. 테마주의 특징은 그 시기의 특정한 이슈에 연동되어 주가가 급등한다는 점이다. 그런 주식은 기업의 내재가치와 무관하게 주가가 급등 또는 급락하는 경우가 많으며, 대부분 기업의 본질보다 주가가 과대평가돼 있다.

정치 관련 테마주는 학벌과 관련해서 엮인 기업들이거나 혈통 등 연고자와 관련된 종목이 대부분이다. 미국 대통령선거 기간, 예스24는 '트럼프 대선주'라는 테마주로 불렸는데, 김동녕 한세예스24홀딩스 회장이 도널드 트럼프와 같은 펜실베이니아대 와튼스쿨 출신이어서 그랬다. 트럼프 테마주로 묶였던 페이퍼코리아는 2011년 트럼프그룹의 부회장 트럼프 주니어가 새만금 투자에 참석했고 새만금 인근의 토지를 소유하고 있다는 이유로 주가가 상승했다.

테마주는 잠시 오를 수 있다. 그러나 기업의 내재가치와 무관하게 주가가 요동치는 것이어서 주가 변동이 그리 오래가지 못한다. 이 점을 고려해서 정치테마주는 장기 보유보다는 단타 매매 전략으로 접근하는 것이 좋을 것이다.

정치 테마주 외에도 같은 이슈로 묶이는 테마주는 다양하다. 기후변화 테마주, 인공지능 테마주 등 미래 성장 동력으로 묶인 테마주도 있다. 테마주를 잘 활용하면 미래의 성장산업이나 업종으로 묶인 종목들을 발견할 수 있고, 그 종목 가운데 미래 가치가 괜찮은 기업을 분석해서 해당 종목에 투자할 수 있을 것이다.

테마주 어떻게 찾나?

테마주는 그룹별, 종목별로 분류해서 묶을 수 있다. 다음에서는 증권사 홈페이지를 활용해 이런 테마주를 검색하는 방법을 소개해본다.

먼저 자주 이용하는 증권사 홈페이지에 접속한다. 접속하면 보통 리서치라는 메뉴가 보일 것이다. 많은 사람이 이용하는 키움증권 홈페이지를 예로 들어 설명하겠다. 키움증권 홈페이지에 가면 리서치 메뉴에서 '테마주' 코너로 들어간다.

테마주로 들어가면 좌측 항목에 '테마그룹'과 '테마종목'이 있다. '테마종목'을 클릭하고 들어가면 카테고리를 선택할 수 있다. 예를 들어 비철금속주 산업과 관련된 종목을 보고 싶다면, '테마조회'에서 비철금속주를 선택한다.

[그림 3-3] 테마주 검색

[그림 3-4] 테마종목 검색 – 비철금속주

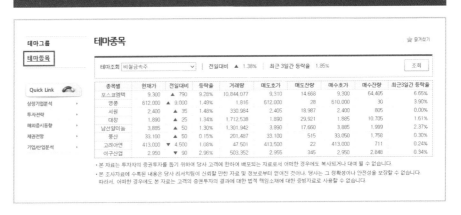

[그림 3-5] 영풍-증권정보(2021. 4. 14)

그럼 관련 종목들의 현재가, 전일 대비 증가액, 등락률, 거래량 등의 정보가 뜬다(그림 3-4 참조).

이를 주의 깊게 살펴본 뒤 상승세에 있는 종목은 별도로 검색해 차트와 재무정보를 확인한다. 예를 들어 [그림 3-4]에서 최근 상승세가 높은 종목 중 '영풍'을 관심 있게 본다. 네이버 금융에서 영풍을 검색하면 [그림 3-5]와 같이 차트와 함께 자세한 정보가 뜬다.

[그림 3-5] 차트를 클릭하면 일, 주, 월 단위의 차트와 PER 등을 확인할 수 있으므로 과연 투자할 만한 종목인지 감을 잡을 수 있을 것이다. 이 종목이 앞으로 이익을 더 낼 수 있을지, PER는 적정한지 등을 따져보고 투자 여부를 결정하면 된다. 각종 지표를 보고 종목을 분석하는 법은 7~8장에서, 차트를 분석하는 자세한 방법은 9~10장에서 정리했다.

4장

가치투자가 대체 뭐죠?

— 장기간 안정적 수익

01 미래의 부자를 꿈꾼다면 가치투자가 답

포인트! 가치투자란 기업의 환경과 내재가치를 보고 적정 주가를 판단해서 실제 주가가 저평가되어 있을 때 그 종목에 투자하는 기법입니다. 시간이 지나면서 주가는 기업의 내재가치를 반영한 적정 주가에 수렴하게 되고 기업의 성장과 함께 주가도 성장하기를 기대하는 것입니다. 따라서 가치투자는 장기투자입니다. 잔기교에 의지하지 않고 정석대로 투자하면서 미래의 부자를 꿈꾸는 사람들에겐 가치투자가 바람직한 투자 방법이라고 봅니다.

기업의 주인이 되는 것

가치투자는 기업의 내재가치를 분석하고 적정 주가를 판단해 시장에서 거래되는 주가와 비교한 다음 주가가 내재가치보다 저평가된 주식을 사서 장기 보유하는 기법이다. 가치투자는 어떻게 보면 잔기교를 부리지 않고 정석대로 주식에 투자하는 방법이라 할 수 있다.

가치투자를 하려면, 먼저 재무제표를 분석하고 산업과 기업의 영업 활동을 통해 기업의 미래를 전망해본다. 그리고 재무비율을 통해서 안정성, 성장성, 수익성을 두루 확인해 장기적으로 보유해도 손실이 나지 않을 것인지 분석한다. 이렇게 종합적으로 분석한 다음 종목을 골라 내가 기업의 주인이라는 생각으로 투자하고 이를 오래 보유한다. 이것이 바로 가치투자의 핵심이다.

가치투자도 결국 좋은 주식을 고르는 것에서 시작한다. 좋은 주식은 좋은 기업에서 발행한 주식이라고 볼 수 있지만, 시장에서 아직 저평가되어 주가가 낮게 형성된 주식이 특히 더 그렇다.

물론 좋은 기업의 주식은 장기적으로 경제가 성장함에 따라 함께 상승한다. 이런 기업은 우량기업이고, 이 기업이 발행한 주식은 우량주라고 할 수 있다. 우량주의 대표적인 예로 포스코나 삼성전자를 들 수 있다. 이런 종목은 돈이 생길 때마다 투자액을 늘려 나가면 10년 후에는 상당한 재산이 형성될 것이다.

특히 우량기업인데도 기업의 내재가치보다 시장가격이 낮은 기업의 주식은 가격 상승폭이 엄청날 것이다. 수익률 몇백 퍼센트를 달성하게 되는 것은 당연하다. 이렇게 저평가된 주식에 투자를 잘하면 단기적으로도 200% 이상의 수익률을 달성할 수 있다.

대표 사례, 에코프로비엠

대표적인 예가 최근 이슈가 되고 있는 2차전지 업계의 주식들이다. 2차전지 업계의 대표 종목으로 에코프로비엠이 있다. 에코프로비엠의 주가를 보면 저평가된 종목에 대한 투자가 얼마나 큰 이익을 가져오는지 알 수 있다. 단순히 봉차트로 추세만 보며 투자하는 것보다는 훨씬 이득이다.

[그림 4-1] 최근 에코프로비엠의 주가 추이(2023. 3)

에코프로비엠은 2019년만 하더라도 11,000원대에서 머물렀다. 그런데 2023년 3월 10일 기준의 주가는 193,600원으로 19배가량 올랐다. 수익률이 단기간에 무려 1900%인 이 주식은 꾸준한 증가세를 보이며 기업의 내재가치에 따라 상승곡선을 그리고 있다. 그 이유는 미래에 대한 기대와 전망 때문이라고 본다. 2023년 3월 10일에야 PER가 79.61배로 동일업종 PER 79.08배와 유사하지만 그 전까지는 저평가된 것이 분명했다. 게다가 2차전지 산업 자체가 성장하기 때문에 함께 상승세를 보이고 있으며 매출액과 영업이익도 꾸준히 증가하고 있다.

과거에 이 종목의 성장성을 읽어내고 투자했다면 지금쯤 1000%가 넘는 수익을 달성하지 않았을까? 그 기업을 믿고 끈기 있게 주식을 보유해 성장을 기다린 사람에게 수천 퍼센트 수익률도 충분히 안겨주었을 시나리오다.

가치투자는 기업가치를 예상하고 정공법으로 투자하는 방법을 말한다. 가치

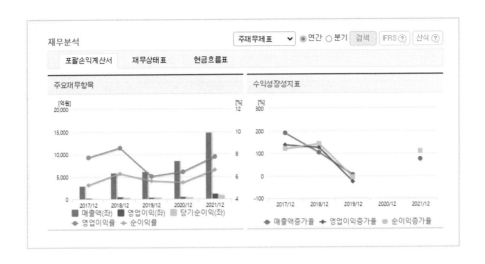

투자자에게는 종합주가지수가 어떻게 변화하느냐는 크게 중요하지 않고 투자 대상 기업의 종목이 저평가되었냐, 아니냐가 최대 관심사다. 기업가치 외의 다른 요인들은 주가를 움직이는 일시적·우발적 요인으로 본다. 시간이 지나면 기업가치가 주가에 적절히 반영될 것으로 믿으며 장기투자를 한다. 이것이 바로 가치투자의 핵심이다.

[그림 4-2] 에코프로비엠의 최근 5년간 재무제표(2017~2021)

* 단위 : 억원, %, 배, 천주   * 분기 : 순액기준

항목	2017/12 (IFRS별도)	2018/12 (IFRS별도)	2019/12 (IFRS별도)	2020/12 (IFRS연결)	2021/12 ⊕ (IFRS연결)	전년대비 (YoY)
⊞ 매출액(수익)	2,898.7	5,891.9	6,160.9	8,547.5	14,856.3	73.8
+내수			989.7	960.4	767.5	-20.1
+수출			5,171.1	7,587.1	14,088.8	85.7
⊞ 매출원가	2,452.0	5,096.1	5,430.0	7,491.8	12,954.9	72.9
매출총이익	446.7	795.7	730.9	1,055.7	1,901.3	80.1
⊞ 판매비와관리비	223.8	292.9	360.1	508.0	751.0	47.8
영업이익	222.9	502.8	370.8	547.7	1,150.3	110.0
⊞ +기타영업손익						
영업이익(발표기준)	222.9	502.8	370.8	547.7	1,150.3	110.0
+[구K-IFRS]영업이익						
⊞ 금융수익	36.3	52.5	60.8	15.4	7.9	-48.8
⊞ 금융원가	102.4	125.6	108.0	57.4	51.2	-10.8
⊞ 기타영업외손익	-4.6	-0.8	-40.1	-29.5	37.3	226.1
⊞ 종속기업,공동지배기업및관…						
법인세비용차감전계속사업…	152.3	428.9	283.4	476.2	1,144.3	140.3
법인세비용	0.7	60.3	-61.4	9.6	166.4	1,633.7
종속회사매수일전순손익						
처분된종속회사순손익						
계속사업이익	151.6	368.6	344.8	466.6	977.9	109.6
중단사업이익						
+중단사업법인세효과						
⊞ 당기순이익	151.6	368.6	344.8	466.6	977.9	109.6
⊞ 기타포괄이익	-3.4	-26.2	28.2	-11.5	-33.2	-189.0
⊞ 총포괄이익	148.2	342.4	373.0	455.1	944.7	107.6
+주당계속사업이익	978	2,365	1,750	2,256	4,666	107
+주당순이익	978	2,365	1,750	2,256	4,666	107
+희석주당계속사업이익			1,591	2,071	4,425	114
+희석주당순이익			1,591	2,071	4,425	114
+(지배주주지분)주당계속사…	978	2,365	1,750	2,256	4,666	107
+(지배주주지분)주당순이익	978	2,365	1,750	2,256	4,666	107
+(지배주주지분)희석주당계…			1,591	2,071	4,425	114
+(지배주주지분)희석주당순…			1,591	2,071	4,425	114

* 재무실적 업데이트는 검수 및 주석반영으로 공시 이후 약 일주일 정도 소요되며, 기업별로 다르게 적용됨
* 비율간 전년대비는 [당기]-[전기]로 계산된 %p 데이터

02

왕초보가
가치투자 하는 법

포인트!

시중에 가치투자에 대한 각종 정보가 쏟아져 나오고 있습니다. 정보가 많으면 좋을 것 같지만, 사람마다 하는 이야기가 달라서 잘 골라 들어야 합니다. 엉터리 이야기도 더러 있습니다. 이제부터 이야기할 가치투자의 핵심을 정확히 이해하시기 바랍니다. 가치투자는 현재 종목의 주가가 적정한지 판단하는 방법을 공부하는 데서부터 시작해야 합니다. 재무제표를 활용해 적정 주가를 판단하는 공부가 이루어지지 않으면 가치투자를 할 수 없습니다. '철저한 주식 공부 + 시장 기회 + 타이밍 = 고수익률' 이것이 가치투자의 공식입니다.

애널리스트들 이야기가
답이 아니다

시중에는 워런 버핏에 대한 책도 많고 가치투자에 대한 회계사나 애널리스트들의 강의도 넘쳐난다. 정보가 많으면 좋을 것 같지만 사람들마다 하는 이야기가 다소 달라 오히려 헷갈리기도 한다.

그렇다면 이제 막 주식투자를 시작하는 왕초보들은 어떻게 가치투자를 할까?

언론이나 각종 증권사의 분석을 가만 들어보면 아무것도 모르는 엉터리 분석이 많다. 이름만 가치투자일 뿐 실제로는 주식 차트를 이용해 단타 매매를 주도하는 사람이 있다. 그저 대형주나 우량주만 사면 부자가 된다고 허황된 소리를 하는 애널리스트가 있고, 가격이 내려가는 추세를 타고 내려가다가 반등하는 추세를 만나면 매수하는 것이 가치투자라고 사기치는 사람도 있다. 소위 전문가라는 사람들이 이처럼 가치투자에 대해 제각기 다른 말을 하는 탓에 제대로 배워서 투자하려는 사람들이 오히려 손해를 보고 있다.

주식투자는 사실 답이 없는 게임이다. 이런 상황에서 손실을 보지 않으려면 정석대로 투자하는 것이 중요하다. 먼저 이론부터 정확히 다진 다음 특정 이론이나 분석 기법을 적용해 철저히 종목을 따져보고 좋은 주식을 최대한 선별하라. 겉으로는 우량주처럼 보이지만 재무 구조와 수익성, 성장성 등을 따져보면 위험이 큰 종목이 매우 많다. 반면에 좋은 기업이지만 주가가 너무 높이 형성돼 앞으로 주가가 하락할 수밖에 없는 종목도 상당하다.

주식은
공부한 만큼 번다

저평가된 주식을 정확히 골라내는 재무적 기법을 공부하지 않은 채 남의 말만 믿고 투자하는 것은 가치투자가 아니다. 그렇게 투자하는 것보다는 주변에서 주식 잘하는 회계사에게 한 번이라도 물어보고 투자하는 게 차라리 나을 수 있다.

주가는 단기적으로는 거래량에 의해 움직이지만, 장기적으로는 차익 거래에 의해 적정한 가치에 수렴한다. 어떤 가치에 수렴하는지를 알아야 저평가 여부를 판단할 수 있는데, 이 방법을 제대로 모른다는 것이 문제다.

워런 버핏의 이야기를 들어보면 미래의 '잉여현금흐름free cashflow'의 현재가치를 기업가치로 본다. 이를 '할인현금흐름법'이라고도 한다. 이런 방식으로 기업가치를 평가하면 정확성이 높지만, 실상은 회계사나 감정평가사 같은 전문가들이 아니면 이를 활용하기가 어렵다.

좀 더 간단한 방법들이 있다. 예를 들어, 기업과 재무제표의 관계, 시장 주가와의 관계만 가지고도 기업의 내재가치를 추정할 수 있다. 이것만 잘 활용해도 저평가된 주식을 파악해서 가치투자로 이익을 얻을 수 있다. 구체적으로 말하면, 해당 기업의 PER와 업종 평균 PER를 비교하는 것부터 '영업이익÷주가' 비율을 이용하는 방법, EV/EBITDA 비율, ROA, ROE 등의 수익성 비율을 활용하는 방법 등 다양하다. 이런 기법들을 공부하지 않고는 가치투자를 제대로 할 수 없다(8장 참조).

고수익률에 이르려면 일단 주식 공부, 회계 공부, 기업 공부를 철저히 해야 한다. 기회가 오면 종목을 정확히 분석하고 매수 타이밍을 잡아 번개같이 매수해야 한다. 그런 다음 주가가 오를 때까지 기다리면 부자가 될 수 있다.

| 철저한 주식 공부 | + | 시장 기회 | + | 타이밍 | = | 고수익률 |

03

가치투자
제대로 하고 싶다면?

포인트! 가치투자는 상당한 내공이 필요한 분야입니다. 가치투자를 제대로 하려면 가치주에 대한 개념을 이해하고 저평가된 주식을 고르는 방법을 숙지해야 합니다. 회계 지식과 재무제표 분석법, 재무비율 분석법 또한 모두 동원해야 합니다. 그렇다고 겁먹을 필요는 없습니다. 왕초보든 회계와 무관한 사람이든 누구나 알기 쉽도록 이 책에서 최대한 쉽게 정리했습니다. 제가 강의하면서 들어보니, 막상 알고 나면 그리 어렵고 복잡한 내용이 아닐뿐더러, 무척 재밌다고들 합니다.

가치주를 발굴하는 법

가치투자는 가치주^{value stock}를 발굴해내 장기적으로 고수익을 올리는 워런 버핏식 투자 전략이라 할 수 있다. 가치주란 현재 기업의 경영성과와 재무상태에 비해 시장에서 상대적으로 저평가된 주식을 말한다. 가치주는 증시가 불안정하고 경제 상황이 급변하는 시기에 훨씬 큰 수익을 가져다준다.

가치주는 예금이나 적금보다 훨씬 큰 수익을 내는데, 왜냐하면 다른 주식에 비해 경기 변동의 영향을 덜 받기 때문이다. 따라서 미래에 꾸준히 가치가 상승하고 장기적으로 안정적인 수익을 낸다. 우리나라에서는 2001년 코스닥 붕괴, 금융위기마다 가치주가 투자자들의 관심을 모았다.

과거에는 가치투자라고 하면 기업의 재무상태를 보고 건실한 기업에 잘 투자하는 정도로만 생각했다. 그러나 이제는 망하지 않기 위한 최선의 투자 전략으로 가치투자가 급부상했다. 최근에는 가치투자와 더불어 주주를 위해 고배당을 주는 기업의 고배당주, 절대 망하지 않는 대마불사주 등으로 투자 형태가 다양해지고 있다.

어떻게 가치투자를 할까?

고수익을 보장해주는 가치주를 찾으려면 재무제표 분석(7~8장 참조)을 활용해야 한다. 이를테면 주가수익비율인 PER가 낮으면서도 기업의 잠재적 내재가치가 높은 기업을 찾고 그 주식에 장기적으로 투자하는 것이 한 방법이다. 그런데 이런 투자도 산업 전체가 사양화돼 있으면 통하지 않는다는 맹점이 있다. 따라서 업종이나 산업이 발전하고 있는지, 미래의 신성장 동력인지도 확인하면서 이 기법을 이용하면 금상첨화일 것이다.

기업의 가치는 여러 가지 재무적 특성으로 결정된다. 기업의 수익성을 통해 창출되는 현금흐름과 현재 보유하고 있는 자산의 수준, 부채를 얼마나 쓰고 있느냐에 따른 리스크 등 여러 가지 요소에 따라 기업가치가 달라질 수 있다. 그러므로 재무제표 중 한 가지 항목만 보고 투자했다가는 낭패를 볼 수 있다.

가치주를 확인하려면 기본적으로 PER, PBR, PCR가 충분히 낮아야 한다. 즉 가치가 저평가되었음을 파악해야 한다. 그런 한편 EPS, SPS, CPS가 지속적으로 성장하는 추세인지도 검토해야 한다. 이는 재무제표상 기업의 위험 요인이 없는지 확인하는 것이다(각각의 용어와 개념, 활용법에 대해서는 8장을 참조하라).

가치투자에 대해 제대로 알고 싶다면 일단 공부를 좀 해야 한다. 이 책에 소개한 회계 지식과 재무제표 기본기 및 재무비율 분석은 기본이고, 가치투자를 전문으로 하는 교육을 받거나 인터넷 카페에 가입해서 활동할 것을 권한다. 아무 공부도 하지 않고 투자해서 성공하기를 바란다면 로또를 사서 1등에 당첨되기를 기대하는 것과 마찬가지다.

내가 추천하고 싶은 인터넷 카페는 가치투자플랫폼 cafe.naver.com/valuetool 이다. 이 카페는 자체적으로 개발한 가치평가용 엑셀파일 등 양질의 정보가 많이 교류되고 있다. 아울러 이 책에 나온 회계 지식을 바탕으로 가치투자 성공 사례를 찾아서 공부해볼 것을 권한다. 가치투자 마인드를 쌓는 책으로는 《워렌 버핏의 포트폴리오 투자 전략》(메리 버핏·데이비드 클라크 저)이나 《눈덩이주식 투자법》(서준식 저)을 추천한다.

04 가치투자의 블랙홀, 가치함정

포인트!　가치투자에도 맹점이 있는데 이번에는 그것에 대해 알아보겠습니다. 가치투자는 장기적으로 꾸준한 수익을 낸다고 했는데, 몇 년 동안 주가가 오르지 않는다면 대체 어떻게 된 걸까요? 그건 가치함정에 빠진 것일 수 있습니다. 만약 그런 경우라면, 가치함정에서 벗어나기 위한 빠른 결단이 필요합니다. 구체적인 방법에 대해 이제부터 잘 살펴봅시다.

평생 저평가된 주식이 있다

재무제표를 활용한 가치투자를 만능으로 생각하는 사람들이 많다. 물론 재무제표를 이용해서 분석적으로 투자에 접근하는 것이 다른 투자 기법에 비해 상대적으로 안전한 것은 사실이다. 장기적으로 보면 가치투자가 수익이 날 가능성도 크다.

그러나 가치투자에도 아킬레스건이 있다. 케인스^{John Maynard Keynes}가 말한

'유동성 함정 liquidity trap'이 그것이다. 유동성 함정이란 이자율이 더 이상 떨어지지 않는 블랙홀 같은 구간을 말하는데, 이 역시 일종의 '가치함정'에 해당한다.

가치함정이란 재무제표를 분석해 시장 상황에 비해 저평가된 주식을 매수했는데, 몇 년이 지나도 그 가치가 오르지 않는 경우를 말한다. 평생 저평가돼 있는 주식이 있고, 그런 주식을 가치투자로 생각하고 장기 보유하는 게 바로 가치함정에 빠진 결과다.

가치투자는 장기간에 걸쳐 저평가된 주식 또는 성장 잠재력이 있는 주식을 보유하는 전략이다. 장기간에 걸쳐 가치가 오르지 않을 경우 투자자로서는 난감할 수밖에 없는데, 의외로 이런 상황이 자주 발생한다. 가치투자의 대가 워런 버핏도 2006년부터 테스코 주식에 투자했지만 2014년까지 주가가 오르지 않은 데다 회계부정 스캔들까지 터지는 것을 경험하고는 최악의 투자였음을 시인한 바 있다.

어떻게 가치함정에서 빠져나갈까?

가치함정에 빠지면 몇 년간 주가가 오르지 않는데 희한하게 재무제표 분석을 하면 항상 저평가 상태로 나온다. 이럴 때는 가치함정에 빠진 게 아닌지 의심해봐야 한다. "내 분석에는 오류가 없다."는 고집을 내려놓고 오류를 인정하고 해결책을 모색해야 한다.

재무제표는 만능이 아니다. 기업의 여러 의사결정 결과가 재무제표에 반영되지 않고 은폐되는 경우도 상당히 많다. 물론 회계부정이나 분식회계의 경우에는 범죄라고 볼 수 있지만, 범죄 수준은 아니라도 재무제표에 기록되지 않은 잠재적 리스크가 생각보다 많다.

일반적으로 가치투자를 잘하는 사람일수록 자신이 분석한 지표의 관계가 옳다고 맹신하는 경향이 있다. 이 판단이 옳다면 다행이지만, 5년이 지난 뒤에도 그것을 고집한다면 절대로 가치함정에서 빠져나올 수 없다. 오히려 매도 시기를 놓쳐 손해를 볼 수도 있다. 따라서 가치함정이라고 판단되면 원인을 조사해보고 빨리 빠져나갈 전략을 세워야 한다.

워런 버핏은 이런 상태를 해결하는 전략으로 분산투자를 추천한다. 자신이 투자한 주식이 무조건 성공할 수는 없기에, 자금을 다른 가치주에 적절히 분산해서 투자하는 지혜가 필요하다는 이야기다. 만약 지금 내가 투자한 주식의 주가가 오르지 않는다면, 일부는 매도하고 다른 가치주를 발굴해서 적절히 분산투자를 하기를 바란다.

Part 2

쉽고 정확한 종목 분석,
매수·매도 타이밍 잡기

5장

정확도 높은
간편한 종목 분석

─ 실패 없는 투자 가이드

01

왕초보가 쉽게
종목 분석하는 법

포인트! 주식 초보자라면 어떤 종목을 사야 하는지 매우 막막할 것입니다. 잘못 샀다가 돈을 다 날리는 건 아닌지 걱정될 것입니다. 그렇다고 주변 사람들의 말에 솔깃해서 종목을 사는 건 아주 위험할 수 있습니다. 아무리 초보자라 해도 종목 분석이 필요한 이유입니다. 초보자들은 간단하게 뉴스와 이슈에서 시작해 정보 수집, 판단, 간단한 재무분석을 통해 투자에 접근해야 합니다. 공부를 많이 할수록 분석이 정교해지겠지만, 처음에는 약식으로라도 단계에 따라 투자해보는 연습을 합시다.

종목 분석이라고
거창할 것 없다

초보 투자자라면 어떤 종목에 투자해야 할지 감이 안 올 것이다. 매일 뉴스에 증시 유망 종목이라는 게 나오는데, 그것을 믿어도 될지 의심스러울 것이다. 주식을 잘하는 주변 사람들의 조언을 듣고 투자하는 것도 나쁘지는 않지만, 그렇다고 다 믿어서는 안 된다. 그들도 자신이 산 주식의 매수량을 의식하기 때문에 자신이 투자하는 종목을 추천할 가능성이 있고, 잘 모르는데 그냥 뜬소문만 듣고 대답하는 것일 수도 있기 때문이다.

초보 투자자라고 해서 남들이 알려주는 정보에만 의존해 투자하면 평생 큰돈을 벌기 어렵다. 스스로 계획을 짜고 전략적으로 투자해서 재산을 늘리지 않는 이상 손실을 볼 때마다 남 탓만 하게 되고, 결국 투자를 포기하게 될 것이다. 소액이라도 직접 분석한 결과로 투자할 때 비로소 부자가 되는 길로 접어들게 된다.

"오늘의 추천종목" 활용

처음에는 증권사의 무료 종목추천 서비스를 이용하는 것도 나쁘지 않다. 유료 서비스라고 해서 다 이익을 보는 것이 아니고, 주가가 전문가들의 분석대로 움직이는 것도 아니다. 종목 분석이라고 거창히 생각할 필요가 없다. 여기서는 특히 왕초보 투자자들이 간편하게 종목 분석을 하는 몇 가지 방법을 알려주겠다.

[그림 5-1] 네이버 오늘의 추천종목

첫째, 네이버 검색창에 "오늘의 추천종목"이라고 입력하라. 그럼 각종 언론사에서 분석한 뉴스가 뜰 것이다. 이것을 잘 살펴보는 것이 초보자들의 첫걸음이다. 애널리스트들이 노하우를 발휘해 분석한 결과이므로 눈여겨볼 가치가 있다.

관심 종목을 정하고
집요하게 파악하라

삼성엔지니어링을 예로 살펴보자. 삼성엔지니어링은 2017년 2월 12일 기준으로 순매수 수량이 150만 주를 넘어섰다. 차트를 통해서 주가의 흐름이 어땠는지 살펴본다(그림 5-2 참조).

[그림 5-2] 삼성엔지니어링 주가 차트(2017. 2. 12)

[그림 5-3] 삼성엔지니어링 관련 뉴스

뉴스 관련도순 최신순

지수고점 부담엔 실적株 2분기 이익 늘어날 종목 찾아라
이데일리 8시간 전 네이버뉴스
삼성엔지니어링(028050)은 359억원으로 910.5%, GS건설(006360)은 820억원으로 261.9% 크게 늘어날 것으로 추정된다. SK이앤디, 대우건설 등도 증가세다. 유통업종 중엔 신세계(0 04170)와 이마트(139480)의 영업이익이 602억원...

하남 '힐스테이트 미사역' 오피스텔 견본주택 개관 충도일보 8시간 전
아울러 주변 배후 시설로는 인근 감동 첨단 산업단지에 **삼성엔지니어링**, 세스코 등 기업이 입주해 있으며, 강동구 고덕동에는 '고덕 상업 업무 복합단지'가 조성되고, 삼일동에는 **엔지니어링** 복합단지'가...

'오피스텔도 대단지가 좋아" 6월 전체의 68% 가 대단지
이코노믹리뷰 11시간 전
단지에 이뿐한 감동첨단산업단지에는 **삼성엔지니어링**, 세스코 등 기업이 입주해 관련 수요가 풍부하며, 주변으로 고덕상업업무복합단지, **엔지니어링**복합단지도 들어설 예정이다. 대우건설(시행사...

[삼성 지배구조 매듭 풀기] 삼성물산, 그룹 지배구조 핵심으로 부각
이투데이 11시간 전
금융감독원 전자공시시스템에 따르면 지난 1분기 말 기준으로 **삼성물산**은 삼성전자(4.2%), **삼성엔지니어링**(7.0%), 삼성SDS(17.1%), 삼성바이오로직스(43.4%), 삼성생명(19.3%) 등의 지분을 보유하고 있다. 삼성물산의 가장 매력적인...

삼성엔지니어링의 주가 추세를 보면 2011년 최대 주가 175,168원을 찍고 지속적으로 하락세를 보이다가 2017년 2월 12일 현재 12,850원을 기록하고 있다. 이를 확인한 다음에는 구체적으로 뉴스를 검색해본다.

흑자 전환에는 성공했지만 앞으로 더 지켜봐야 한다는 의견이 많이 뜬다. 당시 기준으로 이슈가 되고 있는 종목임에는 틀림없다.

이렇게 이슈마다 어떤 호재와 악재가 있는지 정보를 꼼꼼히 읽어보고 자신의 재무지식을 활용해 판단해본다.

종목의 재무정보를
찾아보고 판단하라

기업에 대한 재무정보는 일반적으로 금융감독원 전자공시시스템을 찾아보면 정확히 알 수 있다. 그런데 왕초보들이 좀

[그림 5-4] 네이버 금융에서 종목의 재무정보 찾기

더 쉽게 기업의 재무정보를 찾아보는 방법은 바로 네이버 금융(증권) 코너를 이용하는 것이다. 네이버 금융(증권)에 들어가서 검색창에 예를 들어, '삼성엔지니어링'을 입력하고 검색 버튼을 클릭하면 기업의 재무정보가 요약돼 나온다.

스크롤을 조금만 내려보면 '종합정보'라는 메뉴가 보인다. 종합정보를 클릭하면 하단에 '기업실적분석'이라는 제목으로 기업과 관련된 요약 정보가 뜬다. 이 정보에서 당시 실적을 보면 영업이익이 2015년 말 마이너스(-)에서 2016년 말 플러스(+)로 돌아섰음을 알 수 있다. 호재로 판단되는 정보를 발견한 것이다. 뒤에서 다루겠지만, ROE도 -409%에서 +16.02%로 증가했다. 수익률을 회복한 것이다.

아주 간단한 분석이지만, 네이버에서 제공하는 기업실적분석을 보고 당시

[그림 5-5] 네이버 금융 - 기업실적분석

| 종합정보 | 시세 | 차트 | 투자자별 매매동향 | 뉴스공시 | 종목분석 | 종목토론실 | 전자공시 |

기업실적분석 더보기 ›

주요재무정보	최근 연간 실적				최근 분기 실적					
	2014.12	2015.12	2016.12	2017.12 (E)	2016.03	2016.06	2016.09	2016.12	2017.03	2017.06 (E)
	IFRS 연결	IFRS 연결	IFRS 연결	IFRS 연결	IFRS 연결	IFRS 연결	IFRS 연결	IFRS 연결	IFRS 연결	IFRS 연결
매출액(억원)	89,115	64,413	70,094	58,833	14,741	18,800	16,309	20,244	16,189	14,017
영업이익(억원)	1,618	-14,543	701	1,406	266	36	532	-133	124	358
당기순이익(억원)	564	-13,043	94	712	83	23	21	-33	-469	351
영업이익률(%)	1.82	-22.58	1.00	2.39	1.80	0.19	3.26	-0.66	0.77	2.56
순이익률(%)	0.63	-20.25	0.13	1.21	0.56	0.12	0.13	-0.16	-2.90	2.50
ROE(%)	5.92	-409.04	7.40	7.43	2.31	0.22	0.18	1.27	-4.36	
부채비율(%)	546.29	-1,899.34	454.12		442.42	427.74	403.02	454.12	427.36	
당좌비율(%)	96.50	78.91	84.80		107.51	89.38	87.58	84.80	84.05	
유보율(%)	531.22	-121.43	26.19		24.41	24.64	24.84	26.19	15.46	
EPS(원)	857	-20,337	190	401	80	12	10	67	-225	143
BPS(원)	15,578	-5,142	5,158	5,636	5,288	5,228	5,446	5,158	5,161	

주가가 상승 중인 이유를 파악할 수 있다.

여기서 분석한 내용은 왕초보가 투자할 때 한 번쯤 분석해봐야 할 것들을 간단히 소개한 것에 불과하다. 구체적인 분석을 위해서는 이보다 훨씬 많은 변수를 고려해야 한다.

02 종목 분석은 네이버 금융으로

포인트! 초보 투자자는 뜬소문이나 주변의 이야기에 휩쓸리기가 쉽습니다. 그러나 주식은 공부가 필요한 분야입니다. 주식을 만만하게 봐서는 큰 낭패를 보기가 쉽습니다. 공부라고 해서 주눅들 필요가 전혀 없습니다. 네이버만 잘 활용해도 기업에 대한 자세한 정보를 손쉽게 얻을 수 있습니다. 매수와 매도에 관한 전문적인 의견뿐만 아니라, 그 근거까지 좀 더 자세한 정보도 네이버에 나옵니다. 어떻게 네이버에서 초보 투자자에게 필요한 정보를 얻을 수 있는지 함께 살펴봅시다.

조금만 공부하면 확실히 번다

주식 초보자들은 주로 소문이나 정보에 의존해서 투자를 한다. 처음에는 아무것도 모르니 어쩔 수 없다 해도, 그게 습관이 되면 큰돈을 벌기 어렵다. 아니, 잘못된 정보나 뜬소문을 믿고 투자했다가 퇴직금을 통째로 날리는 사람이 많다. 그렇게 큰돈을 날리고는 "주식투자는 절대 해선 안 될 것이다."라고 섣부른 결론을 내리는 사람도 나는 보았다.

초보 투자자일 때부터 기업을 조금씩 공부하고 투자해야 10년 뒤 수익률 1000% 이상의 고수익자에 오를 수 있다. 돈을 잃어도 상관이 없거나 취미로 주식투자를 한다면 상관없지만, 목돈을 마련하기 위해서라면 공부가 필수다.

네이버만 잘 이용해도 기업에 대한 고급 정보를 얻을 수 있다. 네이버 금융 코너에 들어가 종목을 검색하면 기업의 재무정보와 주가정보, 차트 등 다방면

[그림 5-6] 네이버 금융 - 삼성전자(005930)

에서 분석 가능한 정보가 나온다.

예를 들어, 삼성전자(005930)에 대한 정보를 알고 싶다면 네이버 금융(증권)에 들어가 삼성전자를 입력한다. 삼성전자 주가 차트와 함께 온갖 정보를 확인할 수 있다. 차트 하단으로 내려오면 종합정보, 시세, 차트, 투자자별 매매동향, 뉴스 공시, 종목분석 등 다양한 항목이 있다. 각각을 클릭하면 좀 더 자세한 정보를 볼 수 있다.

종목분석 코너를
잘 활용하라

먼저, 기업현황과 재무분석을 살펴보려면 종목분석에 들어가 보라. 주당순이익EPS, 주가수익비율PER, 업종PER, 주가순자산비율PBR 등 기업의 펀더멘털을 확인할 수 있는 정확한 정보가 나온다. 최근 분기 실적, 연간 실적 등 기업실적 분석이 표로 정리되었고, 동일업종과 비교한 영업이익, 당기순이익 등도 보여준다. 업종 비교를 통해 매출액, EPS, PER 등이 업종 평균에 비해 어느 정도인지 한눈에 볼 수 있다. 해당 종목이 저평가되었는지를 확인하는 것이다.

종합정보를 검토하고 이 종목에 대해 구미가 당긴다면 다음으로 시세를 클릭해보라. 현재가, 등락률, 거래량, 호가 등 가격에 대한 정보를 얻을 수 있다. 시간별, 일별 시세도 확인할 수 있다.

외국인, 기관 등 투자자별 매매동향을 확인하는 것도 중요하다.

[그림 5-7] 네이버 금융 종목분석 – 시세, 투자자별 매매동향

〈1〉 종목분석

| 종합정보 | 시세 | 차트 | 투자자별 매매동향 | 뉴스·공시 | 종목분석 | 종목토론실 | 전자공시 | 공매도현황 |

| 기업현황 | 기업개요 | 재무분석 | 투자지표 | 컨센서스 | 업종분석 | 섹터분석 | 지분현황 | 🖨 인쇄 |

삼성전자 코 유 005930   SamsungElec   KOSPI 전기전자   WICS 반도체와반도체장비

| EPS **3,841** | BPS **39,406** | PER **21.87** | 업종PER **19.40** | PBR **2.13** | 현금배당수익률 **3.56%** | 12월 결산 |

· PER : 전일 보통주 수정주가 / 최근 분기
 EPS(TTM)
· TTM : 최근 4분기 합산
· PER, PBR값이 (-)일 경우: N/A로 표기됩니다.

· 현금배당수익률 : 최근 결산 수정EPS(현금) / 전일 보통주 수정주가
· PBR : 전일 보통주 수정주가 / 최근 분기
 BPS(TTM)
· WICS : WISE Industry Classification Standard, modified by FnGuide
· TTM 데이터가 없는 경우, 최근 결산 데이터로 표시됩니다.

시세 및 주주현황   [기준:2021.04.13]

주가/전일대비/수익률	**84,000원** / +800원 / +0.96%
52Weeks 최고/최저	96,800원 / 47,200원
액면가	100원
거래량/거래대금	15,238,200주 / 12,769억원
시가총액	5,014,617억원
52주베타	0.97
발행주식수/유동비율	5,969,782,550주 / 74.66%
외국인지분율	54.80%
수익률 (1M/3M/6M/1Y)	+1.45%/ -6.35%/ +37.93%/ +73.91%

· 수정주가(차트포함), 보통주 기준 · 52주베타: 주간수익률 기준

주가/상대수익률

[기준: 2021.04.13]

〈2〉 시세

| 종합정보 | 시세 | 차트 | 투자자별 매매동향 | 뉴스·공시 | 종목분석 | 종목토론실 | 전자공시 | 공매도현황 |

주요시세

현재가	**84,000**	매도호가	84,100
전일대비	**0**	매수호가	84,000
등락률(%)	**0.00%**	전일가	84,000
거래량	13,748,883	시가	84,000
거래대금(백만)	1,152,485	고가	84,300
액면가	100원	저가	83,400
상한가	109,000	전일상한	108,000
하한가	58,800	전일하한	58,300
PER	21.87	EPS	3,841
52주 최고	96,800	52주 최저	47,200
시가총액	5,014,617억원	상장주식수	5,969,782,550
외국인현재	3,271,373천주	자본금	778,046백만

호가 (20분 지연)   · 5단계 · 10단계

매도잔량	매도호가	매수호가	매수잔량
198,915	84,500		
85,308	84,400		
169,771	84,300		
72,659	84,200		
37,685	84,100		
		84,000	79,103
		83,900	120,586
		83,800	82,044
		83,700	125,644
		83,600	217,522
1,198,660	잔량합계		**1,584,161**

시간별시세

체결시각	체결가	전일비	매도	매수	거래량	변동량
15:58	84,000	0	84,100	84,000	13,748,035	18
15:57	84,000	0	84,100	84,000	13,748,017	206
15:56	84,000	0	84,100	84,000	13,747,811	22

〈3〉 투자자별 매매동향

종목의 재무상태를 좀 더 깊이 들여다보고 싶다면, '종목분석' 하위의 '재무분석'을 클릭해보라. 포괄손익계산서, 재무상태표, 현금흐름표 등 재무 분석을 위한 모든 자료가 망라돼 있다.

이는 기존 에프앤가이드FnGuide에서 무료로 제공하던 자료들로 현재 네이버로 이관되었다. 초보 투자자라면 여기에 있는 정보만으로도 종목 분석이 충분하다고 본다.

[그림 5-8] 네이버 금융 재무분석

03 오늘의 상한가 검색, 고배당주 찾기

포인트! 종목 선정 시 중요한 팁을 알려드리면 오늘의 상한가를 검색하는 것입니다. 상한가란 주식시장에서 하루에 상승할 수 있는 주가의 최고치를 말합니다. 상한가를 친 종목은 뉴스 검색만 해도 실시간으로 뜹니다. 이런 종목만 잘 분석해도 초보 투자자에게 좋은 투자의 시작점이 될 것입니다.

고배당주도 종목 선정의 중요한 기준이 됩니다. 왜냐하면 고배당주는 지속적으로 현금을 안겨줄 뿐만 아니라 주가가 올라갈 가능성도 그만큼 높기 때문입니다.

왜 오늘의 상한가인가?

어느 종목에 투자해야 할지 잘 모르겠다면, 상한가를 치는 종목으로 좁혀서 단기투자를 하는 것도 괜찮은 전략이다. 주식의 상한가란 주식시장에서 개별 종목의 주가가 일별로 상승할 수 있는 최고가격이라고 볼 수 있다. 반대로 하락할 수 있는 최저가격을 하한가라고 한다.

주식시장에서는 하루 동안 개별 종목의 주가가 오르내릴 수 있는 한계를 정해놓는데, 그 한계 범위를 가격제한폭이라고 한다. 그리고 그 범위까지 오르거나 내리는 것을 상한가, 하한가라고 한다. 우리나라 코스피 시장의 가격제한폭은 30%이다. 1일 상한가 폭은 있지만 그 외에는 제한이 없다고 보면 된다.

전문가들은 보통 상한가를 치고 있는 종목에 투자하라고 조언을 많이 하는데, 상한가를 치는 이유가 기업의 전망이 좋기 때문이라면 나쁜 전략은 아니다. 주식 차트로는 과거의 주가 흐름밖에 알 수 없으므로 상한가와 하한가를 친 흔적은 확인할 수 있지만, 앞으로 주가가 오를지 떨어질지는 알기 어렵다.

매일 상한가를 치고 있는 종목은 검색만으로도 충분히 확인할 수 있다. 초

[그림 5-9] 오늘의 상한가 관련 뉴스

뉴스 관련도순 | 최신순

[오늘의 상한가] 감마누, 무서운 급등세…3일 연속 '上上上'
이투데이 | 1시간 전 | ☑
이투데이=최두선 기자 | 14일 국내 주식시장은 코스닥 3개 종목이 상한가로 마감했다. 최근 최대주주 변경 소식에 급등한 감마누는 이날도 전날보다 4500원(30.00%) 오른 1만9500원에 거래되며 상한가에 등극했다. 지난...

[fnRASSI] 오늘의 상한가, 감마누 30% ↑
파이낸셜뉴스 | 3시간 전 | 네이버뉴스 | ☑
14일 감마누(192410), 디젠스(113810), 아스타(246720)등이 상한가를 기록했다. 특히 감마누는 전 거래일 대비 30% 오른 19,500원에 거래를 마감하며 높은 관심을 받았다. 'fnRASSI'는 증권전문 기업 씽크풀과...

[오늘의 종목] 코스닥 3개 상한가 / 하한가 종목 없음 이투데이 | 3시간 전 | ☑
이투데이=e2BOT 기자 | 6월 14일 국내 주식시장에선 코스닥 3개 종목이 상한가를 기록했다.... [코스닥 상한가 종목] 감마누 : 19,500원 (▲4,500, +30.00%) 디젠스 : 3,020원 (▲695, +29.89%) 아스타 : 10,000원...

[오늘의 상한가] 감마누, 최대주주 변경 기대감에 이틀 연속 '上'
이투데이 | 1일 전 | ☑
이투데이=최두선 기자 | 13일 국내 주식시장은 코스피 4개, 코스닥 2개 종목이 상한가로 마감했다. 이날... 88%) 등이 동반 상한가에 등극했다. 이들 우선주의 상승은 기업 지배구조 개선으로 자사주 매입 등의...

[fnRASSI] 오늘의 상한가, 동양우 30% ↑
파이낸셜뉴스 | 1일 전 | 네이버뉴스 | ☑
13일 동양우(001525), 동양3우B(001529), 동양2우B(001527), 삼성중공우(010145), 감마누(192410)등이 상한가를 기록했다. 특히 동양우는 전 거래일 대비 30% 오른 13,450원에 거래를...

뉴스 더보기 >

보 투자자라면 인터넷 검색창에 '오늘의 상한가'를 입력해보자. 그러면 관련 종목이 뜨는 것을 볼 수 있다. 검색 결과에서 가장 눈여겨봐야 할 것이 뉴스다. 거의 실시간으로 상한가를 치는 종목들이 뜨기 때문이다.

이렇게 상한가를 친 소수 종목이 왜 상승세인지를 확인해보아야 한다. 거기에다 재무상태만 잘 분석해도 계속해서 상승세를 유지할 종목을 가려낼 수 있다. 상한가를 치는 이유는 뉴스나 증권사의 매체, 네이버 금융 등에서 검색해 기업 정보를 확인하며 분석해봐야 한다.

주식투자의 이유, 배당수익률

투자자들 사이에서 고배당주에 대한 관심이 높다. 오래전부터 경제부양책의 일환으로 저금리 기조가 유지되고 있고 은행의 정기예금 금리는 1~2% 정도에 그치니 은행에 예금하는 것은 사실상 손해에 가깝다. 왜냐하면 고배당 주식은 배당수익률이 최소 5%에서 최대 30%에 이르기 때문이다(그림 5-10 참조). 생각보다 고배당주가 점점 많아지고 있다.

배당수익률이 높아지는 것은 기업 실적이 좋아지고 국내 경기가 호전되고 있다는 신호일 수도 있지만, 배당에 대한 주주들의 요구가 높아지고 있기 때문이기도 하다. 우리나라에서도 배당을 주요 수입원으로 생각하는 투자자가 늘어나고 있다. 오래전에 개정된 상법에 따라 중간배당을 지급하는 기업이 증가하는 추세다.

항공대학교에 경제 교육 특강을 갔을 때의 일이다. 교육생들에게 주식투자에 대해 질문했다.

"여러분은 주식투자를 하시나요?"

[그림 5-10] 네이버 증권: 배당수익률 상위 종목(2021. 1)

증권정보

국내증시 ▾   배당수익률 상위종목 ▾

종목명	현재가	전일대비	등락률	배당금	배당수익률
베트남개발1	237	▼ 1	-0.42%	90	37.80%
한국패러렐	1,915	▲ 5	+0.26%	235	12.27%
대동전자	5,350	▲ 70	+1.33%	500	9.35%
맥쿼리인프라	10,700	▲ 100	+0.94%	719	6.72%
에이리츠	6,730	▼ 110	-1.61%	450	6.68%
맵스리얼티1	3,890	▲ 10	+0.26%	237	6.09%
신영증권우	53,400	- 0	0.00%	2,550	4.78%
신영증권	53,900	▼ 600	-1.10%	2,500	4.64%
대덕	7,210	▼ 50	-0.69%	300	4.16%
기신정기	3,850	- 0	0.00%	150	3.90%

배당수익률 상위종목 더보기 ›

"네."

"주식을 사는 이유가 뭘까요?"

"싸게 사고 비싸게 팔아서 이득을 보려고요!"

그렇다. 대부분은 주가가 오를 때 팔아서 얻는 처분소득을 기대하고 주식투자를 한다. 배당을 기대하고 주식투자를 하는 사람은 비교적 소수에 그친다. 주식투자의 궁극적 목적은 부동산투자와 마찬가지로 시세차익이라 할 수 있다.

배당은 언제 어떻게 받나?

경제학에서는 주식 보유를 통한 수익률을 두 가지 요소로 정의한다. 하나는 주가가 투자금보다 올라서 얻게 되는 자본이득capital gain이고, 다른 하나는 중간에 기업이 배당을 주어 얻게 되는 배당이득dividend gain이다. 즉, 주식투자로 돈을 버는 것은 배당을 받거나 주가가 오르거나 하는 두 가지 경우라는 것이다.

배당은 주식회사가 주주에게 투자에 대한 대가로 주는 것이다. 채권에 투자하면 이자를 받듯이 주식에 투자하면 배당을 받는 것이 당연하다. 그럼 배당은 언제 받는가?

아무 때나 배당을 주는 것이 아니다. 기업이 벌어들인 수익에서 비용을 빼고 남은 순이익이 모여서 재원을 이루게 된다. 이 재원을 '이익잉여금'이라 하는데, 주주총회 등에서 일정한 결의가 이루어지면 이익잉여금에서 배당을 지급하게 된다. 이익잉여금 없이 손실loss만 내는 불량기업은 배당을 줄 수 없다. 이익을 많이 내고 현금이 풍부한 우량기업에서 주주에게 주는 선물이 바로 배당이다.

이처럼 배당은 하나의 소득이자 좋은 기업을 구별하는 기준이 된다. 그런데도 주식투자자들이 배당에 관심이 적은 이유는 무엇일까? 시세차익에 집중하는 구조적인 이유가 있어서다. 좀 더 자세히 이야기해보자.

우리나라 주식시장의 일별 상한가 규정은 2015년 6월 15일부터 기존의 15%에서 30%로 상향 조정되었다. 일일 최대 시세차익이 30%나 되다 보니 투자자들이 시세차익에 더 집중하는 것은 당연하다. 인간의 심리상 매일 오르내리는 주가를 통해서 벌어들인 이익이 훨씬 매력적으로 다가온다.

배당수익률 비교하는 법

여기서 기억할 것이 있다. 배당을 많이 주

거나 앞으로 배당이 많아질 것으로 예상되는 기업의 주가는 점점 높아진다는 사실이다. 실제로 주식시장에서 배당수익률이 높은 종목들에 대해 실증분석을 해보니 배당락 효과가 없어진 3월에 매수해 배당이 실현될 연말에 매도하면 평균적으로 20% 이상의 수익을 낼 수 있다는 결과가 있다. 오래된 이론이기는 하지만, 고든Gorden의 배당평가모형에 따르면 미래 배당에 대한 기대가 높은 기업의 주가는 그만큼 높게 나타난다.

고배당주를 고르려면 배당수익률을 비교할 수 있어야 한다. 배당수익률을 비교하려면, 액면가 대비 주당 배당액이 아니라, 현재 주가 대비 배당액을 비교해야 배당수익률을 정확히 비교할 수 있다. 네이버 금융 상단 메뉴에서 증권 〉 국내증시〉로 들어가 하위 메뉴에서 '배당'을 클릭하면 이를 확인할 수 있다.

[그림 5-11] 네이버 금융 배당수익률 비교

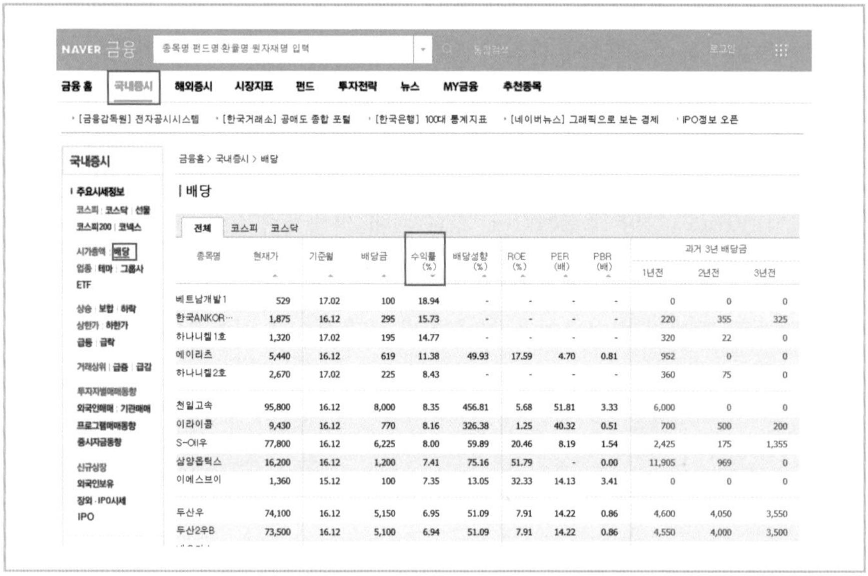
NAVER 금융
종목명 펀드명 환율명 원자재명 입력
금융 홈 | 국내증시 | 해외증시 | 시장지표 | 펀드 | 투자전략 | 뉴스 | MY금융 | 추천종목
· [금융감독원] 전자공시시스템 · [한국거래소] 공매도 종합 포털 · [한국은행] 100대 통계지표 · [네이버뉴스] 그래픽으로 보는 경제 · IPO정보 오픈

국내증시
주요시세정보
코스피 | 코스닥 | 선물
코스피200 | 코넥스
시가총액 | 배당
업종 | 테마 | 그룹사
ETF
상승 | 보합 | 하락
상한가 | 하한가
급등 | 급락
거래상위 | 급증 | 급감
투자자별매매동향
외국인매매 | 기관매매
프로그램매매동향
증시자금동향
신규상장
외국인보유
장외 · IPO시세
IPO

금융홈 > 국내증시 > 배당

배당

전체 | 코스피 | 코스닥

종목명	현재가	기준월	배당금	수익률 (%)	배당성향 (%)	ROE (%)	PER (배)	PBR (배)	과거 3년 배당금		
									1년전	2년전	3년전
베트남개발1	529	17.02	100	18.94	-	-	-	-	0	0	0
한국ANKOR…	1,875	16.12	295	15.73	-	-	-	-	220	355	325
하나니켈1호	1,320	17.02	195	14.77	-	-	-	-	320	22	0
에이리츠	5,440	16.12	619	11.38	49.93	17.59	4.70	0.81	952	0	0
하나니켈2호	2,670	17.02	225	8.43	-	-	-	-	360	75	0
천일고속	95,800	16.12	8,000	8.35	456.81	5.68	51.81	3.33	6,000	0	0
이라이콤	9,430	16.12	770	8.16	326.38	1.25	40.32	0.51	700	500	200
S-Oil우	77,800	16.12	6,225	8.00	59.89	20.46	8.19	1.54	2,425	175	1,355
삼양옵틱스	16,200	16.12	1,200	7.41	75.16	51.79	-	0.00	11,905	969	0
이에스브이	1,360	15.12	100	7.35	13.05	32.33	14.13	3.41	0	0	0
두산우	74,100	16.12	5,150	6.95	51.09	7.91	14.22	0.86	4,600	4,050	3,550
두산2우B	73,500	16.12	5,100	6.94	51.09	7.91	14.22	0.86	4,550	4,000	3,500

04 독점력 또는 중독성 있는 종목을 보라

포인트! 주식으로 오랫동안 돈을 벌려면 매출이 지속적으로 발생할 뿐만 아니라 성장하는 기업에 투자해야 합니다. 10년, 20년 지속적으로 이익을 내는 기업을 어떻게 찾을 수 있을까요? 이번에는 그 기준 가운데 독점력 강한 기업을 찾으라는 이야기를 할 것입니다. 워런 버핏 같은 투자의 대가들도 독점력이 강한 기업 위주로 투자를 했습니다. 그렇다면 독점력이 강한 기업은 어떤 기업일까요? 강한 독점력은 중독성과 관련이 있습니다. 자세한 내용을 본문에서 살펴봅시다.

기업의 독점력
뭘 뜻하나?

"10년을 투자할 가치가 없다면 10분도 투자하지 말라."

세계적인 거부 워런 버핏의 말이다. 이는 시장에서 10년 이상 버틸 수 있는 기업의 내재가치를 보고 투자하라는 말이기도 하지만, 그 이면에는 독점력이 확실한 기업에 투자하라는 의미도 담겨 있다. 실제로 워런 버핏이 투자한 기업들의 공통점을 찾아보면 해당 업계에서 독점력이 매우 강한 기업들이며, 경쟁기업들이 따라오지 못하도록 진입 장벽을 확실히 쳐놓은 기업들이었다.

독점력은 기본적으로 제품의 기술력과 이를 보호할 수 있는 특허에서 발생한다. 그런데 기술적 혁신이나 법적 권리에서만 독점력이 나오는 것은 아니다. 고객에게 인식되는 브랜드 가치와 고객의 충성도, 좋은 품질의 제품과 서비스, 진입 장벽이 될 만한 규모 등 다양한 요인이 독점력을 창출해낸다. 독점력이 확실한 기업에 투자하면 절대 망할 염려가 없다.

우리나라 기업 가운데 독점력을 갖춘 대표적인 곳은 삼성전자다. 경제 교육 강의 도중에 한 교육생이 삼성전자에 투자하는 것이 괜찮겠느냐고 내게 물었다. 당시 삼성전자는 1주당 200만 원에 가까웠다. 그 교육생은 삼성전자가 좋은 기업이기는 하지만, 주가가 너무 비싸서 투자했다가 손해를 보는 건 아닐까 고민하고 있었다.

모아둔 돈 1천만 원으로 안전하고 확실한 투자처를 찾고 있는데, 아무리 우량주이지만 삼성전자를 살 경우 5주만 사도 종잣돈을 다 쓰는 셈이니 고민하는 게 당연했다. 나는 그 교육생에게 돈이 있으면 삼성전자에 투자하라고 권했다. 삼성전자의 성과와 재무상태만 보면 여전히 저평가된 상황이었기 때문이었다. 게다가 해당 종목은 2등 기업과의 독점적 격차가 매우 커서 안정성도 높다고 판단했다.

독점력 다음으로
중독성을 보라

그렇다면 독점력을 기준으로 고려할 때 종목을 어떻게 선별해야 할까? 특허권, 브랜드 이미지, 고객의 충성도, 혁신성 등을 보고 장기적인 안목에서 종목을 고르는 것이 현명하다. 나는 여기에 소비자 시장에서 더욱 중요한 한 가지 요소를 추가해서 분석할 것을 권하고 싶다. 그것은 바로 '중독'이라는 요소다.

중독은 현대사회에서 부정적으로 인식되는 단어지만, 사실 우리는 모두 하나 이상의 그 무언가에 중독되어 있다. 이를테면 매일 탄산음료를 마시는 사람은 '코카콜라' '칠성사이다' 등에 중독돼 있을 가능성이 크다. 늘 스마트폰을 끼고 사는 많은 현대인이 스마트폰에 중독되어 삼성전자나 애플사에 엄청난 대가를 지불하고 있을 것이다. 이처럼 우리는 뭔가에 중독되어 있고, 중독성이 강한 독점적 제품을 보유한 기업은 장기적으로 대박을 칠 가능성이 크다. 삼성전자, 카카오, 엘지, 농심, 강원랜드 등이 중독성을 갖춘 대표적 종목이라고 할 수 있다.

한편, 독점력을 통한 이익이 지속되느냐도 중요하게 고려해야 할 요소다. 지금 당장은 독점력이 있지만 조만간 다른 기업에 그 자리를 내주어야 할 상황이라면 주가가 하락할 수 있기 때문이다. 아무리 강력한 독점기업이라도 독점 시장 자체가 사라질 운명인지도 살펴봐야 한다. 이런 경우 해당 종목은 존속하기 어려울 것이다.

수익의 지속성이
보장된다

독점적 지위를 유지하고 지속적으로 이익을 창출할 수 있는지를 따져보려면 지금까지 지속적으로 이익을 내왔는지, 앞으로도 수익 전망이 밝은지를 따져봐야 한다. 규모가 큰 독점기업은 대부분 이익의 지속성이 보장된다.

독점력이 있는 기업은 대개 우량주이므로 주가가 비교적 비싸다. 이렇게 비싼 종목에 처음부터 투자하는 것은 무리가 아니냐는 말을 많이 하는데, 그렇기에 타이밍을 잘 포착해야 한다. 이왕이면 주가가 최저점으로 떨어졌을 때 사는 것이 좋다. 즉, 가격이 싸게 형성되는 불황기나 독점력 있는 거대 기업에 악재가 발생해 주가가 폭락하는 시점을 노려서 매수하는 것이다. 독점기업은 망할 가능성이 거의 없기 때문이다.

05 절대 사면 안 되는 종목

포인트! 주식으로 돈을 벌려면 좋은 종목을 고를 줄 알아야 하지만, 이에 못지않게 나쁜 종목에 손대지 않는 것이 중요합니다. 애써서 번 돈을 한꺼번에 다 날리면 큰 낭패겠죠. 이번에는 절대 사면 안 되는 종목에 대해 이야기하겠습니다. 그중 상장폐지 징후를 보이는 종목은 절대 사면 안 될 것입니다. 그런 징후를 보이는 기업은 어떻게 알 수 있을까요? 금융감독원에서 조사한 상장폐지 징후들을 토대로 알아보겠습니다. 또한 작전주도 피해야 할 종목 중 하나입니다. 작전주가 무엇인지, 어떻게 작전주를 구분하는지 살펴보겠습니다.

상장폐지란?

가끔 주식시장에 상장된 기업이 심각한 결함 때문에 상장폐지되는 경우가 있다. 상장폐지란 증시에 상장된 주식이 매매 대상으로서 자격이 없어 상장을 취소하는 것을 말한다. 상장폐지되면 비상장주식이 거래되는 사이트에서 매도자와 매수자가 개별적으로 거래해야 한다.

상장폐지된 주식은 대부분 휴지조각이 된다. 주가가 높은 종목도 상장폐지 요건에 해당하면 상장폐지가 될 수 있으므로 투자 시에는 이런 종목을 각별히 주의해야 한다. 금융감독원에서는 상장폐지 기업들을 조사해서 그 징후를 밝히고 있다. 이런 징후를 보이는 기업의 주식에는 절대 투자해서는 안 된다.

경영권 변동이 잦은 종목

경영권이 자주 변동된다는 것은 상장폐지의 전조 증상이다. 금융감독원 조사 결과, 상장폐지된 기업 가운데 최대주주가 2회 이상 변경되었거나 대표이사가 2회 이상 변경된 기업이 절반에 가까웠다. 경영진의 안정적·지속적 경영을 기대할 수 없는 상태였다. 경영권이 바뀐 가장 큰 이유가 배임과 횡령이라는 점에서 문제의 심각성을 알 수 있다.

주된 사업이 자주 바뀌는 종목

목적 사업이 수시로 바뀐다면 상장폐지를 의심해봐야 한다. 상장폐지 기업의 절반 정도가 목적 사업을 변경했으며, 그중 상당수는 기존의 사업과 전혀 관계없는 사업을 추가하기도 했다. 보통 중심 사업 분야를 벗어나 신규사업을 벌일 경우 크나큰 영업 위험을 수반하므로 이런 징후를 유심히 살펴볼 필요가 있다.

지분법 손실이나
단일 거래처 비중이 큰 기업 종목

상장폐지 기업들은 상당수가 다른 법인에 출자하는 비중이 컸다. 단일 거래처 공급계약 체결 비중이 높고 정정 횟수도 많았다. 기업이 다른 회사의 주식을 과도하게 많이 보유하고 있다는 것은 부실 징후 가운데 하나다. 타 회사의 지분을 20% 넘게 보유하고 있고, 지분법 손실 등을 통해 순이익을 악화시키고 있는 기업은 상장폐지될 가능성이 크다고 볼 수 있다.

게다가 특정 거래처와 맺은 단일 계약 비중이 매출액의 대부분을 차지하고 공시를 정정한 횟수가 많다면 이는 거래의 실질을 의심해봐야 한다. 거래처가 부실해지면 해당 기업도 망할 가능성이 크다.

감사보고서에 특기사항이
기재된 종목

상장폐지 직전 사업연도의 감사보고서에 특기사항이 기재된 기업이 80%가 넘었다. 감사보고서란 공인회계사인 감사인이 기업의 재무제표가 적정하게 작성되었는지를 감사해서 그 결과를 공시한 보고서를 말한다. 이 보고서는 금융감독원 전자공시시스템을 통해 확인할 수 있다. 특기사항은 '계속기업going concern의 가정 불확실성'처럼 기업의 존속 자체가 불투명하고 위험한 상황이라는 것을 알려주는 사항이다. '계속기업의 가정'이란 기업이 경영활동을 청산 또는 중단할 의도가 있거나 계속할 수 없는 상황이 아니라면, 기업은 계속 존속해야 한다는 가정을 뜻한다.

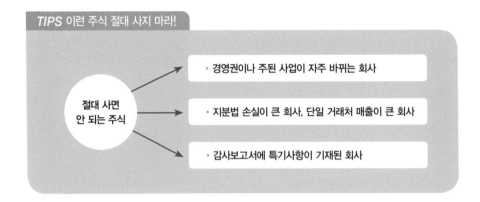

TIPS 이런 주식 절대 사지 마라!

절대 사면
안 되는 주식

· 경영권이나 주된 사업이 자주 바뀌는 회사

· 지분법 손실이 큰 회사, 단일 거래처 매출이 큰 회사

· 감사보고서에 특기사항이 기재된 회사

작전주의 패턴

작전주 주가가 상승하는 시기에 그 종목에 투자하면 원금도 못 건질 가능성이 매우 크다. 1억 원이 눈앞에서 날아가는 경험을 했다면, 아마도 이런 작전주에 속았을 것이다. 작전주를 구분하고 그런 주식에는 절대 투자하면 안 된다.

작전주란 작전 세력이 갑자기 거래량을 늘리면서 해당 종목의 주가를 널뛰게 만드는 주식을 말한다. 2019년에 크게 이슈가 되었던 작전주 있는데, 바로 주연테크였다. 당시 주연테크는 작전주의 일반적인 패턴을 잘 보여주었다.

작전주는 과연 어떤 패턴을 보였을까? 작전주의 패턴만 잘 알아두어도 투자에 큰 도움을 받을 수 있을 것이다.

작전주는 보통 주가가 지속적으로 하락하거나 정체되면서 아무도 관심이 없는 잡주(부실한 주식)의 형태를 띤다. 기존 주주들은 이때 갈등에 빠진다. 더 보유하고 있자니 재무상태는 엉망이고 다른 종목은 미친 듯이 오르고 있다. 대부분은 참지 못하고 해당 종목을 매도하기 마련이다. 나도 주식투자 초창기에

[그림 5-12] 작전주 주가 차트의 패턴(주연테크 2019. 2. 19)

주연테크 시 **944** 고 **1,093** 저 **944** 종 **1,055** ▲ **118** **+12.59%** 거 **22,445,409**

이동평균 5 20 60 120

Linear ⌄

▼최고 1,207 (-15.08%)

1,207

1,136

1,065

1,025

994

923

852

781

▲최저 662 (54.83%)

710

639

거래량 22,445,409

22.4m

15.0m

7.48m

168k

7월   8월   9월   10월   11월   12월   2019   2월   3월

2019-02-19

이런 실수를 많이 했다.

이처럼 많은 물량이 매도될 때 특정 세력들이 야금야금 해당 종목을 매수한다. 그동안 주가는 지속적으로 하락하면서 개미투자자들에게 얼른 팔라고 신호를 보낸다. 그새를 못 참고 많은 투자자가 주식을 팔게 되는데 일명 '주포'라는 세력은 일정한 물량이 확보될 때까지 그 종목을 사들인다.

이렇게 지루한 기간을 보내고 개미들이 지쳐 떨어질 때쯤 아무도 관심 없던 이 종목의 주가가 갑자기 급등한다. 그렇다. 세력이라 불리는 주포가 인위적으로 해당 종목을 비싼 가격에 사들이면서 주가를 끌어올린 것이다. 이렇게 주가가 급등하면 오늘의 특징주 등에 오르면서 주목받게 된다. 이때 호재가 있다는 식의 추측성 뉴스를 떡밥으로 뿌린다면, 개미들이 비싼 값에 덩달아 매수하면서 주가는 상한가를 치게 된다. 이때 주포는 목표주가를 달성하면서 자신의 물량을 조금씩 팔아 수익을 실현한다.

이후에 단기간에 거대한 물량이 급격하게 소진되면서 주포는 매매차익을 얻고 주가는 다시 폭락해 제자리를 찾아간다. 그 과정에서 작전주 세력인 주포는 큰돈을 벌고 개미들은 큰 손실을 보는 것이다. 작전주가 무서운 이유는 누군가는 큰 이익을, 누군가는 큰 손실을 보는 제로섬 게임이 단기간 내에 끝난다는 것이다.

주포에겐 큰 이익
개미들은 큰 손실

내가 한창 투자를 즐기던 2017년 무렵, 가장 이슈였던 작전주는 에스아이티글로벌이었다. 에스아이티글로벌은 당시 매우 유명한 작전주였다. 해당 종목은 현재 거래소에서 퇴출돼 없지만, 당시에는 주가 조작으로 임원 등 10명이 기소돼 뉴스 1면을 장식하기도 했다. 당시 망하기 직전의 PER는 -16.51배였다.

이 회사는 이미 손실이 터져 나오던 기업이었고, 주가가 오를 이유가 없는데도 주가가 폭등했다가 폭락했다.

2016년 4월, 에스아이티글로벌은 주가가 9,760원까지 올랐다가 2017년 2월 현재 644원까지 폭락하고는 거래정지 되었다. 주가 상승 시기에 이 종목에 투자했던 개인투자자들은 원금을 다 날리는 엄청난 손실을 입었다. 사기꾼들은

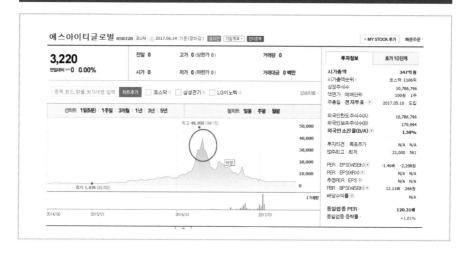

[그림 5-13] 에스아이티글로벌 주가 차트(2017. 1)

처벌을 받아야겠지만 이때 손해를 본 투자자들의 아픔은 누구도 알아주지 않는다.

작전주는 단기적으로 급등과 급락을 반복하기 때문에 주가가 고점일 때 매도하고 저점일 때 매수만 잘하면 단기적으로 고수익을 얻을 수 있다. 다만 급등하는 주가는 언제든 폭락할 수 있으니 일명 '몰빵'을 하면 원금도 못 건질 각오를 해야 한다. 만약 주가 상승 시기에 이런 종목에 투자했다면 손실에 대비한 매도 원칙이 있어야 위험을 최소화할 수 있을 것이다.

이유 없이 오르는 종목

작전주는 이익이 나지 않거나 손실이 나는데도 주가가 계속 오르는 종목에 해당한다. 이런 종목에 투자하는 투자자들은 그 주가가 앞으로 오를 만한 정보와 호재가 많다는 이유로 투자를 홀딩하게 된다. 그런데 그런 정보 혹은 소문은 모두 작전 세력이 만들어낸 가짜 재료다. 작전 세력이 미리 준비한 거액의 자금으로 주식을 투매하기 때문에 주가가 오른 것이다.

작전주의 특징은 기업의 내재가치나 이익에 비해 주가가 과도하게 높다는 것이다. 주식시장에 무수한 소문이 퍼지면서 투자자들을 현혹시킨다는 특징도 있다. 왕초보라면 수익이 나지 않거나 PER가 지나치게 높은 종목에 투자하지 않는 것이 바람직하다. 실적이 없는데도 주가가 올라가는 종목을 주의해야 한다.

거래량이 특정 시기에 집중적으로 늘어나는 종목은 작전주일 수 있으니 조심하라. 그 시점에 매수량이 몰리다가 갑자기 매도량이 쏟아지면서 주가가 급상승과 급하락을 나타내는 게 작전주의 패턴이다.

[그림 5-14] 작전주 특징을 보이는 주식 차트(썬코어)

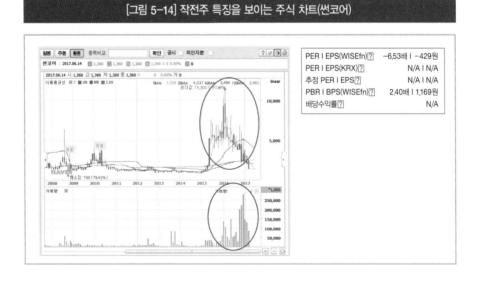

투기자본 세력이 회사 자금을 마음대로 유용하고 주가 조작을 통해 이익을 챙긴 유명한 기업이 있다. 바로 썬코어다. 썬코어는 2018년 3월에 상장폐지되었다.

[그림 5-14] 썬코어의 주가 차트를 보면 썬코어의 주가가 갑자기 특정 시기에 치솟다가 다시 폭락하는데, 거래량도 그 시기에 집중적으로 몰려 있다. 썬코어의 주가수익비율PER과 주당순이익EPS이 모두 마이너스로 실적이 거의 없는데도 주가가 폭등했다는 사실을 확인할 수 있다.

주요 상장폐지 요건(유가증권시장 상장규정 제48조)

1. 2년 연속 감사보고서상 감사 의견이 감사 범위 제한 한정인 경우

2. 최근 사업연도 사업보고서상 자본금 전액 잠식

3. 자본금 50% 이상 잠식 2년 연속

4. 일반주주 수 200명 미만 2년 연속

5. 지분율 10% 미만 2년 연속. 다만, 200만 주 이상인 경우 해당되지 않는 것으로 간주

6. 2반기 연속 반기 월평균 거래량이 유동주식 수의 1% 미만

7. 2년 연속 사외이사 수 미달 또는 감사위원회 미설치 등

8. 2년 연속 매출액 50억 원 미만

9. 회생절차 기각, 취소, 불인가 등

10. 기업의 계속성 등 상장법인으로서의 적격성이 인정되지 않는 경우(상장 적격성 실질심사)

11. 최종 부도 또는 은행 거래정지

12. 법률에 따른 해산 사유 발생

13. 주식 양도에 제한을 두는 경우

06 부동산투자, 리츠

포인트! 부동산투자를 하고 싶지만, 많은 투자금이 부담스러운 분들께 저는 리츠를 권합니다. 리츠란 부동산투자신탁으로 투자 자금을 모아 상가, 오피스텔 등에 투자하는 일종의 펀드입니다. 현재 리츠로 주식시장에 상장된 종목은 대부분 이 형태죠. 리츠란 무엇이며 수익성과 전망은 어떤지 본문에서 정리해보겠습니다.

꾸준히 성장하는 부동산 시장

부동산은 꾸준히 성장하고 있는 시장이다. 한동안 수도권을 중심으로 재개발, 재건축이 한창이었고 주택 가격은 놀라울 정도로 상승세였다. 내 집 마련에 대한 환상을 넘어 집 한 채 사면 벼락부자 된다는 말이 나올 정도로 주택 투자 열풍이 뜨거웠다.

경제 강연을 할 때마다 부동산에 대한 질문을 적어도 한 번은 받는다. 당장 목돈은 없지만 빚을 져서라도 주택이나 상가 등에 투자해야 하는 건지 묻는다.

"곽 회계사님, 부동산 가격이 미친 듯이 오르고 있습니다. 집 한 채 사서 부자 되는 사람들 보면, 나만 바보 되는 기분입니다. 지금이라도 대출받아서 부동산에 투자할까요?"

이런 질문을 받으면 나는 몇 가지 옵션을 제시한다.

"대출받아서 투자할 생각이라면 시장조사를 철저히 하세요. 부동산투자는 양도소득세와 보유세, 취득세를 잘 따져봐야 하고, 등기수수료와 중개수수료도 고려해야 손해를 보지 않습니다. 정부의 부동산 대책 때문에 세금과 거래비용이 매우 커진 상태입니다. 아 참! 많은 사람이 아직 잘 모르는 게 하나 있네요. 세금도 없고 수수료도 거의 없는 부동산투자 방식이 있습니다"

"그게 뭔가요?"

"바로 리츠REITs: Real Estate Investment Trust라는 주식입니다. 리츠는 부동산에 전문적으로 투자하는 펀드나 기업이 발행한 주식에 투자해서 임대소득 대신 배당금을 받는 형태입니다. 부동산 가격이 오르는 만큼 주가가 올라 간접적으로 시세차익을 얻는 방식이죠"

이렇게 설명해주면 부동산에 별 관심이 없던 교육생들도 인터넷으로 리츠를 검색하고 서로 토론을 벌인다. 참 재미있는 게 부동산에 투자하면 되팔기도 힘들고 여러 가지 법적인 제약이 따르지만, 리츠는 상장주식이므로 거래 과정에서 양도소득세도 없고 거래수수료도 거의 들지 않는다.

높은 배당수익률

우리나라에서는 에이리츠, 케이탑리츠, 모두투어리츠 등이 주식시장에 상장되어 있으며 자세한 정보는 국토교통부의 리츠정보시스템에 들어가 보면 알 수 있다. 이들의 배당수익률은 6~10% 정도로 매우 높은 편이다. 투자 원금 대비 배당이 이 정도인 주식이 흔하지 않기 때문에 투자자들이 점점 늘고 있다.

리츠에 투자하는 방법은 첫째 주식시장에 상장된 리츠 주식을 사는 것, 둘째 새로 만드는 리츠가 공모를 실시할 때 참여하는 것이 있다. 리츠 투자 대상을 선택할 때는 판매 회사, 외부 평가기관 및 부동산신탁회사의 도움을 받는 방법이 있다. 보통은 증권사나 은행에 가서 상담받아 투자 대상을 정한다.

리츠는 국내 주식시장에서는 아직 생소한 분야이지만 홍콩, 미국 등에서는 이미 보편화돼 있다. 리츠의 장점은 부동산투자와는 달리 원금이 어느 정도 보장되고, 주식 처분으로 부동산을 처분하는 효과를 누림으로써 환금성이 높다는 것이다. 리츠는 은행 적금보다는 높은 수익을 내면서 안정성도 어느 정도 보장하므로 분명히 좋은 투자 대안이라고 할 수 있다.

07 자사주 매입은 호재다

포인트! 특정 종목이 갑자기 폭등할 경우, 그 이유를 알아야 하는데 그 이유가 자사주 매입이라면 그건 분명 호재입니다. 그런 종목은 사둘 필요가 있습니다. 기업이 자사주를 매입한다는 것은 기존 주주들의 가치를 높이려는 회사의 의사결정 결과라고 할 수 있기 때문입니다. 자사주 매입과 더불어 자사주 소각도 그 종목에는 호재입니다. 왜 그런지 알아보겠습니다.

자사주 매입의 효과

근래에 넷플릭스가 뉴욕 증시에서 17% 폭등한 일이 있었다. 그 전날, 장 마감 이후 내놓은 실적 보고서와 자사주 매입 검토 덕분이었다.

지난주 넷플릭스가 자사주 매입의 첫 신호탄을 쏘아 올리며 이 소식이

전해진 당일 하루에만 주가가 17% 폭등했다. 이번 주 마이크로소프트 (MS), 애플, 테슬라, 페이스북을 비롯한 대형 기술업체들의 실적도 예정 돼 있어 투자자들의 기대가 크다.

자사주 매입은 유통 주식 물량을 줄여 주가 상승 요인으로 작용한다. 특히 사상 최고를 달리는 뉴욕 증시에서 자사주 매입 소식은 추가 상승 여력을 제공할 수 있다. 다코타자산운용의 로버트 파블리크 시니어 포트폴리오 매니저는 "누군가가 주가를 지지해주는데 그것이 바로 해당 주식의 회사"라고 말했다. - 〈뉴스1〉(2021년 1월 26일자)

과거에 기업의 주가가 낮아질 조짐이 보이면 주가를 부양하기 위해 자사주 매입을 하곤 했다. 2021년 1월에는 넷플릭스가 뉴욕 증시에서 17% 폭등한 일이 있었는데 이는 자사주 매입 덕분이었다.

미국 상원에서는 2022년 8월 자사주 매입으로 주가를 부양하는 행위에 제동을 걸기 위해 자사주 매입에 세금을 매기기 시작했다. 회사돈을 자사주 매입에 사용하지 말고 신사업과 고용에 투자하라는 취지다. 자사주 매입이 효과적인 주가상승 신호라는 것은 누구나 인정하는 사실이다.

왜 자사주를 매입하는 걸까?

기업의 자사주 매입은 주가 상승의 신호탄으로 해석되는 것이 시장의 관행이다. 왜냐하면 자사주를 매입하는 이유는 대부분 구조조정을 통해 경영 합리화를 이루었거나 영업 실적이 좋아 자금이 많아짐에 따라 주주권을 조정하려는 의도일 가능성이 크기 때문이다. 주주 가치를 높여주려는 의도도 있을 것이다.

자사주 취득은 주식시장에 유통되고 있는 주식 수를 줄여 기업가치에 비해 주가를 올리는 효과가 있다. 그럼으로써 주가가 안정되고 기존 투자자들은 더 큰 힘을 받는다. 게다가 취득한 자사주를 소각하면 주가는 더욱 급등하게 된다. 왜냐하면 전체적으로 주식 수가 줄어들면서 이익이 늘고 1주당으로 환산되는 지표인 주당순이익EPS: Earning Per Share, 주당순자산가치BPS: Book-value Per Share가 늘어나 PER가 낮아지기 때문이다. 저PER주가 좋다는 것은 앞에서 설명했다.

예를 들어 자본의 시장가치가 2억 원인 회사의 주식 수가 200만 주에서 100만 주로 줄었다면 자본의 시장가치가 거의 동일하다는 가정하에(기업의 시장가치는 주식 소각에도 거의 영향을 받지 않는다) 1주당 가치는 100원에서 200원으로 커지게 된다. 기존 투자자는 가만히 앉아서 주가가 오르는 것만 구경하면 된다.

투자자의 권익 보호를 위해 자사주 매입 및 소각을 하는 경영 방침은 장기적으로 기업 이미지를 상승시키고 신뢰를 향상시켜 기업가치의 상승에도 이바지한다. 이는 자사주를 매입할 만큼 유동성이 풍부하다는 신호로 받아들여져 시장에서 해당 종목에 대한 수요가 증가하는 요인도 된다. 자사주 매입은 여러모로 호재가 분명하다.

투자 고수들 가운데는 자사주 매입 같은 신호를 잘 포착해서 수익률을 높이는 사례가 많다. 주식시장에서는 자사주 매입을 일종의 매수 신호로 보아 관련 정보만 쫓아다녀도 큰돈을 번다는 내용이 주식투자 카페에서 일종의 명제처럼 떠도는데, 근거 없는 말은 아니다.

6장

매수, 매도 타이밍
어떻게 잡나요?

01 매수 타이밍 잡는 법?

주식은 "싸게 사서 비싸게 팔아" 이익을 남기는 원리이죠. 종목이 쌀 때와 비쌀 때를 구분할 줄 알아야 주식에서 돈을 번다는 뜻입니다. 즉 주가가 저평가되었을 때가 쌀 때인데, 저평가 여부를 알아야 돈을 벌 수 있습니다. 주가의 저평가 여부를 파악하려면 EPS, PER 등 재무비율을 활용해야 합니다. 또한 순이익률 등 수익성 지표 대비 주가가 적정한지 등도 따져보아야 하고, 차트를 통해서 주가가 상승 추세에 있는지도 봐야 합니다. 이를 종합해서 매수 타이밍이라고 판단되면 과감하게 투자해야 합니다.

저평가 여부 분석하기

경제활동에서 이득을 보는 원칙 가운데 하나는 "싸게 사서 비싸게 파는 것"이다. 기업의 내재가치에 비해 현재 주가가 충분히 저렴한가를 파악하라는 것인데, 거기엔 여러 가지 기법이 있다.

흔히 PER가 업종 평균이나 유사 기업에 비해 낮은 경우 저평가되었다고 보며, 순이익률 등을 통해 수익성까지 검토하면 저평가 여부를 확실히 알 수 있다. 저평가된 주식은 매수하는 것이 좋다. 또한 차트에서 주가가 상승세에 있으면 상대적으로 내재가치에 수렴하는 과정으로 판단하고 매수하는 것이 좋다.

간혹 외국인투자자들이 특정 종목에 대규모 투자했다가 기업에 대한 전망 때문에 대량으로 매도하고 시장에서 떠나는 경우가 있다. 내재가치에 비해 주가가 갑자기 폭락하는 종목의 경우, 이에 해당하는지 조사해볼 필요가 있다. 만약 주가가 폭락한 이유가 그런 비정상적인 충격 때문이라면 내재가치에 비해 현저히 저렴한 주가에 매수할 수 있는 기회라고 보면 된다.

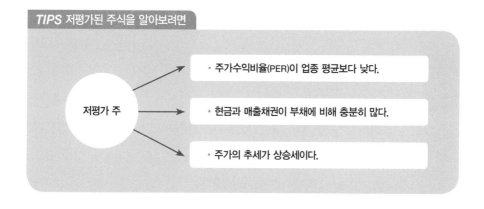

매수 타이밍 분석 사례
— 대림건설

매수 타이밍 분석 사례로 대림건설(001880) 이라는 종목을 살펴보자. 대림은 2021년 3월 DL건설로 명칭이 바뀌었다. 사례 분석일인 2021년 1월 기준으로는 대림건설이어서, 여기서는 그 명칭을 일

[그림 6-1] 대림건설 주식 매수 타이밍

부 사용한다. DL건설은 대림그룹 계열의 종합건설사다. 1956년 '천광사'라는 이름으로 설립한 후 1981년 종합건설업체로 발돋움하면서 사명을 '삼호'로 변경했고, 2020년 고려개발과 합병해 '대림건설'로 변경했다가 DL건설로 재변경했다.

대림건설은 2020년 3월 20일 주가가 10,650원으로 최저치를 기록했고, 2021년 1월 최고 주가 41,000원으로 4배 가까이 상승했다. 이 종목의 최저점에서 매수 타이밍을 잡았을 경우 300% 이상의 수익률을 달성할 수 있었을 것이다. 그런데 과연 매수 타이밍을 맞출 수 있었을까?

몇 가지 기본적인 분석만으로도 정확히 예측할 수 있었다고 판단된다.

대림건설은 [그림 6-1]처럼 최저점이었던 2020년 3월의 PER를 조회해볼 수 있다. 네이버 증권에서 해당 종목의 차트 아래에 재무분석을 할 수 있는 다양한 정보가 나온다. 주가의 최저점 시점의 PER를 보면 [그림 6-2]와 같다.

[그림 6-2] 대림건설 매수 타이밍의 PER

기업실적분석　　　　　　　　　　　　　　　　　　　　　　더보기·

주요재무정보	최근 연간 실적				최근 분기 실적					
	2017.12	2018.12	2019.12	2020.12(E)	2019.09	2019.12	2020.03	2020.06	2020.09	2020.12(E)
	IFRS 별도	IFRS 별도	IFRS 별도	IFRS 별도	IFRS 별도	IFRS 별도	IFRS 별도	IFRS 별도	IFRS 별도	IFRS 별도
매출액(억원)	8,586	9,656	12,799	16,840	3,151	3,030	4,247	3,408	4,602	4,583
영업이익(억원)	838	909	1,430	2,290	334	281	699	463	531	598
당기순이익(억원)	646	645	951	1,712	277	26	537	362	436	376
영업이익률(%)	9.76	9.41	11.17	13.60	10.59	9.28	16.45	13.58	11.54	13.05
순이익률(%)	7.52	6.68	7.43	10.17	8.80	0.87	12.64	10.64	9.48	8.20
ROE(%)	22.24	18.70	23.04	26.63	27.51	23.04	26.44	24.79	21.85	
부채비율(%)	139.26	116.55	86.03		92.34	86.03	97.84	76.72	96.42	
당좌비율(%)	268.19	223.93	197.61		225.42	197.61	184.99	220.34	208.19	
유보율(%)	320.72	384.68	503.53		501.51	503.53	566.26	614.02	578.33	
EPS(원)	4,256	4,251	6,265	8,886	1,827	173	3,536	2,388	1,872	1,613
PER(배)	3.52	3.39	3.17	4.24	2.79	3.17	1.90	3.27	3.04	23.34
BPS(원)	21,251	24,218	30,162	35,517	30,062	30,162	33,299	35,701	33,913	35,517
PBR(배)	0.71	0.59	0.66	1.06	0.68	0.66	0.45	0.73	0.71	1.06
주당배당금(원)		250	400	400						
시가배당률(%)		1.74	2.02							
배당성향(%)	-	5.88	6.38							

· 분기 실적은 해당 분기까지의 누적 실적에서 직전 분기까지의 누적 실적을 차감하는 방식으로 계산되므로,
　기업이 공시한 분기 실적과 차이가 있을 수 있습니다.
· 컨센서스(E) : 최근 3개월간 증권사에서 발표한 전망치의 평균값입니다

모르면 두렵고
어리석은 선택을 한다

　　　　　2020년 3월 공시된 대림건설(DL건설)의 PER는 1.90이다. 동종 종목의 PER가 거의 10에 가깝다는 것을 보면 매우 저평가된 종목임을 알 수 있다. 이 시기의 주당순이익EPS은 3,536원으로 다른 시기의 주당순이익과 비교해보더라도 이익은 높고 주가는 1만 원 초반에 형성되어 비정상적으로 낮았다. 이때가 바로 매수 타이밍이다.

　그런데 왜 많은 투자자가 선뜻 그 주식을 매수하지 못했을까?

개미투자자들은 기본적 분석을 하지 않고, 주가의 추세만 보고 겁을 먹기에 그렇다. "주가가 더 떨어지지 않을까?" 이런 생각에 투자를 망설인다. 이럴수록 기본으로 돌아가 기본적 분석에 입각해서 믿고 투자하는 것이 필요하다.

"이 종목이 폭락하지는 않을까?" 이런 걱정을 잠식시키는 것은 재무적 분석이다. 최근 분기 실적과 연간 실적을 봐야 한다. 대림건설(DL건설)의 경우 매출액이 꾸준히 상승하고 있었고, 합병으로 규모의 경제를 달성했으며, 수익률 지표인 자기자본이익률ROE이 지속적으로 20%를 넘고 있었다. 매우 우량한 블루칩이었다. 게다가 적정 주가의 4분의 1 가격인 1만 원대에 주가가 형성되어 있으니 영끌이라도 해서 사야 하는 시점이었다.

02 악재 터졌을 때가 살 때다

앞서 이야기했지만, 주식은 "쌀 때 사서 비싸게 팔아야" 수익이 나는데 그 '쌀 때'를 알려주는 이야기를 또 해보겠습니다. 그것은 바로 그 기업에 악재가 터져서 일시적으로 주가가 떨어진 경우입니다. 기업의 펀더멘털은 그대로인데 갑자기 발생한 외부 충격으로 일시적으로 주가가 하락할 때가 있습니다. 이런 종목은 시간이 지나면 원래 가치로 주가가 수렴하게 되므로 그때가 바로 매수 타이밍이라고 할 수 있습니다.

주가 형성의 원리를 이해하자

주가가 조금이라도 쌀 때 사는 것이 수익률을 높이는 데 유리하다는 것은 누구나 아는 사실이다. 그런데 언제가 주가가 쌀 때란 말인가?

주가가 싸다는 것은 기업의 본질적 가치인 내재가치에 비해 현재 주가가 낮다는 뜻이다. 기업의 주가는 내재가치대로 정해지는 것이 아니라 주식시장에서 주주들의 수요와 공급으로 결정된다. 정확히 말하면 매도호가와 매수호가가 일치되는 지점에서 주가가 결정되니 비싸게 사려는 세력이 많을수록, 비싸게 팔려는 세력이 많을수록, 가격은 오르게 되어 있다. 반대로 주식시장에서 싸게 팔아서라도 빠져나가려는 보유자들이 많을수록 주가는 떨어진다.

기업의 펀더멘털은 그대로인데 외부 악재로 주가가 급락하는 경우를 종종 본다. 시장에서 주가가 내재가치로부터 일시적으로 이탈하더라도 주가는 회귀하려는 성질이 있기 때문에, 악재가 있는 이때가 해당 종목을 매수할 기회다. 물론 그 악재가 기업의 존립에 심각한 영향을 미칠 정도라면 주가는 회복되기 어려울 것이다. 심한 경우 주가가 폭락하다 못해 기업 경쟁력이 악화되면서 상장폐지된다면, 주식은 휴지조각이 된다. 그러므로 악재일 때 무조건 해당 종목을 매수해야 하는 것은 아니다.

돈 벌어다주는 악재

그렇다면 어떤 악재가 매수 타이밍일까?

주가와 기업가치의 폭락이 단기적이고, 다시 회복할 정도로 기업의 안정성과 수익성이 괜찮으며, 기업의 시장경쟁력이 좋아 금방이라도 다시 성장할 수 있는 경우라면 주가 폭락은 주식을 사라는 신호가 될 수 있다. 기업의 안정성, 수익성, 성장성의 본질에 영향을 미치지 않는 표면적인 악재인 경우가 그렇다.

그런 매수 타이밍의 대표적인 사례로 애플과의 특허 침해 소송에서 삼성전자가 패소한 사건을 들 수 있다. 2012년 하반기 최대 이슈였던 이 사건 때문에 많은 전문가가 삼성전자 주가에 악재라고 입을 모았다.

그런데 기관투자자들만 삼성전자를 팔았고, 외국인과 개인투자자들은 오히려 각각 1,700억 원, 2,017억 원을 순매수했다. 이때 외국계 증권분석가들은 단기적으로는 삼성전자의 주가 하락을 예상했지만, 삼성전자의 기업가치 자체는 큰 영향을 받지 않을 것으로 전망했다.

미국 시장은 삼성전자의 스마트폰 매출의 20% 정도를 차지한다. 판결 결과 특허 침해가 인정되었기에 미국에서 삼성 스마트폰 판매가 금지될 가능성이 커 보였다. 그러나 판매금지 조치는 이루어졌어도 갤럭시S 시리즈가 소송에 포함되지 않았다는 점에서 실적에는 큰 영향을 받지 않았다.

이때가 바로 매수 기회다. 단기적으로 삼성전자 주가가 떨어질 것이고 몇 년만 버티면 큰돈을 벌 것이 당연했다. 삼성전자가 애플에 특허 사용료를 지불하더라도, 사용료는 통신사업 부문 영업이익의 3%밖에 되지 않았다. 그런데도 주가는 열흘 동안 5%나 하락했다.

이 사건 이후 삼성전자의 실적은 건실했다. 몇 년이 지난 지금 삼성전자의 실적은 놀라울 정도로 성장했고, 주가는 당연히 실적을 상회할 정도로 상승세를 이어왔다. 당시 주가 하락을 기회로 보고 삼성전자에 투자했던 투자자들은 평소보다 큰 이익을 얻었을 것이다.

떨어질 만해서 떨어지는 종목

이와 달리, 실적이 지속적으로 하락할 만한 악재로 주가가 꾸준히 내려가는 종목에는 절대 투자하면 안 된다. 대표적인 종목이 삼성엔지니어링이다. 삼성엔지니어링 주가가 지속적으로 떨어져 이미 바닥을 친 상황이므로 매수 타이밍이라고 한 증권사 애널리스트들도 많았지만, 그 이야기를 믿고 투자한 사람들은 수익을 보지 못했다. 삼성엔지니어링의 주가가 지속적으로 하락한 것은 일시적 악재 때문이 아니었다. 계열사 수주 외에는 수요가 불확실하다는 근본적인 악재가 있었다.

따라서 악재를 이용해 종목을 매수하고자 한다면 본질적으로 수익성과 성장성에 악재가 있는지를 잘 따져보아야 하며, 이는 철저한 재무분석에 기초를 둔다. 수익률이 꾸준히 높은지, 현금 보유량이나 유동성 비율은 충분히 높은지 등을 살펴보아야 한다.

03

약세장에서 매수,
강세장에서 매도하라

포인트! 대부분의 투자자는 주가가 바닥을 기는 약세장에서 손절매를 한다고 매도합니다. 그리고 손해를 보지요. 그러나 급격한 약세장일 때가 오히려 내재가치를 믿고 투자할 기회입니다. 블루칩보다 단기 테마주의 주가가 급등해서 정점을 달리고 있을 때는 오히려 매도해야 합니다. 주식시장에서는 남과 다르게 행동해야 할 시점이 있습니다. 그때가 언제인지 잘 파악해도 큰 이득을 볼 수 있습니다. 무조건 남과 다르게 행동하면 안 되고, 기준이 있어야 하는데 그 기준에 대해 자세히 알아봅시다.

약세장 여부를 어떻게 파악할까?

우리는 심리적으로 부정적인 상황 속에서는 계속 부정적인 생각을 지속하려 하고 이에 집착하는 경향을 보인다. 재무관리에서 손실 회피 성향loss aversion이라는 이론이 나오는데, 이는 사람들이 이익보다는 손실에 민감하게 반응한다는 가설을 입증한다. 주식투자에서도

[그림 6-3] 약세장의 주가지수(코스피 2017. 8. 29.)

이런 현상이 자주 발생한다. 약세장에서 투자자들이 투자를 망설이거나 보유 중이던 멀쩡한 종목도 매도해버리는 경우가 그렇다.

여기서 약세장이란 여러 시장 지표가 고점보다 20% 정도 하락한 상황을 말한다. 시장 조정으로 10% 하락을, 시장 하락으로 5% 하락을 말하기도 한다 (《블룸버그》 "How to Spot a Bull or Bear Market"). 솔직히 이런 기준들은 참 모호하다. 20%라는 기준이 어디서 나왔는지에 대해 실증적인 데이터가 없다. 그 냥 임의로 설정한 기준일 뿐이다.

어쨌든 약세장은 시장 전체 지표가 평소보다 많이 떨어진 상태라고 보면 된다. 경제뉴스나 증시 현황을 보면 언제가 약세장인지 금방 파악할 수 있다. 우리나라에서 약세장이 발생했던 시기로는 1997년 IMF 금융위기, 2001년 벤처 버블 붕괴, 2008년 금융위기 등이 있다.

약세장이 매수 기회인 이유

주식투자를 아무리 오래한 사람이라도

약세장이 조금만 지속되면 투자를 포기하거나 손절매해버리는 경우가 많다. 이는 약세장이 장기화되어 몇 년간 지속될지 모른다는 공포 때문일 것이다. 하지만 영원한 강자가 없듯이 영원한 약자도 없다. 아무리 약세장이어도 일정 시점이 지나면 다시 강세장으로 전환되기 마련이다. 경제학자들이 연구한 데이터를 보면, 불황이 있으면 순환에 의해 호황이 온다. 이 원리는 주식시장에도 동일하게 적용된다.

2020년에 주식시장에 일어난 현상도 약세장에서의 매수 기회가 얼마나 중요한지 잘 보여준다. [그림 6-4] 차트는 2018년부터 2021년 초까지의 코스피

[그림 6-4] 코로나 팬데믹 저점과 2021 주가지수 흐름

지수 추세를 나타내고 있다. 2020년 상반기는 코로나19로 경제 충격이 있던 시기이고 주가지수가 최저 1,439였다. 이때가 기회라는 것을 알고 우량주에 투자했던 사람들은 2021년 초 3,266까지 오른 강세장에서 100% 이상의 수익을 얻었을 것이다.

모두가 망하는 길을 따라 돌진할 때 그들과 달리 생각해야 큰돈을 벌 수 있는 곳이 주식시장이다. 강력한 강세장 이후에는 더 강력한 약세장이 오기 마련이다. 실제로 경제위기 이후 주식시장이 성장 곡선을 그리며 정점을 찍은 다음 3년 안에 주가지수가 폭락한 사례가 많다. 그런 시기에 우량주들의 PER^Price Earning Ratio는 거의 1에 수렴하게 된다.

2001~2002년의 벤처 버블 붕괴 약세장에서는 우량주라 할 수 있는 신세계, 농심 등의 PER가 2~5 정도로 낮게 형성되었다. 저PER주(PER가 업종 평균보다 낮은 종목)에 투자해야 나중에 큰 시세차익을 볼 수 있다고 앞서도 이야기했듯이, 그런 시기가 주식투자를 하기에 가장 좋은 시점이다.

주식시장의 과열 여부
어떻게 아나?

앞서 급격한 약세장일 때 매수하라고 했는데, 이번엔 반대로 급격한 강세장일 때를 생각해보자. 급격한 강세장에서는 매도를 적극적으로 고려해야 한다. 일명 '거꾸로 투자법'인데, 핵심은 루머에 휘둘리지 않고 대부분의 투자자와는 다른 생각으로 투자 시점을 잡는 것이다. 급격한 약세장에서는 종목을 사고, 급격한 강세장에서는 종목을 파는 것이 좋다.

급격하게 증가하는 주식시장에서는 강세장이 지속되기가 어렵다. 물론 기업가치가 점진적으로 상승하면서 경제 성장이 일어나는 동시에 주식시장이 성장하는 것이라면 강세장도 지속될 수 있다. 그러나 투자자들의 기대가 반영돼 주식시장이 비정상적으로 폭등하는 경우, 그런 증가세는 금세 하락세로 전환된다. 이를 재무이론에서는 '오버슈팅overshooting'이라고 한다. 비정상적인 과열인 것이다.

이런 상황에서는 주변에서 갑자기 주식투자를 해야 한다는 여론이 형성되거나 PER가 20~60배를 웃돌면서 상식적으로 이해할 수 없는 수준의 지표가 발견된다. 이럴 때는 자신이 보유한 종목 중에서 고평가돼 있는 종목의 매도를 고려하는 것이 좋다.

거꾸로 투자법은 기본기가 중요

거꾸로 투자 전략을 구사하려면 약세장이 어떤 형태인지, 강세장에서 해당 종목이 저평가 또는 고평가되어 있는지를 판단할 수 있어야 한다. 가치투자 원리나 차트 분석의 원리에 대한 기본기는 바로 이때 필요하다.

지금 단계에서 초보자들이 간단하게 적용할 수 있는 주식 거래의 시점을 포착하는 원리가 있다. 우선, 경제적 사건을 잘 파악해서 약세장이라고 판단되면 경제뉴스나 애널리스트들의 의견을 찾아보면서 어느 종목에 투자할지 리서치를 해본다. 전문가들의 견해가 항상 옳은 것은 아니지만, 그래도 어느 정도는 신뢰할 만한 근거가 있기 때문에 그들의 의견을 참고해서 나쁠 것은 없다. 이때 주위에서 내부 정보라고 하면서 알려주는 정보는 제대로 검증되기 전에는 섣불리 믿지 말아야 한다. 실제로 약세장에서 다시 반등할 것이라는 소문에 넘어가 투자했다가, 해당 기업의 주가가 계속 하락해 거래정지 및 상장폐지가 된 사례가 많았다.

경제지표를 볼 때 이자율이 오르거나 우량주의 인기가 시들하다는 신호가 나타나면 조만간 하락장이 될지 모른다고 예상하고, 지나치게 고평가된 종목들의 처분 여부를 고민해봐야 한다. 가치투자를 하는 투자자들은 이럴 때도 기업의 내재가치를 믿고 계속 보유해도 좋다고 생각한다. 경기 변동에도 불구하고 장기투자를 통해 결국 이익을 실현할 수 있으므로 기업가치를 믿고 종목을 홀드하는 것도 하나의 전략일 수 있다.

04

블루칩 종목,
고위험 주식의 매매 타이밍

포인트! 주식은 블루칩, 작전주, 저평가주 등 다양한 종류로 분류할 수 있는데, 종류와 성격에 따라 매도 타이밍이 달라야 합니다. 경제 상황의 변동에 민감한 종목들은 매도 타이밍 잡기가 더 어렵습니다. 단순히 PER, ROE 같은 지표만 보고 매도했다가는 바닥일 때 팔아서 손해 보기 십상이죠. 블루칩과 고위험 주식 등 다소 까다로운 종목은 매수보다 매도 타이밍이 중요한데, 주식 고수들이 말하는 매도 타이밍 잡기 방법을 알아봅시다.

블루칩 매도 타이밍이 어려운 이유

매수할 종목에 대해서는 주식투자계에 다양한 이론이 존재한다. 그만큼 좋은 종목을 고르고 투자할 타이밍에 관심이 많다는 증거다. 그런데 주식을 언제 팔아서 수익을 실현해야 할지에 대해서는 크게 신경을 쓰지 않는 것 같다. 어찌 보면 매도 타이밍을 잡는 것이 매수 타이밍을 잡는 것보다 더 중요할 수 있다.

매도 타이밍을 잡는 데 실패하는 대표적 종목이 대형 블루칩들이다. 블루칩 종목으로 분류되는 대형 우량주는 충분히 주가가 올랐다고 해도 아직 목표주가에 도달하지 않은 경우일 가능성이 크다.

내 주변에도 목표주가에 도달하기 전 성급하게 팔아치우고 후회하는 투자자들이 많다. 해당 종목의 시장 컨센서스에 따르면, 목표주가는 50만 원인데 주가가 25만 원을 방금 넘긴 경우가 가장 갈등이 되는 상황이다.

20만 원에 샀는데 지금도 충분히 주가가 높은 상태라는 기사라도 뜨면 "지금이라도 팔아서 수익을 실현하고 나갈까?"하고 고민하게 된다. 시장에서는 25만 원인 현재 주가가 고평가되었다고 하는데 곧 30만 원을 돌파한다. 이럴 때는 처음 목표로 삼은 50만 원이 너무 낙관적이라는 생각에 서둘러 매도하고 만다. 그런데 이상하게도 주식을 팔고 나니 더 올라서 결국 50만 원을 돌파한다. 애초에 자신의 판단을 믿고 끝까지 보유하다가 목표주가에 도달할 때 팔았으면 수익을 두 배는 더 낼 수 있었겠지만, 이미 후회해도 늦은 일이다.

주식투자를 하는 사람치고 수익률 몇 퍼센트를 기대하는 사람은 없다. 적어도 2배, 3배 올라서 몇 백 퍼센트의 수익을 올리는 것을 꿈꾸면서 주식투자를 한다. 그런데 초고수익률을 달성하려면 적어도 그 정도로 주가가 오른 다음에 팔아야 하며, 그만큼 매도 타이밍을 잘 잡아야 한다.

블루칩은 PER를 보라

블루칩 종목은 언제가 최적의 매도 시점일까?

보통 블루칩 종목에서 주가가 몇 배 상승하는 것을 노리는 것은 바보 같은 일이다. 예외로 삼성전자는 10년만 일찍 투자했다면 거의 10배에 가까운 주가 상승을 맛보았겠지만, 이런 경우는 흔치 않다. 대부분의 우량 블루칩 종목은 주가가 이미 내재가치만큼 상승해 있으며, 앞으로 기업의 실적이 좋아지거나 경제가 성장하면서 상승할 주가를 기대하면서 투자하는 것이 정상이다.

그런 종목은 경기 상황에 따라 주가가 큰 폭으로 변동하지 않는다. 따라서 가치투자 원칙에 따라 재무분석과 기본적 분석만 잘해도 매도 타이밍을 잡는 데는 어려움이 없을 것이다.

구체적으로는 PER^{Price Earning Ratio}(주가 ÷ 주당순이익)가 충분히 상승해 고평가되었다고 판단되는 시점에 팔면 그래도 고점에서 파는 셈이다. PER는 해당 종목의 주가가 수익 성과에 비해 얼마나 높이 형성되어 있는지를 나타내는 지표이므로 PER가 충분히 높다면 이미 주가가 고평가돼 있다고 보아도 된다. PER가 높다는 기준은 업종의 평균 PER를 검색해서 이를 기준으로 삼는 것이 현명하다.

보통 주가는 미래 수익의 현재가치라고 볼 수 있다. 미래 수익은 현재 실적인 순이익으로 추정하게 되어 있으므로 현재 순이익에 비해 주가가 과대평가돼 있다면 팔아도 손해는 아니라는 이야기다. 때로 이런 징후를 알면서도 "나는 운이 좋아서 주가가 더 떨어지기 전에 팔고 나갈 수 있다."라고 생각하는 사람들이 있는데, 대부분이 착각이다. 이런 기본적 징후가 나타나면 빨리 처분하는 것이 위험을 줄이는 일이다. 파는 것을 망설이지 말자.

또한 ROE^{Return On Equity}(자기자본이익률)가 지나치게 높아서 실적이 사상 최대 또는 호재라고 판단된다면 지금이 팔아야 하는 시기일 수 있다. 실제로 2017년 2분기에 최대 실적을 올린 삼성전자의 주가도 244만 원을 넘어서면서 외국인

투자자들이 대량으로 매도하기도 했다. 이때가 팔아서 수익을 실현할 타이밍이라고 본 것이다.

성장세가 둔화될 때 매도

앞서도 이야기했지만, 기업의 주주 우대 정책의 일환으로 자사주를 매입하게 되면 이때는 주식을 매수할 타이밍이다. 이는 분명 주가에 호재이고 실제로 주가가 오를 가능성도 높기 때문이다. 반대로 자사주 매입 추이가 둔화되거나 자사주를 매도하는 경우에는 해당 주가의 상승이 둔화되거나 하락할 가능성도 있다. 이때는 과감하게 매도해야 한다.

아울러 기업의 성장세를 잘 보아야 한다. 매출액 성장률이나 이익 성장률이 둔화되는 조짐이 보이면 매도할 때라고 생각하는 것이 좋다. 성장세가 둔화되는 만큼 주가 성장도 멈출 것이기 때문이다.

고위험 주식은 시장 컨센서스를 보라

시장 상황과 주가는 밀접하게 연결돼 있기 때문에 기업의 본질만 봐서는 매도 타이밍에서 오류가 나는 종목도 많다. 경기 변동과 외부 충격에 민감한 종목들이 그런데, 이런 종목들은 기본 분석만으로는 매도 타이밍을 잡아내기가 어렵다. 단순히 PER, ROE, 성장률만 보고 매도했다가는 바닥일 때 팔아서 손실만 볼 수도 있다. 그런 종목은 경제 상황, 산업 상황을 보고 매도 타이밍을 잡아야 한다.

특히 철강산업, 건설업, 화학산업, 바이오산업 등이 그렇다. 이런 종목들은 기업의 실적과 주가가 경제 상황과 그 산업의 추이에 달려 있다. 예를 들어, 메디톡스나 셀트리온은 PER가 업종 평균보다 지나치게 높은데도 보톡스 시장의 호황과 독점적 산업구조로 주가가 폭발적 상승세를 보여왔다.

이처럼 경제 상황의 변동에 민감하게 반응하는 종목은 매출액 추세가 둔화되거나 재고 자산이 증가하는 시점이 적절한 매도 타이밍일 수 있다. 또한 현재 영업이익이 마이너스라 해도 앞으로 수익성에 호재가 있다면 매도해서는 안 된다. 이런 경우 나중에 수익성이 개선돼 영업이익이 증가했을 때 주가가 상승한다.

가장 좋은 매도 타이밍 잡기는 역시 시장 컨센서스를 확인하는 것일 수 있다. 시장에서는 전문가들이 주기적으로 목표주가를 조정해서 공시하므로 이를 기준으로 목표주가에 근접했을 때 매도하는 것도 한 방법일 것이다. 네이버 금융이나 에프앤가이드에서 종목을 검색하면 매수 의견과 함께 목표주가를 공개하고 있으니 참고하기 바란다.

05 신규상장 주식이
대박이라던데?

포인트! 신규상장 주식은 단기적으로 기업의 내재가치가 주가에 반영되지 않았으므로, 향후 주가가 크게 오를 것이라고 생각하는 사람이 많습니다. 기업의 내재가치가 좋다면 미래에 주가가 크게 오르겠지만, 기업의 내재가치가 형편없는 수준이라면 얼마 가지 않아 주가가 폭락할 것입니다. 주식투자에 '무조건'은 없습니다. 신규상장 종목이라 해도 기본적 분석을 철저히 하고 투자 여부를 결정해야 합니다.

신규상장 주식이 '레몬'이라면?

2017년 들어 게임업계의 유망 기업들이 신규상장을 앞두고 있었다. 그중 '넷마블게임즈'라는 회사가 특히 이슈가 되었다. 이 기업은 신규상장이 되자마자 투자하면 큰 이득을 볼 것으로 전망하는 전문가가 있을 정도였다. 메디톡스나 휴젤 등도 신규상장에 이어 3년 만에 2000%의 엄청난 수익률을 기록했다.

신규상장 주식에 투자하거나 비상장 상태에서 상장 예정인 주식에 투자하면 큰돈을 벌 가능성이 있다. 상장 초기에는 발행가액에서 시작해 해당 기업의 내재가치가 시장에 아직 잘 알려지지 않았기에 그렇다. 그래서 신규상장 종목 가운데는 저평가된 주식이 많을 수밖에 없다.

경제계에는 일명 '레몬lemon'이라 부르는 것이 있다. 주식도 겉은 멀쩡해 보여도 속은 시큼한 레몬처럼 썩은 게 있다. 기업이 주식시장에 상장은 했지만 알고 보면 재무 구조가 별로이고, 수익성도 없으며, 미래 성장 가능성도 거의 없는 경우 그 주식은 레몬이다. 꼼꼼한 종목 분석 없이 신규상장 종목이라고 해서 무조건 투자하다가 레몬 주식을 살 수도 있다.

신규상장이라고 해서 단기적으로 무조건 대박을 내는 것은 아니다. 유니온커뮤니티 사례가 대표적이다. 2016년 12월 상장 당시 공모가가 5천 원인데도

[그림 6-5] 유니온커뮤니티 주가 차트

폭락했고, 조정을 거쳤지만 2017년 이후에도 주가가 크게 회복하지는 못하고 있다.

2020년 신규상장 종목 중에서 가장 뜨거운 감자였던 것이 '카카오게임즈'였다. 2020년 9월 10일 코스닥 시장에 상장한 카카오게임즈는 공모주 청약에서 역대급 흥행을 거뒀는데, 시초가가 공모가의 2배에 형성된 후 2거래일 연속 상한가를 치기도 했다. 그러나 이후 주가는 폭락에 이어 끝도 없이 흘러내렸다. 카카오게임즈는 신규상장 직후 주가가 89,100원을 찍더니, 최저 42,950원까지 내려앉으면서 반토막이 났다. 2023년 3월 카카오게임즈 주가는 42,000원대를 유지하고 있다.

반대로 신규상장 이후에 주가가 상승해 안정적인 흐름을 보여주는 사례도 있다. 따라서 종목에 대한 정확한 정보를 가지고 주가를 예측해야 한다. 하루

[그림 6-6] 카카오게임즈 주가 추이

에도 수십 건의 신규상장 종목이 뜬다. 그중 옥석을 가려내려면 기업에 대해 부단히 탐색해보고 재무분석, 이슈분석, 업종·산업분석을 해야 한다. 나아가 기업 홈페이지 게시판에 글을 남긴다거나 담당자에게 연락해서 사업계획을 받아보는 노력도 필요하다.

신규상장 종목 찾기!

그럼 신규상장 종목은 어떻게 찾을까?

네이버 금융코너에 들어가서 국내증시를 클릭하면 왼쪽 아래에 신규상장이라는 메뉴가 있다. '신규상장'을 클릭하면 신규상장 종목 페이지로 이동한다.

종목들 왼쪽 아래에 코스피와 코스닥 종목을 볼 수 있는 탭이 있는데, 각각 클릭해서 신규상장 종목을 확인하고 투자 종목을 물색한다.

[그림 6-7] 네이버에서 신규상장 종목 찾기

| 코스피 코스닥 선물 |
| 코스피200 코넥스 |

시가총액 배당
업종 테마 그룹사
ETF ETN

상승 보합 하락
상한가 하한가
급등 급락

거래상위 급증 급감

투자자별매매동향
외국인매매 기관매매
프로그램매매동향
증시자금동향

신규상장
외국인보유
장외시세
IPO

▶ 투자자보호
관리종목
거래정지종목
시장경보종목

신규상장종목

항목을 자유롭게 변경하실 수 있습니다. | 최대 7개까지 설정 가능합니다.

☑ 거래량	☐ 매수호가	☐ 거래대금(백만)	☑ 시가총액(억)	☐ 영업이익(억)	☑ PER(배)
☑ 시가	☐ 매도호가	☐ 전일거래량	☐ 자산총계(억)	☐ 영업이익증가율	☐ ROE(%)
☑ 고가	☐ 매수총잔량	☐ 외국인비율	☐ 부채총계(억)	☐ 당기순이익(억)	☐ ROA(%)
☑ 저가	☐ 매도총잔량	☐ 상장주식수(천주)	☐ 매출액(억)	☐ 주당순이익(원)	☐ PBR(배)
			☐ 매출액증가율	☐ 보통주배당금(원)	☐ 유보율(%)

[적용하기] [초기항목으로]

코스피 코스닥

N	등록일	종목명	현재가	전일비	등락률	거래량	시가	고가	저가	시가총액	PER
1	2021.04.02	KINDEX Fn5G플러스	9,485	▲ 35	+0.37%	475	9,520	9,520	9,435	95	N/A
2	2021.04.02	HANARO Fn전기&수소차	10,430	▲ 50	+0.48%	95,057	10,420	10,440	10,305	83	N/A
3	2021.04.02	HANARO Fn친환경에너지	9,945	▼ 65	-0.65%	3,452	10,010	10,010	9,925	80	N/A
4	2021.03.24	신한 S&P500 VIX S/T 선물 ETN C	16,435	▼ 80	-0.48%	589	16,370	16,435	16,325	411	N/A
5	2021.03.24	삼성 S&P500 VIX S/T 선물 ETN(H) C	16,465	▼ 85	-0.51%	1,086	16,385	16,465	16,345	165	N/A
6	2021.03.24	QV S&P500 VIX S/T 선물 ETN C	16,385	▼ 150	-0.91%	12	16,425	16,425	16,385	328	N/A
7	2021.03.22	TRUE 레버리지 유로스탁스50 ETN(H) B	10,765	▲ 110	+1.03%	102	10,850	10,850	10,765	108	N/A
8	2021.03.18	SK바이오사이언스	118,000	▲ 500	+0.43%	432,443	118,500	120,000	117,500	90,270	219.74
9	2021.03.15	화승알앤에이	5,380	▼ 100	-1.82%	118,224	5,500	5,550	5,350	1,022	N/A
10	2021.03.08	대신 알루미늄 선물 ETN(H)	9,885	0	0.00%	7	9,885	9,885	9,885	99	N/A

06

PER가 오르고,
ROE 최대 시점에 매도하라

포인트!

가치투자자들도 주식 매도 시점에 관해 관심을 둡니다. 장기 보유를 하더라도 언젠가는 주식을 팔아야 이익을 실현할 수 있기 때문이죠. 매도 타이밍에 대해 정답은 없습니다. 다만, 기업의 내재가치로 추정한 적정 주가보다 지나치게 많이 상승한 경우에는 처분을 고려해보는 것이 좋습니다. 하락세를 탄 경우에도 빨리 처분 결정을 내리는 것이 좋죠. 한 가지 요령은 PER를 보는 것입니다. PER가 업종 평균을 넘어 지나치게 높아지고 있다면 앞으로 주가가 하락할 가능성이 크니 매도를 고려해봐야 합니다.

심리전에 휘말리지 않으려면

주식은 언제 사느냐보다 언제 파느냐를 알기가 더 어렵다. 왜냐하면 주가가 어디까지 오르고 언제 떨어질지 예측하기란 거의 불가능에 가깝기 때문이다. 주식투자자들은 가지고 있는 주식에 미련을 보이는 경향이 있다. 그동안 키운 주식을 버리기가 왠지 아깝게 느껴진다.

내가 가진 종목이 하락세를 넘어서 연일 손실을 보고 있다 해도, 신속하게 파는 게 심리적으로 쉽지 않다. 기업가치가 엉망이고 상황이 악화돼 주가가 하락할 때 손절매를 해야 하지만 여전히 과거 주가에 대한 미련이 남는다. 이익을 볼 때도 마찬가지여서, 더 큰 이익에 대한 기대 때문에 주식을 처분하기가 힘들다. 그래서 "주식은 심리전"이라고 하는 것이다.

매도 타이밍을 손절매와 연결하는 사람도 있다. 손절매란 특정 시점에 내가 가진 종목을 매도하는 것을 말하는데, 보통은 주가가 상승기에 있다가 하락세를 탔을 때를 손절매 시점이라고 본다. 어느 전문가는 2~3%만 하락해도 빨리 손절매를 하고 빠져나가야 한다고 하고, 또 다른 전문가는 적어도 8% 이상 주가 하락이 있을 때 손절매를 하라고 조언한다. 몇 퍼센트에 손절매를 하라는 공식은 없다. 그래서 더 어려운 것이다.

가치투자의 고수도
매도 타이밍을 고민한다

가치투자는 말 그대로 기업의 내재가치에 비해 주가가 저평가된 종목에 투자하는 것이다. 그리고 실제 주가가 내재가치만큼 오를 때까지 장기투자를 하는 것이 가치투자 방법이다. 그렇다면 손절매를 하는 것은 가치투자가 아니지 않은가?

그렇지 않다. 투자의 귀재라는 워런 버핏도 언젠가는 주식을 처분하고 현금으로 만들어서 나갈 것이다. 주식투자로 큰돈을 벌었다고 하려면 그 주식을 처분해서 시세차익을 실현해야 한다. 가치투자자도 기업의 내재가치 이상으로 주가가 오르거나 기업 환경이 급변하면 종목을 처분한다. 주식 처분 시기를 미리 구상해두고 투자하는 것도 나쁘지 않다. 기업의 내재가치에 따른 적정 주가를 미리 판단하고 투자해야 손해를 보지 않는다는 뜻이다.

PER가 오르고
순이익이 하락세라면 팔아라

우리나라 사람들은 중요한 판단과 결정을 남의 말에 따라 바꾸는 경향이 있다. 특히 주식투자자들 가운데는 팔랑귀가 많다. "지금 떨어지고 있지만 앞으로 오를 거래." 하는 주변 사람들의 말에 자신의 투자의사 결정을 바꿔버린다.

그렇게 망설이는 사이에 주가는 이미 반 토막이 나 있을 때가 많다. 예를 들어, 내가 7만 원에 주식을 매수했는데 10만 원으로 올랐다고 치자. 그러면 "이제 팔아야지." 하고 매도할 준비를 하며 시장의 추이를 지켜본다. 이렇게 지켜보는 사이에 주가는 8만 원으로 떨어진다. "아, 내일이면 오르겠지?" 하면서 며칠을 더 기다리는 동안 주가는 6만 원으로 떨어진다. 그때는 "아, 10만 원일 때 팔았다면!" 하고 후회해도 이미 늦다.

PER는 주가를 주당순이익으로 나눈 비율을 말하며 순이익이 커지면 낮아지고, 순이익이 적어지면 높아진다. 순이익이 악화될수록 PER는 자연스럽게 높아진다. PER는 높아지고 있는데 주가가 일정 수준에서 보합세를 보인다면 그 주식은 팔아야 한다. 앞으로 주가가 하락해 순이익 수준에 맞게 조정될 것이기 때문이다.

Part 3

공인회계사의
족집게 재무분석 강의

7장

재무제표, 재무상태표
쉽게 설명해주세요

01

재무제표란
기업의 성적표다

포인트! 재무제표는 기업의 재무상태와 성과, 현금의 흐름, 주주의 자본변동 내역 등을 보여주는 기업의 성적표에 해당합니다. 재무제표의 세부 항목에는, 기업의 재무상태를 보여주는 '재무상태표', 기업의 경영성과를 보여주는 '손익계산서', 기업의 현금흐름을 보여주는 '현금흐름표', 주주의 몫인 자본의 변동 내역을 보여주는 '자본변동표'가 있습니다. '주석'은 세부 항목을 쉽게 설명해주는 것이라고 보면 됩니다.

전자공시제도

재무제표는 보고서다. 좀 더 정확히 말하면 기업을 객관적인 숫자로 나타내는 회계보고서다. 재무제표는 회계 처리의 결과물이자 의사결정의 시작점이다. 기업의 경제적 상황을 나타내며 필요에 따라서 회계기간 말(보통은 연말), 분기, 반기에 작성해서 보고한다.

기업은 보통 1년에 한 번 재무상태와 경영성과를 이사회를 거쳐 주주총회에

보고하게 되는데, 이때 재무제표를 제출한다. 상장회사의 경우 전자공시제도를 통해 온 국민에게 재무제표를 공개하기도 한다. 이렇게 공개된 재무제표에 이익이 많이 났다면 주주에게는 배당을, 종업원에게는 보너스를 주게 되어 모두가 행복한 연말을 맞이할 것이다. 반대로 적자가 발생했다면 주주 배당이 없는 것은 물론이고, 종업원을 해고하거나 각종 구조조정에 시달리게 될 수도 있다. 심한 경우에는 폐업에 이른다.

재무제표의 종류

재무제표는 '기업의 진단서'라 부르기도 하고 '기업의 성적표'라 부르기도 한다. 왜 그럴까?

재무제표는 우리가 매년 받는 건강검진 결과와 비슷하다. 건강검진은 현재 자신의 건강상태가 궁금해서 받기도 하고, 나라에서 의무적으로 받도록 해서 받기도 한다. 어쨌든 정기검진을 받으면 혈압, 당뇨, 체지방, 콜레스테롤 수치 등 건강상태에 대한 수치가 나온다.

재무제표도 비슷하다. 현재 기업이 정상적인 상태인지, 부채가 과다하지는 않은지, 자산은 충분한지, 현금이 충분한지, 자본은 적정한지 등 기업의 재산 상태를 진단해 보여주는 것이 바로 재무제표이며, 그중에서도 '재무상태표'에 해당한다.

매년 기업의 성적표가 나온다. 그해 경영을 잘해서 성과가 좋으면, 성적표에 당기순이익이 많이 나온다. 그럼 흑자가 난 것이고 이를 칭찬하는 의미로 주주들에게 배당을 주고 경영자는 보너스를 받는다. 반대로 경영성과가 좋지 않아 적자가 나면, 그 적자는 고스란히 주주들의 투자 자금을 불태우는 무상감자로 매우게 된다. 당연히 경영자도 연봉 삭감이라는 벌을 받게 된다. 이렇게 한 해의 경영성과를 나타내는 재무제표가 바로 '손익계산서'다.

그 밖에 재무제표에는 기업의 혈액이라 할 수 있는 현금이 잘 돌고 있는지, 어떤 경로로 현금의 유출입이 발생했는지를 볼 수 있는 '현금흐름표'가 있다. 기업의 주인인 주주들의 몫, 즉 자본이 어떤 경로로 변동했는지를 보여주는 '자본변동표'도 재무제표의 일종이다.

재무제표에는 '주석'도 있다. 숫자와 계정과목만으로 표시된 다른 재무제표에 대해 부연 설명해주는 역할을 하는 것이 주석이다. 왜 그 금액이 나왔는지, 어떤 사건으로 계정과목이 발생했는지 등을 주석은 설명한다. 주석을 보지 않고는 구체적인 거래를 알 수 없다.

종류	특성
[표 7-1] 재무제표의 종류와 특성	
재무상태표	• 일정 시점의 기업의 자산, 부채, 자본의 상태를 보여준다. • 회계 등식인 '자산 = 부채 + 자본'의 논리로 작성된다.
손익계산서	• 일정 기간의 기업의 경영성과를 보여준다. • '수익 − 비용 = 순이익'의 논리로 작성된다. • 최종적으로 당기순이익(순손실)이 당기의 경영성과다.
현금흐름표	• 일정 기간의 기업의 현금흐름을 보여준다. • 현금흐름은 수익과 비용과 달리 현금이 유입·유출된 것만을 보여준다. • 현금흐름을 영업활동, 투자활동, 재무활동으로 구분해서 기록한다.
자본변동표	• 일정 기간의 자본에 관한 변동 내역을 보여준다. • 자본의 항목으로는 자본금, 자본잉여금, 이익잉여금, 기타포괄손익누계액, 기타자본구성요소 등이 있다.
주석	재무제표의 계정과목과 금액에 대해 쉽게 이해할 수 있도록 기호를 붙여 페이지 하단이나 별지에 추가한 설명을 말한다.

02 기업의 재무상태표를 확인하는 쉬운 방법

기업의 재무상태표를 확인하는 가장 쉬운 방법은 금융감독원의 전자공시시스템을 이용하는 것입니다. 일명 '다트DART'라고 하는 전자공시시스템의 목적은 상장법인들이 자신의 성적표를 올려 투자자들이 조회할 수 있도록 하는 것입니다. 기업의 주인인 투자자들에게 기업의 성적표를 확인할 수 있도록 의무화한 것이죠. 그런 재무상태표를 투자자들이 보지 않는다면 자기의 정당한 권리를 포기하는 것과 같습니다. 최근에는 다트가 네이버 금융과도 연계되어 네이버에서도 기업의 재무상태표를 쉽게 찾을 수 있습니다.

전자공시시스템의 목적

재무상태표는 기업의 내부 비밀이어서 얻기 힘들다고 오해하는 사람들이 의외로 많다. 주식시장에 상장된 회사는 물론이고, 그 밖에 이해관계자가 많은 대규모 회사는 일반 대중에게 재무제표를 공개하도록 법으로 강제하고 있다. 이렇게 공개된 정보는 인터넷을 통해 쉽게 구할 수 있다.

외부감사에 관한 법률에 따라 일정 규모의 기업들은 회계감사를 받아야 하고, 사업보고서와 감사보고서를 금융감독원의 전자공시시스템http://dart.fss.or.kr/에 공개해야 한다. 이 전자공시시스템에 접속하면 다양한 기업의 재무제표를 손쉽게 구할 수 있다. 전자공시시스템 웹사이트 맨 위의 메뉴바 바로 아래에는 회사명과 기간을 체크해 사업보고서와 재무제표를 검색할 수 있도록 검색엔진이 마련돼 있다.

회사명에 '삼성전자'를 입력하고 기간은 최근 1년을 입력한 뒤 검색 버튼을 누른다. 만약 이 기간의 사업보고서를 보고 싶다면, '정기공시' 메뉴에서 '사업보고서'의 체크박스를 클릭한다. 그럼 가장 최근에 공시된 사업보고서가 검색된다. 사업보고서를 클릭해보자(그림 7-1 참조).

사업보고서를 클릭하면 사업보고서 문서가 나오는데, 왼쪽에 목차가 나온다. 문서를 처음부터 다 읽기 어려우면, 궁금한 항목만 목차에서 클릭하면 된다. 주식투자자에게 무엇보다 중요한 것은 자산과 부채에 관한 내용인데, 이를 확인하려면 앞서 배운대로 '재무제표'를 클릭해 재무상태표를 확인하면 된다.

재무상태표 분석하는 방법

삼성전자의 재무상태표를 보면 최근의 자산, 부채, 자본이 얼마인지 알 수 있다. 가히 어마어마한 금액이다.

삼성전자는 2022년 12월 31일 현재 부채 50.7조 원, 자본 209.4조 원으로 부채와 자본을 합치면 자산 규모가 260조 원에 달한다. 이렇게 거대한 기업이

[그림 7-1] 전자공시시스템에서 재무상태표 찾기

[그림 7-2] 삼성전자 재무상태표

부채			
유동부채	46,086,047	53,067,303	44,412,904
매입채무	8,729,315	11,557,441	6,599,025
단기차입금	2,381,512	9,204,268	12,520,367
미지급금	18,554,543	13,206,753	9,829,541
선수금	320,689	474,731	424,368
예수금	523,354	624,585	432,714
미지급비용	8,359,296	8,275,410	7,927,017
당기법인세부채	2,533,481	5,599,896	3,556,146
유동성장기부채	135,753	139,328	87,571
충당부채	4,059,491	3,643,853	2,932,468
기타유동부채	488,613	341,038	103,687
비유동부채	4,581,512	4,851,149	1,934,799
사채	24,912	29,048	31,909
장기차입금	654,979	431,915	150,397
장기미지급금	2,439,232	2,653,715	1,247,752
장기충당부채	1,423,165	1,659,774	503,035
기타비유동부채	39,224	76,697	1,706
부채총계	50,667,559	57,918,452	46,347,703
자본			
자본금	897,514	897,514	897,514
우선주자본금	119,467	119,467	119,467
보통주자본금	778,047	778,047	778,047
주식발행초과금	4,403,893	4,403,893	4,403,893
이익잉여금(결손금)	204,388,016	188,774,335	178,284,102
기타자본항목	(273,232)	(882,010)	(268,785)
자본총계	209,416,191	193,193,732	183,316,724
부채와자본총계	260,083,750	251,112,184	229,664,427

있다니!

전자공시시스템에 나오지 않는 기업이라면 어떻게 할까? 그 기업의 홈페이지에 들어가면 웬만해서는 기업의 IR 자료를 발견할 수 있다. 기업도 투자자를 모집하려면 자기 회사를 홍보해야 하므로 기업 홈페이지에 자기 기업의 재무상태, 경영성과를 공시한다. 이를 참고하면 재무정보를 수집할 수 있을 것이다.

기업 간 재무상태표를
비교하는 방법

기업의 재무상태표를 입수하는 방법을 알았으니 다음에는 기업들 간의 규모나 재무상태를 어떻게 비교하면 되는지 알아보자. 좀 더 이해가 쉽도록 하기 위해 같은 IT 서비스 업종인 네이버와 카카오의 재무상태표를 비교 분석해본다.

2021년 말 두 기업의 재무상태표를 보고 자산, 부채, 자본을 요약해보았다. 네이버의 자산은 약 33.7조인 데 비해 카카오의 자산은 약 22.8조다. 네이버가 약 10조나 많다. 부채는 네이버가 9.7조이며 카카오가 9.2조이니 자본규모도 10조 정도 차이가 난다. 즉 자본규모가 약 1.5배 네이버가 크다. 그런데 주가를 보면 네이버는 196,000원인 데 반해 카카오는 61,200원이므로 카카오가 상대적으로 저평가된 것으로 보인다.

NAVER 035420 코스피 2023.01.20 기준(장마감) 실시간 기업개요▾			
196,000 전일대비 0 0.00%	전일 196,000	고가 201,000 (상한가 254,500)	거래량 784,158
	시가 195,500	저가 195,000 (하한가 137,500)	거래대금 155,045 백만

카카오 035720 코스피 2023.01.20 기준(장마감) 실시간 기업개요▾			
61,200 전일대비 ▲400 +0.66%	전일 60,800	고가 61,900 (상한가 79,000)	거래량 1,368,429
	시가 60,500	저가 60,500 (하한가 42,600)	거래대금 83,591 백만

그러나 주식투자 의사결정에서 이렇게 재무상태와 주가의 단순비교만으로 판단할 수 없다. 사실 손익계산서와 ROE 같은 수익률을 분석해보아야 한다.

그런데 네이버와 카카오는 주가를 제외하고 시가총액에서 크게 차이가 나지

[그림 7-3] 네이버 vs 카카오 재무상태

[그림 7-5] 네이버와 카카오, 주가와 주식수

동일업종비교 (업종명 : 양방향미디어와서비스 | 재무정보: 2022.09 분기 기준)　　　　　더보기›

종목명 (종목코드)	NAVER+ 035420	카카오+ 035720	아프리카TV+ 067160	자이언트스텝+ 289220	키다리스튜디오+ 020120
현재가	196,000	61,200	75,700	21,800	10,500
전일대비	−0	▲ 400	▼ 1,200	▲ 2,200	▲ 150
등락률	0.00%	+0.66%	-1.56%	+11.22%	+1.45%
시가총액(억)	321,536	272,599	8,701	4,822	3,881
외국인취득률(%)	48.46	26.52	22.31	1.92	0.43
매출액(억)	20,573	18,587	818	110	375
영업이익(억)	3,302	1,503	207	-55	-9
조정영업이익	3,302	1,503	207	-55	-9
영업이익증가율(%)	-1.76	-12.10	-10.94	-48.05	-112.24
당기순이익(억)	2,316	1,372	170	-46	0
주당순이익(원)	1,566.44	238.86	1,493.91	-194.28	-1.94
ROE(%)	3.93	15.35	33.99	-12.99	0.45
PER(배)	34.53	17.55	11.86	-47.91	350.00
PBR(배)	1.24	2.33	3.46	4.00	1.44

않으며 매출액도 매우 비슷한 수준이다. 다만, 네이버의 영업이익이 카카오 영업이익의 약 두 배에 달하며 외국인취득률이 두 배에 가깝고 당기순이익도 두 배에 달할 뿐만 아니라 주당순이익은 압도적으로 높다. 물론 반대로 ROE와 PER의 관점에서는 카카오가 우월하므로 향후 주가는 두고 보아야 할 것이다.

03

재무상태표는
자본의 질을 말해준다

포인트! 재무상태표는 일정 시점의 기업의 자산·부채·자본의 상태를 보여줍니다. 자산은 미래에 돈을 벌 가능성을 말해주고, 부채는 미래에 돈이 나갈 가능성을 말해줍니다. 자산과 부채의 차이에서 주주의 몫인 자본이 가늠됩니다. 투자자가 종목을 분석하고 투자를 결정하기에 앞서 가장 눈여겨보아야 할 지표가 있다면 바로 재무상태표입니다. 재무상태표에는 기업의 속살이 그대로 드러나기 때문입니다.

기업의 현재 상태가 궁금하다면

재무상태표는 사람으로 치면 "지금 이 순간의 내 모습"이라고 생각해볼 수 있다. 지금 이 순간 당신은 무엇을 가지고 있나? 당신이 소유한 자동차, 집, 옷, 스마트폰, 노트북, 잠재력 등이 바로 자산에 해당한다. 반대로 부채도 있을 것이다. 집을 살 때 받은 은행 대출금과 친구에게 빌린 돈, 혹은 가게 외상값은 모두 부채에 해당한다. 당신이 가진 자산 가운데 일부를 처분해서 부채를 갚고 나면 순수한 당신의 몫이 남게 된다.

이를 기업으로 옮겨 보자. 기업이 소유한 것은 건물, 재고자산, 현금 및 현금성자산, 금융자산, 무형자산, 투자부동산 등이 있을 수 있고, 이것이 기업의 자산이다. 반대로 기업이 소유한 외상매입금, 미지급금, 사채, 장기차입금, 각종 충당부채 등은 부채에 해당한다. 기업의 자산 총계에서 부채 총계를 차감하면 기업의 순수 자본이 나온다. 여기서 자본은 기업의 주인인 주주의 몫이다. 이처럼 기업이 가진 자산, 부채, 자본의 크기와 구성을 말해주는 것을 '재무상태표'라 한다.

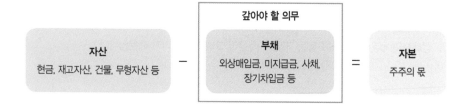

회사 자금은 어디서 들어왔나?

기업은 본질적으로 영업활동을 통해 지속적으로 성장해 나가는데, 영업활동을 위해서는 투자가 필요하다. 즉 자금이 필요한데, 어디서 자금이 들어왔는지 그 유입 경로를 재무상태표가 말해준다.

자금은 크게 두 가지 경로로 들어온다. 하나는 빚을 지는 것이고, 다른 하나는 투자자를 모집하는 것이다. 기업은 부채를 갚아야 할 의무가 있고, 다 갚고 남은 자본은 투자자인 주주가 가져간다. 그래서 자본을 잔여지분이라고 하는 것이다.

재무상태표를 세부적으로 들여다보면 기업에 대해 많은 정보를 알 수 있다. 우선, 기업의 자산이다. 기업의 자산은 1년 이내에 현금화되는 유동자산과 1년 이후에 현금화되는 비유동자산으로 나뉜다. 부채도 마찬가지로 1년 이내에 현금화되는 유동부채와 1년 이후에 현금화되는 비유동부채가 있다. 자산에서 부채를 차감하고 남은 자본은 주주와의 거래 형태에 따라 자본금, 자본잉여금, 자본조정, 기타포괄손익누계액, 이익잉여금으로 세분화된다.

유동자산과 비유동자산의 주요 항목을 파악하고 유동부채와 비유동부채를 정확하게 알면 기업의 재정상태를 확실히 파악할 수 있다. 보통 재무상태표의 총자산금액을 통해 회사의 규모를 가늠해볼 수 있으며, 부채 금액과 자본 금

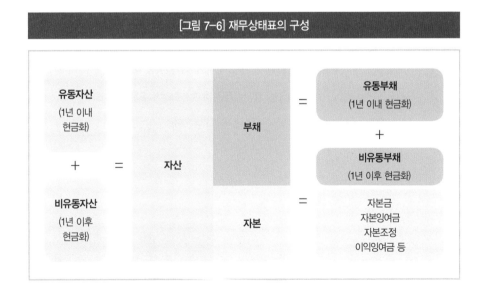

[그림 7-6] 재무상태표의 구성

액의 구성을 통해 회사 재무 구조의 건전성 여부를 파악할 수 있다.

이익잉여금 크기로는 과거 영업활동으로 내부에 유보된 자금이 어느 정도인지 파악할 수 있다. 유동자산, 유동부채를 비교하면 단기 채무상환 능력 등 회사의 안정성에 대한 정보도 얻을 수 있다.

[표 7-2] 재무상태표의 구성과 항목		
재무상태표 구성		항목
자산	유동자산	현금 및 현금성자산, 매출채권(외상매출금, 받을 어음), 선급금, 재고자산, 단기대여금
	비유동자산	유형자산(건물, 사용목적 토지, 기계장치, 차량운반구), 무형자산(특허권, 영업권, 상표권, 개발비 등), 장기금융자산(매도가능증권, 만기보유증권)
부채	유동부채	매입채무(외상매입금, 지급어음), 선수금, 미지급금, 단기차입금
	비유동부채	사채, 장기차입금, 퇴직급여충당금, 제품보증충당부채, 이연법인세부채 등
자본	자본금	• 보통주 자본금(보통주 발행주식 수×액면가액) • 우선주 자본금(우선주 발행주식 수×액면가액)
	자본잉여금	주식발행초과금, 자기주식처분이익, 감자차익
	자본조정	주식할인발행차금, 자기주식, 자기주식처분손실, 감자차손
	기타포괄손익누계액	매도가능증권평가이익, 재평가잉여금, 해외사업장환산손익 등
	이익잉여금	임의적립금, 이익준비금, 미처분이익잉여금

04

재무상태표로
자본잠식을 체크하라

포인트! 재무상태표로 중요하게 체크해야 할 것 중 하나가 바로 자본잠식입니다. 자본잠식은 해당 종목이 망하고 있다는 가장 확실한 증거이므로 이런 징후가 보이면 절대 투자해서는 안 되겠지요.

자본잠식은 기업이 자산을 처분해도 빚을 가리지 못하는 상태이기에 그렇습니다. 자본잠식이란 기업의 실제 가치가 0도 안 되는 마이너스라는 뜻입니다. 하지만 재무상태표를 보기 전에는 자본잠식 상태인지 잘 알 수가 없습니다.

어떻게 자본잠식을 확인하는지 대우조선해양을 예로 살펴봅시다. 몇 년 전 사례이지만 자본잠식의 가장 대표적인 사례입니다.

자본이 마이너스 상태

만약 내가 투자한 종목이 자본잠식이라면 그 주식이 휴지조각이 되는 것은 시간문제라고 보면 된다. 자본잠식이란 기업의 부채가 자산보다 커서 주주의 몫인 자본이 마이너스(-)인 상태를 말한다.

한마디로 기업이 자산을 모두 처분해도 빚을 가리지 못하는 상태인 것이다.

자본잠식 상태에서는 금방이라도 기업에 청산 압력이 가해지며, 원금이라도 회수하기 위해 채권자들이 기업을 압박하게 된다. 이런 상태가 일정 기간 지속하면 자연스럽게 증권시장에서 상장폐지되어 주식은 한마디로 똥값이 돼버린다.

해당 기업이 자본잠식 상태인지를 알려면 재무상태표를 보면 된다. 재무상태표는 일정 시점 기업의 자산, 부채, 자본을 나타내는 재무제표다. 자본잠식인 기업은 자산보다 부채가 크기 때문에 재무상태표상 자본이 마이너스일 것이고, 그 원인은 순이익이 마이너스인 결손금 때문인 게 대부분이다.

이해를 돕기 위해 정상적인 기업의 재무상태표를 간단히 살펴보자. 일반적으로 영업을 잘하고 있는 기업은 재무상태표상 자본이 플러스(+)가 된다. 재무상태표상의 자산은 유동자산과 비유동자산으로 구분되고, 부채도 유동부채

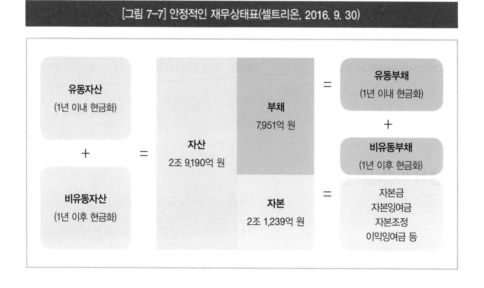

[그림 7-7] 안정적인 재무상태표(셀트리온, 2016. 9. 30)

와 비유동부채로 구분된다. 이때 유동과 비유동을 구분하는 기준은 1년이다 (8장 참조).

사례로 셀트리온(068270)의 2016년 9월 30일 현재 재무상태표를 보자. [그림 7-7] 재무상태표 내용을 보면 셀트리온은 부채에 비해 자산이 현저히 크다. 즉, 부채는 7,951억 원인데, 자본은 2조 원이 넘어 재무 구조가 건전한 상태라고 볼 수 있다.

다음으로, 자본잠식이 이루어진 재무상태표를 살펴보자. 말도 많고 탈도 많았던 대우조선해양의 재무상태표가 대표적이다. 2016년 9월 30일 현재 대우조선해양의 재무상태표 금액을 기초로 작성해보았다.

[그림 7-8]을 보면 대우조선해양의 자본은 1조 591억 원인데, 부채가 16조 2,708억 원이다. 엄청난 금액이 자본잠식되어 있는 것이다. 예상한 대로 대우조선해양은 상장폐지 위험은 가까스로 벗어났지만, 거래가 정지되고 구조조정

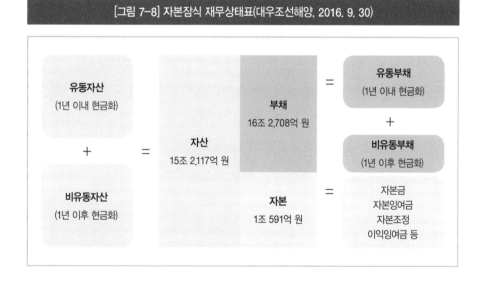

[그림 7-8] 자본잠식 재무상태표(대우조선해양, 2016. 9. 30)

유동자산 (1년 이내 현금화)

+

비유동자산 (1년 이후 현금화)

=

자산 15조 2,117억 원

부채 16조 2,708억 원

자본 1조 591억 원

=

유동부채 (1년 이내 현금화)

+

비유동부채 (1년 이후 현금화)

=

자본금
자본잉여금
자본조정
이익잉여금 등

[그림 7-9] 자본잠식 상태의 주가 그래프(대우조선해양)

▲ 자본잠식이 되는 시점을 기점으로 주가가 가파르게 하락한 것을 볼 수 있다.

에 들어갔다. 주가는 곤두박질쳤다.

　재무상태표를 자세히 들여다보면 자본 항목 가운데 이익잉여금이 마이너스라는 것을 알 수 있다. 그동안 손실이 누적돼 이 모양이 된 것이다.

　정상적인 투자자라면 자본잠식 가능성이 높거나 자본잠식 상태의 기업에는 절대로 투자하면 안 된다. 이런 기업에 투자한다는 것은 기업의 내재가치가 0도 안 되는 곳에 투기 목적으로 돈을 넣어다 뺐다 하는 것이다. 이는 투자가 아니라 도박이며, 성공하기 힘들다는 것을 명심해야 한다.

05

현금흐름표는
기업의 이슈 파악에 유용하다

재무제표를 보면 현금흐름표라는 게 있습니다. 현금의 유출입이 있는 거래만을 모아서 작성한 것이 바로 현금흐름표입니다. 재무상태표, 손익계산서 등 다른 재무제표들은 발생주의에 따라 작성하는데, 현금흐름표는 이와 달리 현금주의에 따릅니다. 현금주의란 가정에서 작성하는 가계부처럼 현금의 유출과 유입이 있는 항목만 회계 처리를 하는 방법을 가리킵니다. 현금흐름표는 기업의 활동을 영업활동, 투자활동, 재무활동으로 구분해서 현금흐름이 어떻게 구성되었는지를 보여주어 투자자들의 의사결정에 도움을 줍니다.

현금주의에 대한 이해

현금흐름표는 기업의 현금 변동을 당해 회계연도의 기초 현금과 기말 현금 중간에 활동별로 세분화해서 보여준다. 현금흐름표에서 세분화한 활동은 영업활동, 투자활동, 재무활동으로 구분된다.

구체적으로는 기초 현금액에 영업활동 현금흐름, 투자활동 현금흐름, 재무활동 현금흐름을 가감해서 기말 현금액을 구하는 일련의 과정을 표로 만든 것이다.

현금흐름표가 다른 재무제표와 확연히 구분되는 특징은 바로 현금주의 원칙을 토대로 작성했다는 점이다. 다른 재무제표들은 발생주의 회계 원칙에 따라 작성된다. 여기서 간단히 발생주의와 현금주의에 대해 알아보자.

현금주의란 현금의 유출과 유입이 있는 항목만 회계 처리를 하는 방법을 말한다. 현금주의는 우리가 일반적으로 작성하는 가계부의 원리와 유사하다. 실제로 현금이 들어오면 플러스(+) 항목으로 기록하고 현금이 나가면 마이너스(−) 항목으로 기록한다. 만약 기업의 거래가 100% 현금 유출입이 있는 거래라면 현금흐름표의 현금유출입과 손익계산서의 당기순이익이 일치할 것이다.

현실은 어떨까? 현금흐름표와 손익계산서는 절대로 일치할 수 없다. 만약 일치했다면 그것은 우연의 일치거나 현금만 통과하는 도관pipe line 기업일 것이다.

발생주의에 대한 이해

발생주의란 실제로 현금이 들어오고 나가지 않아도 회계상 거래가 발생하면 모두 기록하는 방식을 말한다. 현금이 들어오지 않아도 기록해야 할 거래는 매우 많다. 예를 들어, 상품 100만 원어치를 거래처에서 외상으로 구입했다고 하자. 그러면 현금이 나가지는 않았지만 상품은 우리 기업의 창고로 들어온다. 이 경우 대차대조표의 차변(좌측)에 상품 100만 원을 기록해야 한다. 그럼 대변(우측)에는? 현금은 나가지 않았지만 앞으로 갚아야 할 돈이기 때문에 부채를 잡아놓는다. 그래서 대변에는 '매입

채무'라는 부채를 기록한다.

이처럼 발생주의에 따라 회계를 적용하므로, 다른 재무제표는 다소 복잡한 계정과목이 얽히고 꼬여있다. 꼬인 이것을 잘 풀어서 현금의 유출입만 발라내어 작성하는 것이 바로 현금흐름표다. 사례로 2015년 12월 31일에 공시된 크리스탈신소재라는 회사의 현금흐름표를 살펴보자.

[그림 7-10] 현금흐름표를 보면 맨 아래 기초 현금 및 현금성 자산과 기말 현금 및 현금성 자산의 금액이 나와 있다. 이 기업은 4기에 현금이 감소한 사실을 알 수 있다. 기초 현금 547,625,562에서 기말 현금 501,723,054로 45,902,509나 줄어든 것이다.

[그림 7-10] 크리스탈신소재 현금흐름표

	제 4 기	제 3 기	제 2 기
영업활동으로부터 발생한 현금흐름			
당기순이익	146,366,365	115,196,420	132,501,110
조정사항:			
감가상각비	8,905,854	8,794,182	3,997,460
무형자산상각비	734,722	374,124	387,301
유형자산폐기손실	102,983	0	0
이자수익	2,029,598	1,161,128	795,195
이자비용	2,032,802	2,469,441	2,698,426
법인세비용	26,837,617	22,470,798	0
재고자산의 증감	(323,852)	1,835,480	2,878,375
매출채권 및 기타채권의 증감	(14,019,540)	(10,207,182)	(56,647,992)
기타자산의 증감	(6,589,888)	(333,955)	(3,597)
이연법인세자산의 증감	181,867	0	0
매입채무 및 기타채무의 증감	19,549,328	(8,177,805)	37,516,419
이자수취	2,029,598	1,091,362	795,195
이자지급	2,032,802	2,539,208	2,698,426
법인세지급액	25,865,248	25,207,860	18,760,806
투자활동으로부터 발생한 현금흐름			
유형자산의 취득	214,922,132	924,130	55,883,336
무형자산의 취득	508,288	406,139	18,639
재무활동으로부터 발생한 현금흐름			
단기차입금의 증가	43,000,000	30,000,000	0
단기차입금의 상환	30,000,000	40,000,000	0
유상증자	0	166,411,348	40,222,341
현금및현금성자산의순증가	(45,902,509)	256,014,788	90,431,892
기초현금및현금성자산	547,625,562	291,610,774	201,178,882
기말현금및현금성자산	501,723,054	547,625,562	291,610,774

[그림 7-11] 크리스탈신소재 홈페이지 FAQ

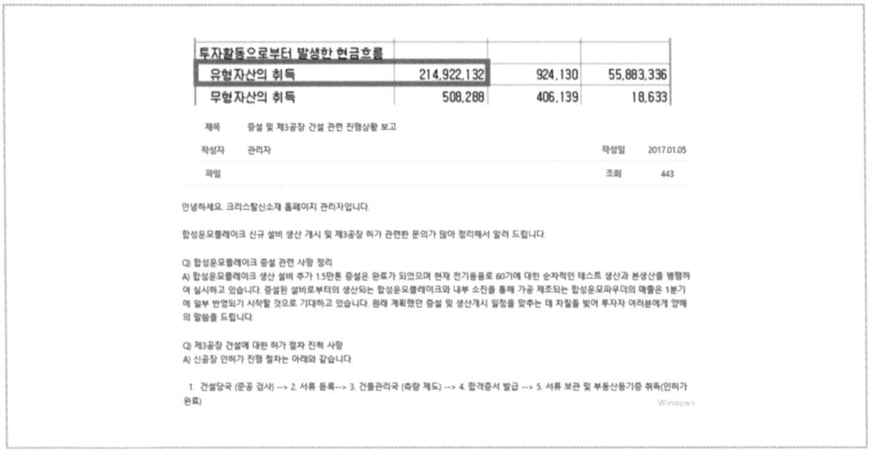

투자활동으로부터 발생한 현금흐름			
유형자산의 취득	214,922,132	924,130	55,883,336
무형자산의 취득	508,288	406,139	18,633

제목 증설 및 제3공장 건설 관련 진행상황 보고

작성자 관리자 작성일 2017.01.05

파일 조회 443

안녕하세요. 크리스탈신소재 홈페이지 관리자입니다.

합성운모플레이크 신규 설비 생산 개시 및 제3공장 허가 관련한 문의가 많아 정리해서 알려 드립니다.

Q) 합성운모플레이크 증설 관련 사항 정리
A) 합성운모플레이크 생산 설비 추가 1.5만톤 증설은 완료가 되었으며 현재 전기용융로 60기에 대한 순차적인 테스트 생산과 본생산을 병행하여 실시하고 있습니다. 증설된 설비로부터의 생산되는 합성운모플레이크와 내부 소진을 통해 가공 제조되는 합성운모파우더의 매출은 1분기에 일부 반영되기 시작할 것으로 기대하고 있습니다. 원래 계획했던 증설 및 생산개시 일정을 맞추는 데 차질을 빚어 투자자 여러분에게 양해의 말씀을 드립니다.

Q) 제3공장 건설에 대한 허가 절차 진척 사항
A) 신공장 인허가 진행 절차는 아래와 같습니다.

1. 건설당국 (준공 검사) --> 2. 서류 등록--> 3. 건물관리국 (측량 제도) --> 4. 합격증서 발급 --> 5. 서류 보관 및 부동산등기증 취득(인허가 완료)

Windows

그 원인을 보여주는 것이 바로 영업활동, 투자활동, 재무활동 현금흐름의 내역이다. 이 기업의 경우 영업활동 현금흐름과 재무활동 현금흐름을 통해서는 현금이 유입되었다는 것을 알 수 있다. 그러나 투자활동 현금흐름의 내역에서 유형자산 취득이 크게 발생했다. 이를 보고 이 기업은 4기에 공장 설립이나 설비 증설을 대규모로 했을 것으로 짐작할 수 있다.

실제로 크리스탈신소재 홈페이지에 들어가 보니 FAQ에 공장 증설 관련 공지사항이 올라와 있었다(그림 7-11 참조). 이처럼 현금흐름표를 보면 그 기업에서 일어난 이슈를 쉽게 알아챌 수 있다.

06

재무제표의 추가 정보는 주석을 보라

포인트!

주석도 재무제표의 일종입니다. 주석에서는 다른 재무제표들의 계정과목과 금액에 대해 구체적으로 설명해줍니다. 재무상태표, 손익계산서, 자본변동표, 현금흐름표에는 각 항목과 금액만 나오기 때문에 주석을 봐야 어떤 거래가 어떤 이유에서 발생했는지를 상세히 알 수 있습니다. 기업에서 보고한 재무제표 목차를 보면 '재무제표주석'이라는 항목이 있는데, 그것이 바로 여기서 말하는 주석입니다. 투자자들이 왜 주석을 빼놓지 않고 챙겨 봐야 하는지 이 장을 통해 확인하시기 바랍니다.

자산 내역, 담보를 확인하라

재무제표의 한 종류인데도 사람들이 잘 모르는 것이 '주석'이다. 주석은 재무제표 본문에 대한 상세 정보와 재무제표 본문에 기재할 수 없는 추가 정보를 부연해서 설명해주는 항목이다.

재무상태표상에는 자산의 종류가 가지각색인데 그냥 통일해서 유형자산으로 표시하는 경우가 많다. 각 자산의 내역, 혹은 담보 등 권리가 제한된 자산이 있는지 알 방법은 없을까? 이때 주석을 살펴봐야 한다.

삼성전자의 재무제표를 사례로 주석을 살펴보자. 주석에는 유형자산의 감가상각 방법과 내용연수 등 회계 처리 방법이 명시되며, 특이한 사항에 대해서는 자세히 분석된다. 그 가운데 매출채권에 대해 살펴보자. 매출채권이란 정상적인 영업 과정에서 판매된 재고자산 및 제공된 용역과 관련해 고객으로부터 받을 금액을 말한다. 매출채권을 잘 회수할 수 있는지 여부는 많은 이해관계자들에게 중요한 문제다. 이에 대한 삼성전자의 주석 내용을 살펴보자.

2020년 12월 31일 기준 매출채권의 총액은 24,841,610백만 원이며, 연체되

[그림 7-12] 주석에 나온 삼성전자 매출채권 현황(2020. 12. 31)

(단위 : 백만원)

구 분	당기말		전기말	
	매출채권	미수금	매출채권	미수금
채권액	24,841,610	1,915,583	26,520,599	2,434,262
차감: 손실충당금	(37,469)	(7,014)	(37,992)	(5,331)
소 계	24,804,141	1,908,569	26,482,607	2,428,931
차감: 장기 채권	(67,401)	(9,986)	(227,169)	(22,136)
유동항목	24,736,740	1,898,583	26,255,438	2,406,795

(단위 : 백만원)

구 분	당기말		전기말	
	매출채권	미수금	매출채권	미수금
연체되지 않은 채권	24,504,533	1,576,620	26,096,358	2,360,059
연체된 채권(*):				
31일 이하	69,437	54,393	158,726	28,330
31일 초과 90일 이하	18,924	31,398	117,619	12,179
90일 초과	248,716	253,172	147,896	33,694
소 계	337,077	338,963	424,241	74,203
계	24,841,610	1,915,583	26,520,599	2,434,262

(*) 회사는 31일 이하 연체된 **매출채권** 및 미수금은 신용이 손상된 것으로 간주하지 않습니다.

지 않은 채권이 24,504,533백만 원으로 매출채권 회수는 매우 양호한 상태임을 알 수 있다.

　주석의 이런 정보를 보면 기업에 대해 한층 더 자세히 이해할 수 있다. 우량하다고 생각한 기업도 주석을 자세히 들여다보면 위험 요소가 있을 수 있다. 주석은 회계 정보 가운데서 가장 중요한 '설명'에 해당하는 부분이다. 재무제표만 보고 주석을 보지 않는다면 절반만 이해하는 셈이다. 주식투자자들 대부분이 재무제표의 숫자만 보려 할 뿐 주석에는 관심을 가지지 않는데 이는 매우 안타까운 일이다. 이 책의 독자들은 재무제표를 분석할 때 반드시 주석을 보는 습관을 들이기를 바란다.

8장

본격적인 투자에 앞서
재무비율 분석하기

01

재무제표를 뜯어보려면
재무비율 분석

포인트!

주식에 성공하려면 재무제표를 분석할 줄 알아야 합니다. 재무제표란 기업의 상태를 금액으로 표현한 것이고, 재무비율이란 재무제표의 각종 항목을 비율로 변환한 것을 말합니다. 재무비율 분석을 하는 이유는 규모가 다른 기업들, 또는 시장의 지표와 비교해서 그 종목의 상태가 어떤지 알아보려는 것으로 주식투자에서 많이 활용되는 방법입니다. 본문의 설명을 참고해 여러분도 관심 종목에 대해 꼭 적용해보시기 바랍니다.

질적 성장을 나타내는 지표

주식투자를 위해서는 재무제표를 뜯어볼 수 있어야 한다. 그 가운데서 질적인 비교를 확실하게 하는 방법이 재무비율 분석이다. 금액만 비교하면 작년과 올해의 금액 변화는 확인할 수 있지만, 그동안 얼마나 성장했고 지금 얼마나 질적으로 성장하고 있는지, 그 성장이 주가에 어떤 영향을 주는지를 파악하기는 힘들다. 따라서 재무비율을 분석해서 주가를 분석하고 기업의 잠재력 등을 가늠해볼 필요가 있다.

재무제표의 요소들을 재무비율로 바꿔서 분석하면 매년 기업의 추세와 시장에 비해 어떤 위치에 있는지도 알아볼 수 있다. 여기서 재무제표 요소라고 하면 매출액, 매출총이익, 영업이익, 당기순이익, 자산, 부채, 자본 등 큰 틀에서의 재무제표 항목들을 의미한다. 재무비율은 이런 재무제표 요소 간의 비율을 구한 것이며, 이를 통해서 좀 더 명확한 관계를 파악할 수 있다.

예를 들어, 총자산수익률ROA: Return On Assets이 재무비율이다. 기업의 총자산에서 당기순이익을 얼마나 올렸는지 가늠하게 해주는 지표로 '당기순이익 ÷ 총자산'으로 구한다. 이 값은 수익의 질을 평가하는 지표로 활용된다.

주식투자자에게 가장 많이 쓰이는 재무제표 요소는 손익계산에는 매출액, 매출총이익, 판관비(판매비와 관리비), 영업이익, 당기순이익, 이자비용 등이 있다. 그리고 재무상태표에는 총자산, 유동자산, 재고자산, 유동부채, 총부채, 자본, 이익잉여금 등이 있다. 매출액이 전년 대비 얼마나 증가했는지에 따라 기업의 시장성을 파악할 수 있고, 총자산이 얼마나 증가했는지를 파악해서 투자 규모가 어느 정도인지 가늠해볼 수 있다.

이런 재무제표 요소들을 비율화해서 전년도와 비교하거나 시장의 지표들과 비교하는 것은 투자자에게는 기본 중의 기본이다.

가치비율, 손익비율, 시장성 비율

재무비율은 재무제표 요소 간의 비율이라고 앞서 말했는데, 그중 주식투자자에게 가장 필요한 것은 딱 두 가지다. 하나는 '가치비율'이고, 다른 하나는 '손익비율'이다.

가치비율이란 자산, 부채, 자본, 그리고 기업 자산의 총체적 가치인 기업가치 등 가치^{value}로 표현되는 재무제표 요소들을 활용한 재무비율을 말한다. 손익비율이란 매출액, 영업이익, 당기순이익 등 손익계산서 요소들을 활용한 재무비율을 말한다. 이 두 가지는 시장성 비율과 함께 주식투자에서 유용하게 사용된다. 어떤 비율을 어떻게 활용할지에 중점을 두고 차차 소개해 나가겠다.

네이버를 활용한 재무비율 확인하기

재무비율을 알려면 우선, 네이버 금융에서 재무제표를 검색한다. 네이버 금융 검색창에 예를 들어 '삼성전자'를 치고, 종목분석 코너에서 '투자분석'을 클릭하면 각종 재무비율이 나온다. 그 재무비율들을 수익성, 성장성, 안정성, 활동성 지표로 구분되어 볼 수 있게 했다. 각각을 정리하면 다음과 같다.

- **수익성**: 매출총이익률, 세전계속사업이익률, 영업이익률, EBITDA 마진율, ROA, ROE, ROIC
- **성장성**: 매출액증가율, 판매비와 관리비 증가율, 영업이익증가율, EBITDA 증가율, EPS 증가율
- **안정성**: 유동비율, 부채비율, 유보율, 순차입금비율, 이자보상비율, 자기자본비율
- **활동성**: 총자산회전율, 총부채회전율, 총자본회전율

[그림 8-1] 삼성전자 연결재무제표(2020. 12. 31) 재무비율

* 단위 : 억원, %, %p, 배 · 분기 : 순액기준

항목	2016/12 (IFRS연결)	2017/12 (IFRS연결)	2018/12 (IFRS연결)	2019/12 (IFRS연결)	2020/12 (IFRS연결)	전년대비 (YoY)
⊕ 매출총이익률	40.42	46.03	45.69	36.09	38.98	2.89
⊕ 영업이익률	14.49	22.39	24.16	12.05	15.20	3.15
⊕ 순이익률	11.26	17.61	18.19	9.44	11.15	1.72
⊕ EBITDA마진율	24.75	31.62	35.02	24.90	28.01	3.11
⊕ ROE	12.48	21.01	19.63	8.69	9.98	1.30
⊕ ROA	9.01	14.96	13.83	6.28	7.23	0.94
⊕ ROIC	19.67	28.58	26.33	12.76	15.91	3.16

* 재무실적 업데이트는 검수 및 주석반영으로 공시 이후 약 일주일 정도 소요되며, 기업별로 다르게 적용됨

[그림 8-1]은 삼성전자의 연결재무제표다. 상단 가운데 K-IFRS(연결)을 클릭하면 국제회계 기준(IFRS) 연결재무제표를 볼 수 있다. 별도 재무제표보다는 연결재무제표가 좀 더 정확한 재무비율을 말해준다. 연결재무제표란 계열사 전체를 아우른 재무제표이기에 그렇다.

기업의 수익성, 성장성, 안정성, 활동성을 나타내는 재무비율들을 이어서 살펴보도록 한다. 투자할 때 각 비율들을 어떻게 활용할지에 중점을 두고 읽기를 바란다.

02

손익계산서란
무엇인가?

손익계산서란 일정 기간, 기업의 경영성과를 나타내는 재무제표를 말합니다. 특히 당해연도의 이익 및 손실 등을 기록한 것을 말합니다. 경영성과란 쉽게 말해 기업이 얼마를 벌었느냐를 의미합니다. 이 경영성과에 따라 주주들이 배당받을지 여부가 결정되고, 주가도 달라지므로 주주들에겐 이 손익계산서가 중요합니다. 주식투자자가 손익계산서를 어떻게 읽고 해석해야 하는지 이제부터 잘 살펴보도록 하겠습니다.

손익계산서의 구성

7장에서 재무상태표를 통해 기업의 규모와 재무 구조를 파악하는 법을 알아보았다. 뒤에서 재무비율에서 기업의 안정성을 따져보는 방법을 알아볼 것이다. 여기서는 손익계산서를 통해 기업의 수익성을 따져볼 차례다.

손익계산서란 기업의 경영성과를 보여주는 재무제표로 일정 기간 발생한 수익과 비용의 차액인 순이익을 보여준다. 여기서 계산된 순이익은 주주에게 배당을 줄 수 있는 재원이 되며, 재무상태표상의 이익잉여금으로 흘러들어 간다.

손익계산서를 크게 보면 '수익-비용=순이익'으로 구성된다. 수익은 기업이 번 돈을 의미하고, 비용은 기업이 돈을 벌기 위해 쓴 돈을 의미한다. 순이익은 기업이 그해 벌어서 쓰고 남긴 돈을 의미한다. 손익계산서는 일정 기간 기업이 벌어들인 수익과 비용을 통해 얼마나 남겼는지 순이익을 따질 수 있게 해준다.

손익계산서의 구성 항목을 정리하면 [표 8-1]과 같다.

(1) 맨 위에 매출액이 있다. 매출액은 기업의 주된 영업활동으로 벌어들인 수익을 의미한다. 만약 기업이 서비스업이라면 물건을 팔아 벌어들인 수익은 부수입이므로 영업외수익이 될 것이다. 그 기업의 매출액은 서비스를 제공하고 벌어들인 수익에 해당한다.

[표 8-1] 손익계산서 구성 항목

	매출액
−	매출원가
=	매출총이익
−	판매비와 관리비
=	영업이익
+	영업외수익
−	영업외비용
=	법인세비용 차감전 순손익
−	법인세비용
=	당기순이익

(2) 매출원가는 매출액을 벌어들이는 데 직접 대응되는 비용이다. 판매기업에는 그 물건의 원가가 매출원가가 될 것이고, 서비스기업에는 그 매출액에 직접 기여한 노무비가 매출원가일 것이다. 매출원가는 컨설팅 실무에서 매출액의 일정 비율로 계산할 때가 많은데, 이를 '매출원가율'이라 한다.

(3) 매출총이익은 매출액에서 매출원가를 차감한 금액이다. 매출총이익은 매출을 통해 당장 남긴 돈이라고 보면 된다. 매출총이익에서 시작해 각종 부수적 비용을 뺄 준비를 하기 때문에 이름은 총이익이지만 수익과 같은 개념이라고 보면 된다.

(4) 판매비와 관리비는 영업활동에 기여한 매출원가를 제외한 모든 비용이다. 물건을 파는 기업을 가정할 때 물건의 원가가 매출원가라면 그 물건을 홍보하고 광고하는 비용, 사무실을 운영하는 비용, 접대하는 비용 등은 모두 판매비와 관리비이다.

(5) 영업이익은 매출총이익에서 판매비와 관리비를 차감한 영업활동에서 벌어들인 이익이다. 영업이익은 영업활동의 직접적인 결과물이기 때문에 영업이익이 증가 추세라면 그 기업의 사업성이 좋다고 볼 수 있다. 영업활동을 잘하는 기업일수록 영업이익은 높고 기마다 증가한다.

(6) 영업외수익과 영업외비용은 영업활동과 관련이 없는 손익이다. 예를 들면 자금을 조달하는 과정에서 발생한 이자비용은 영업외비용이고, 이자수익은 영업외수익이라고 할 수 있다. 금융업을 하는 기업의 경우는 이것이 주된 영업활동이기 때문에 이자수익이 매출액이 될 수 있지만, 그 밖의 기업에서 이자는 영업외항목이다.

(7) 법인세비용 차감전 순이익은 영업이익에 영업외수익을 더하고 영업외비

용을 차감해서 구한다. 이를 다른 말로 세전이익이라고 하는데, 법인세 비용을 계산하기 전 이익의 개념이다.

(8) 당기순이익은 매출액에서 모든 경제 주체에게 비용을 귀속시키고 남은 이익으로 주주에게 귀속된다. 당기순이익은 재무상태표에서 이익잉여금 항목으로 대체되며, 주주에게 배당금을 줄 수 있는 재원이 된다.

간단한 손익계산서 분석

이번엔 실제로 네이버와 삼성전자의 손익계산서를 비교 분석해보겠다.

손익계산서도 재무상태표와 마찬가지로 재무제표의 일종이다. 따라서 기업의 재무제표를 공시하는 전자공시시스템(http://dart.fss.or.kr/)에 들어가면 상장기업 대부분의 손익계산서를 볼 수 있다. 이해를 쉽게 하기 위해 다시 네이버의 손익계산서를 찾아보자.

전자공시시스템 첫 화면에서 회사명에 네이버를 입력하고 기간은 1년을 클릭한다. 정기공시를 클릭해서 사업보고서를 체크한 다음 검색 버튼을 누르면 네이버의 가장 최근의 사업보고서가 뜬다. 왼쪽 목차에서 재무제표를 클릭하고 스크롤을 내리면 포괄손익계산서를 발견할 수 있다(그림 8-2).

네이버의 포괄손익계산서는 '영업수익'에서 시작한다. 네이버는 물건을 파는 회사가 아니라 전체 매출액이 서비스 매출이기 때문에 영업수익에서 간단하게 영업비용을 차감하는 형식으로 나타난다.

다음에는 삼성전자의 손익계산서를 가져와봤다(그림 8-3). 삼성전자는 제조업이기 때문에 맨 위에 정상적으로 '매출액' 항목이 있는 것을 확인할 수 있다.

[그림 8-2] 네이버의 손익계산서

포괄손익계산서

제 22 기 2020.01.01 부터 2020.12.31 까지
제 21 기 2019.01.01 부터 2019.12.31 까지
제 20 기 2018.01.01 부터 2018.12.31 까지

(단위 : 원)

	제 22 기	제 21 기	제 20 기
영업수익 (주32)	4,126,629,312,584	3,900,013,295,633	3,459,014,042,545
영업비용 (주23)	(2,685,815,580,704)	(2,506,201,301,207)	(2,195,465,089,416)
영업이익(손실)	1,440,813,731,880	1,393,811,994,426	1,263,548,953,129
기타수익 (주24)	50,734,211,779	19,881,970,261	34,248,500,036
기타비용 (주24)	206,972,193,347	99,543,705,520	158,244,574,044
이자수익	4,956,097,488	7,819,792,284	20,003,925,626
금융수익 (주25)	412,115,444,862	267,155,641,370	153,034,308,231
금융비용 (주25)	41,343,378,557	47,629,623,696	89,121,314,522
법인세비용차감전순이익(손실)	1,660,303,914,105	1,541,496,069,125	1,223,469,798,456
법인세비용 (주26)	463,379,370,520	448,971,525,987	323,047,038,865
당기순이익(손실)	1,196,924,543,585	1,092,524,543,138	900,422,759,591
기타포괄손익	112,773,681,347	8,821,138,556	(53,887,230,319)
당기손익으로 재분류될 수 있는 항목		297,056,077	3,468,321,711
기타포괄손익-공정가치 측정 채무상품 평가손익		297,056,077	3,468,321,711
당기손익으로 재분류되지 않는항목	112,773,681,347	8,524,082,479	(57,355,552,030)
기타포괄손익-공정가치 측정 지분상품 평가손익	110,915,469,318	11,611,891,278	(69,115,675,153)
기타포괄손익-공정가치 측정 지분상품 처분손익	2,034,430,424	10,255,359,647	114,374,500
순확정급여부채의 재측정요소	(176,218,395)	(13,343,168,446)	11,645,748,623
총포괄이익	1,309,698,224,932	1,101,345,681,694	846,535,529,272
주당이익 (주27)			
기본주당이익(손실) (단위 : 원)	8,214	7,507	6,157

이왕 두 기업의 손익계산서를 가져온 김에 한번 비교해보자.

2020년 12월 말 기준, 당기순이익은 네이버가 1.1조 원, 삼성전자가 15.6조 원이다. 두 기업은 규모만 보아도 엄청난 차이가 있다. 주가도 차이가 크고 업종도 다르다. 재미있는 사실은 매출수익이 네이버는 약 4조 원이고 삼성전자는 약 166조 원으로 42배 가까이 차이가 나는데, 당기순이익은 15배밖에 차이가 나지 않는다는 점이다. 그렇다면 삼성전자의 경우는 중간에 비용으로 차감되는 항목이 어마어마하다는 것을 추측해볼 수 있다. 실제로도 그러니 확인

[그림 8-3] 삼성전자의 손익계산서

손익계산서

제 52 기 2020.01.01 부터 2020.12.31 까지
제 51 기 2019.01.01 부터 2019.12.31 까지
제 50 기 2018.01.01 부터 2018.12.31 까지

(단위 : 백만원)

	제 52 기	제 51 기	제 50 기
수익(매출액)	166,311,191	154,772,859	170,381,870
매출원가	116,753,419	113,618,444	101,666,506
매출총이익	49,557,772	41,154,415	68,715,364
판매비와관리비	29,038,798	27,039,348	25,015,913
영업이익	20,518,974	14,115,067	43,699,451
기타수익	797,494	5,223,302	972,145
기타비용	857,242	678,565	504,562
금융수익	5,676,877	4,281,534	3,737,494
금융비용	5,684,180	3,908,869	3,505,673
법인세비용차감전순이익(손실)	20,451,923	19,032,469	44,398,855
법인세비용	4,836,905	3,679,146	11,583,728
계속영업이익(손실)	15,615,018	15,353,323	32,815,127
당기순이익(손실)	15,615,018	15,353,323	32,815,127
주당이익			

해보기 바란다.

투자를 하거나 기업분석을 할 때 매출액 규모만 보고 섣불리 판단하는 경우가 많다. 그러나 매출액이 아무리 커도 비용을 통제하지 못하면 당기순이익이 크게 나올 수 없다. 오히려 당기순손실을 기록하는 적자 기업일 수도 있다. 따라서 비용 구조도 잘 따져봐야 한다. 구체적인 분석 기법은 뒤에서 소개하기로 한다.

03

종목의
수익성 확인하기

주식투자자가 재무비율에서 가장 중시하는 것은 아마도 수익성일 것입니다. 네이버 금융의 투자분석을 클릭해도 수익성이 첫째 자리에 놓여있습니다. 이 종목에 투자하면 정말 많은 수익을 안겨다 줄지가 투자자들의 궁극적인 관심사 아닐까요? 종목의 수익성은 재무제표의 손익계산서가 말해줍니다. 손익계산서는 매출액에서 당기순이익이 산출되는 과정을 보여주는 것이죠. 수익성을 평가하는 재무비율에는 매출총이익률, 영업이익률, 순이익률 등이 있습니다. 각 비율의 개념과 투자 시 활용법을 알아봅니다.

매출총이익률 활용하기

수익성 비율은 기업이 올해 벌어들인 수익의 양quantity보다는 질quality을 분석하기 위한 도구다. 일반적으로 매출액이나 자산 등에 비해서 이익이 얼마나 났는지를 분석해 투자자가 해당 기업의 주식을 통해서 얻을 수 있는 수익률을 추정해볼 수 있게 해준다. 수익성 비율

중 먼저 매출총이익률을 살펴보자.

$$\text{매출총이익률} = \frac{\text{매출총이익(매출액 − 매출원가)}}{\text{매출액}}$$

매출총이익률이란 매출액에 대비해 매출총이익이 얼마나 창출되었는지를 나타내는 비율을 말하며 손익계산서상 가장 위에 자리한다. '매출원가율 + 매출총이익률 = 1'의 등식이 성립하므로 해당 기업의 매출원가율에 따라 매출총이익률이 달라진다. 즉, 원가 구조에 따라 매출총이익률이 달라지므로 매출총이익률은 기업의 사업 형태를 반영한다고 볼 수 있다. 특히 매출총이익률은 기업 자체보다는 경쟁사와 비교해서 사업성이 좋은지, 원가가 적정한지를 파악하는 지표로 활용하는 게 좋다.

매출총이익률은 업종에 따라 천차만별이다. 유통업의 경우 물건을 사서 매출을 일으키기 때문에 중간 마진만이 매출총이익이 되므로 매출총이익률이 비교적 낮다. 반면 제조업은 원가 절감으로 매출총이익률이 높은 편인데, 이는 경쟁 기업이나 산업 평균지표와 비교해서 파악하는 것이 타당하다. 단순하게 따지면 매출총이익률도 높을수록 좋은 지표이기는 하다.

영업이익률 활용하기

수익성 비율로 다음에 살펴볼 것은 영업이익률이다. 영업이익률이란 매출액 대비 영업이익이 차지하는 비율을 말한다. 영업활동으로 벌어들인 수익이 매출액에서 얼마나 차지하는지를 보고 지속적으로 창출되는 수익률을 평가할 수 있다.

$$영업이익률 = \frac{영업이익}{매출액}$$

영업이익이란 매출액에서 매출원가를 차감한 매출총이익에서 판매비와 관리비를 차감한 순액을 말하며, 주된 영업활동으로 벌어들인 수익을 뜻한다. 따라서 영업이익률은 기업의 본업에 충실해서 벌어들인 수익률이므로 사업성을 나타낸다고 볼 수 있다. 영업이익률도 업종별로 다르므로 산업 평균치나 경쟁 기업의 수치와 비교하는 것이 비교적 정확하다.

당기순이익률 활용하기

당기순이익률도 기업의 수익성을 나타내는 비율이다. 당기순이익률이란 매출액 대비 당기순이익의 비율을 말하며, 주주에게 배당을 줄 수 있는 재원인 당기순이익이 매출액에 비해서 얼마나 창출되었는지를 보여주는 지표에 해당한다. 당기순이익률이 5%라는 것은 매출수익에서 모든 비용을 차감하고 주주에게 귀속되는 이익이 5%라는 뜻이다.

$$당기순이익률 = \frac{당기순이익}{매출액}$$

당기순이익은 영업외수익과 영업외비용을 모두 반영한 것이므로 당기순이익률은 기업을 영위하면서 발생한 모든 수익과 비용이 조정된 뒤에 주주에게 귀속되는 결과치에 해당한다. 한마디로 당기순이익률은 사후적인 배당을 예측할 수 있는 이익률이지만, 사실 그 자체로는 큰 의미가 없다. 왜냐하면 영업외손익은 매년 큰 폭으로 변화하기 때문이다. 따라서 당기순이익률은 당기 실적 파악에만 유용하고 장기적인 예측치로서의 의미는 크지 않다.

04 수익성 지표들
(ROA, ROE, ROIC)

포인트! 이번에는 수익성을 나타내는 지표들은 무엇이며, 어떻게 활용할지에 대해 살펴보도록 합니다. 수익성 지표란 투자액 대비 순이익의 비율이 얼마냐를 나타내는 것으로, 투자자가 투입한 원금에 비해 돈을 얼마나 벌었는지를 말해주는 지표입니다. 이 같은 수익성 지표에는 자기자본이익률^{ROE}, 총자산수익률^{ROA}, 투하자본이익률^{ROIC}이 있습니다. 각 비율의 개념과 투자 시 활용법을 자세히 살펴봅시다.

주가와 높은 상관관계

자기자본이익률^{ROE}과 총자산수익률^{ROA}이 상승한다는 것은 수익률이 증가해 기업의 주인인 주주들이 돈을 많이 벌어 갈 수 있다는 의미다. ROE와 ROA는 주가와도 상관관계가 높아서, 이 수치가 상승하면 주가도 높을 가능성이 크다. 특히 ROE는 주주가 거두는 직접적 수익률의 지표인 만큼 상승세에 있다면 주가도 오를 가능성이 크다.

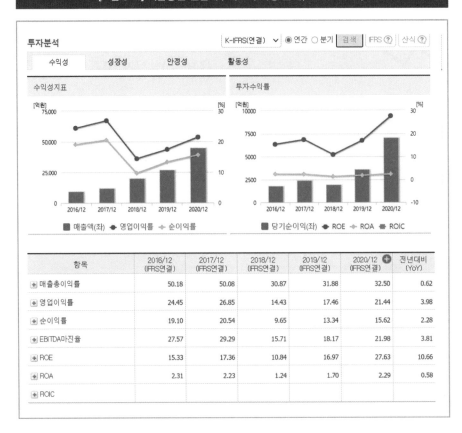

[그림 8-4] 키움증권 연결재무제표 수익성 분석(2020. 12. 31)

항목	2016/12 (IFRS연결)	2017/12 (IFRS연결)	2018/12 (IFRS연결)	2019/12 (IFRS연결)	2020/12 (IFRS연결)	전년대비 (YoY)
➕ 매출총이익률	50.18	50.08	30.87	31.88	32.50	0.62
➕ 영업이익률	24.45	26.85	14.43	17.46	21.44	3.98
➕ 순이익률	19.10	20.54	9.65	13.34	15.62	2.28
➕ EBITDA마진율	27.57	29.29	15.71	18.17	21.98	3.81
➕ ROE	15.33	17.36	10.84	16.97	27.63	10.66
➕ ROA	2.31	2.23	1.24	1.70	2.29	0.58
➕ ROIC						

키움증권을 사례로 이 같은 수익성 지표를 살펴보자. 네이버 금융에서 키움증권의 종목분석 〉 투자지표 〉 수익성을 차례로 클릭하면 ROE, ROA 추이를 볼 수 있다(그림 8-4).

키움증권의 경우 2018년부터 영업이익률과 순이익률이 꾸준히 상승하고 있고, ROA와 ROE도 상승하고 있다. ROE가 상승세이어서 주가도 상승세일 가능성이 크다. 실제 주가를 보며 확인해보자.

[그림 8-5] 키움증권 주가 월봉차트(2021. 4. 19)

키움증권 주가 월봉차트를 보면 꾸준한 상승세임을 알 수 있다. ROE는 주가를 가늠하는 비중 있는 요인 가운데 하나다.

진정한 수익률은 가치 대비 수익률에 해당한다. 내가 투자한 돈이 원금이라고 할 때 그 원금에서 열린 과실果實의 비중을 파악하는 것이 내가 얻은 이익을 파악하는 데 더 적합하기 때문이다. 이에 관해 좀 더 자세히 알아보자.

ROA(총자산수익률)

ROA Return On Assets 는 총자산수익률이라고도 하며, 기업의 총자산에 비해 당기순이익이 얼마나 되는지를 나타내는 지표다. 현재 운용하는 자산으로 얼마나 많은 당기순이익을 창출했는지를 보면 투자액 대비 수익성을 알 수 있다. ROA는 주주에게 귀속되는 당기순이익이 기업 전체 자산에서 차지하는 비율에 해당하므로, 주주의 수익성을 검증하는 데도 사용한다.

$$\text{ROA(총자산수익률)} = \frac{\text{당기순이익}}{\text{총자산}}$$

ROA는 ROE에 자기자본승수를 곱한 값이기도 하다. 자기자본승수란 자산을 자본으로 나눈 비율(자산 ÷ 자본)을 말하며, 부채를 뺀 순수 자본에 대한 비율에 해당한다. 따라서 기업의 부채 비율이 클수록 ROA는 감소하는 경향이 있다. 즉, 기업이 빚을 많이 지면 ROA는 작아진다. ROE와 ROA가 동시에 높으면 기업의 전체적 수익성이 좋다는 뜻이며, 기업의 잠재력이 크다고 해석해도 좋다.

ROE(자기자본이익률)

ROE^Retrun On Equity는 자기자본이익률이라고도 하며, 자기자본에 비해 당기순이익을 얼마나 벌어들였는지를 나타내는 지표다. ROE는 주주가 순수하게 투자한 금액 대비 주주에게 귀속되는 순이익이 얼마나 되는지 나타내는 비율이므로 주식에 투자해서 올린 수익률이라고 보아도 무방하다. 즉, 이 비율과 다른 자산에 투자했을 때의 수익률을 비교해서 투자의 적정성 여부를 파악해 의사결정에 활용하면 좋다.

$$\text{ROE(자기자본이익률)} = \frac{\text{당기순이익}}{\text{자기자본}}$$

ROE는 주주가 투자한 금액에서 발생한 수익률을 의미하므로 투자 대상 주식의 주가가 몇 퍼센트로 성장할지를 예측하는 데도 사용된다.

ROIC(투하자본수익률)

ROIC Return On Invested Capital는 투하자본수익률이라고도 하며, 영업활동을 위해 투하된 자산 대비 영업이익이 얼마나 되는지를 나타내는 비율이다. 이는 영업활동만으로 발생한 수익률을 뜻하므로 기업의 수익성을 가장 잘 반영한다고 볼 수 있다.

$$\text{ROIC(투하자본수익률)} = \frac{\text{세후영업이익}}{\text{영업투하자본}}$$

여기서 세후영업이익이란 영업이익에서 법인세를 뺀 금액을 말하며 '영업이익 × (1 - 세율)'로 산출한다. 영업투하자본이란 기업이 영업활동을 하는 데 들인 돈을 말하며, '순운전자본 + 유형자산증가액'으로 산출한다. ROIC는 가치투자에서 매우 중요한 의미를 지닌다. ROIC가 높은 기업은 이를 유지하거나 더 성장시킴으로써 주가 상승의 기회를 제공한다. WACC(가중평균자본비용)보다 낮은 ROIC를 나타내는 기업에 투자하면 장기적으로는 주가가 하락해서 손실을 본다는 것이 여러 통계에서 입증되었다.

05 종목의 안정성 확인하기

안정성이란 기업이 파산하지 않을 가능성을 말합니다. 이를 평가하는 비율에는 부채비율, 자기자본비율, 유동비율, 당좌비율, 이자보상비율 등이 있습니다. 안정성이 높은 회사는 망할 일은 거의 없다고 보면 됩니다. 안정성이 높다면, 추가로 사업성을 검토해보고 좋다고 판단되면 투자해도 손해 볼 일은 없습니다. 안정성 비율의 각 개념과 투자 시 활용법에 대해 살펴봅시다.

기업의 리스크를 가늠하다

안정성 지표가 높다는 것은 유동부채보다는 유동자산 비중이 높아서 부채를 갚고도 꽤 여유가 있다는 의미다. 파산 위험이 거의 없다고 볼 수 있다.

안정성이 높은 회사는 그 기업의 기반 때문에 망할 일은 거의 없다. 사업성만 추가로 검토해서 사업성이 좋고 미래 전망이 괜찮다면 투자해도 손해 볼 일은 없을 것이다.

안정성을 말해주는 비율에는 유동비율, 부채비율, 유보율, 순차입금비율, 이자보상비율, 자기자본비율 등 다양하게 존재한다. 투자자가 안정성 비율을 보는 이유는 그 기업이 망할 가능성이 있는지를 파악하기 위해서다. 한마디로 말해, 기업의 리스크를 가늠해보기 위해 안정성 비율을 검토한다. 안정성 비율이 일정 수준을 넘어가서 위험하다고 판단되면 투자하지 않는 것이 좋다. 투자할 때 활용할 수 있는 안정성 비율을 살펴보자.

부채비율 활용하기

부채비율이란 부채를 자본으로 나눈 비율을 말한다. 부채비율은 기업이 자기자본보다 외부 채무자에게 얼마나 의존하고 있는지를 말해주기도 한다. 즉 기업의 재무 레버리지financial leverage의 정도라고 할 수 있는데, 부채를 외부에서 가져다 쓴 만큼 수익성이 좋을 때는 확실하게 고수익이 나오고, 수익성이 나쁠 때는 확실하게 망하는 정도를 알 수 있다.

$$\text{부채비율} = \frac{\text{총부채}}{\text{자기자본}}$$

보통, 부채비율이 1.0 아래이면 매우 안정적인 상태라고 생각할 수 있고, 1.0~2.0인 경우에도 상대적으로 안정적인 상태라고 본다. 다만, 부채비율이 산업 평균치에 비해 지나치게 높으면 투자해서는 안 된다. 투자해서 잘되면 큰돈을 벌 수 있는 기업이지만 반대로 잘되지 않으면 파산 위험이 대단히 큰 기업일 수 있다.

금융업은 다른 업종보다 부채비율이 높고, 제조업은 상대적으로 부채비율이 낮은 편이다. 건설업은 금융업과 마찬가지로 부채비율이 높은 편인데, 대출을 받아서 사업을 일으키는 경우가 많기에 그렇다. 따라서 부채비율만으로 해당 기업이 안정적인 기업인지를 파악하는 데는 무리가 있다. 부채비율과 함께 자기자본비율, 유동비율, 당좌비율 등도 보고 판단하는 것이 좋다.

자기자본비율 활용하기

자기자본비율이란 총자산에서 자기자본 (자본)이 차지하는 비율을 뜻한다. 여기서 자본이란 총자산에서 총부채를 뺀 잔여 지분의 개념이다. 자기자본비율은 기업의 전체 자산에서 주주의 몫인 자기자본의 비중이 얼마나 되는지를 나타낸다.

$$\text{자기자본비율} = \frac{\text{자기자본}}{\text{총자산}}$$

자기자본비율은 0.5를 기준으로, 그보다 높으면 자본이 부채보다 많은 것이므로 일반적으로 안전하다고 본다. 자기자본비율이 0.5라는 것은 일반적으로 부채비율이 1.0이라는 의미와 크게 다르지 않다. 어쨌든 자기자본비율이 클수록 파산 위험은 적다고 볼 수 있다.

자기자본비율이 너무 높아서 1.0에 가깝다면 부채를 전혀 쓰지 않아서 레버리지를 통한 사업 확장 가능성은 오히려 떨어질 수 있다. 따라서 0.5 언저리가 적당히 안정적인 상태라고 생각한다.

유동비율 활용하기

유동비율이란 유동부채 대비 유동자산의 비율을 말한다. 유동비율은 기업의 단기적 채무상환 능력을 나타낸다. 부채비율이 전반적인 기업의 재무 건전성을 말해주는 지표라면, 유동비율은 단기적인 지급 능력을 파악하게 해주는 지표다. 따라서 유동비율은 흑자도산이나 단기적 파산 가능성을 가늠하기에 좋다.

$$유동비율 = \frac{유동자산}{유동부채}$$

유동비율은 유동자산을 유동부채로 나눈 비율로, 유동자산이 클수록 유동비율이 높고 유동비율이 클수록 재무 안정성이 높다고 볼 수 있다. 유동자산은 재고자산 및 당좌자산으로 구성되는데, 이 모두 현금화 가능성이 높은 자산들이다. 이런 자산들을 처분해서 유동부채를 상환할 가능성이 높다는 것은 그만큼 단기적 안정성이 크다는 뜻이다. 여기서 '유동'이란 통상 1년 안에 현금화가 가능하다는 것을 뜻한다.

유동비율이 높으면 일반적으로 좋다는 것이지 절대적인 것은 아니다. 유동비율이 높다는 것은 재고자산이 지나치게 많다는 뜻일 수도 있기 때문이다. 따라서 유동자산 중에서 재고자산을 제외하고 판단할 필요가 있는데, 이는 다음에 설명할 당좌비율로 파악할 수 있다.

당좌비율 활용하기

　　　　　　　당좌비율이란 유동부채 대비 당좌자산의 비율을 말하며, 당좌자산이란 유동자산에서 재고자산을 제외한 나머지를 말한다. 따라서 당좌비율은 유동비율보다 안정성과 활동성을 좀 더 많이 반영한 비율이라는 평가를 받는다.

$$당좌비율 \ = \ \frac{당좌자산(유동자산 - 재고자산)}{유동부채}$$

　당좌비율은 유동비율보다 좀 더 엄격하게 안정성을 반영한다. 당좌비율이 1.0을 넘는다는 것은 당좌자산이 유동부채보다 많음을 뜻하므로, 이런 기업은 매우 안정적이라고 볼 수 있다. 당좌자산이 유동부채보다 많다는 것은 웬만한 유동부채는 당좌자산을 사용해 언제든 갚을 수 있다는 뜻이기 때문이다. 당좌자산에는 현금 및 현금성자산, 단기금융자산, 장기금융자산 가운데 만기가 일찍 도래하는 것 등 현금화가 매우 용이한 자산에 해당한다.

이자보상비율 활용하기

　　　　　　　이자보상비율이란 이자비용 대비 영업이익의 비율을 말하며, 영업이익으로 이자비용을 얼마나 감당할 수 있는지를 보여주는 지표에 해당한다. 이자보상비율은 기업이 이자를 얼마나 갚을 수 있는 지, 이자를 갚은 후 얼마나 여유가 있는지를 나타낸다. 이자보상비율을 산출 하려면 영업이익EBIT을 이자비용으로 나누면 되는데, 이 값이 1.0을 넘으면 영 업이익으로 이자를 충분히 갚을 수 있다는 뜻이고, 1.0보다 아래면 영업이익 으로 이자를 갚고도 모자라 자산을 처분해야 한다는 뜻이다. 이자보상비율이 1.0 이하인 기업은 위기에 처한 것으로 봐도 좋다. 일반 기업의 경우 이자보상 비율은 2.0~5.0 정도에 해당한다.

$$\text{이자보상비율} = \frac{\text{영업이익(EBIT)}}{\text{이자비용}}$$

영업이익은 기업이 주된 영업활동을 통해 벌어들인 이익이므로 매년 시장 상황에 따라 달라진다. 이자보상비율도 이에 따라 변동될 수 있으므로 매 기 마다 잘 파악해야 한다. 웬만하면 이자보상비율이 2.0이 넘는 기업에 투자하 길 바란다.

종목의
활동성 확인하기

포인트! 기업의 활동성은 기업이 자신의 소유 자산을 가지고 얼마만큼의 매출을 일으키고 자산을 얼마나 잘 활용했는지를 나타냅니다. 재무비율 가운데 '회전율'이라고 불리는 것들이 보통 활동성 비율에 속합니다. 활동성 비율은 자산을 얼마나 효율적으로 이용하고 있는가를 측정합니다. 활동성 비율로 본문에서는 총자산회전율, 유형자산회전율, 재고자산회전율, 매출채권회전율을 살펴보도록 하겠습니다. 각각의 회전율이 무엇을 뜻하는지, 투자 시 어떻게 활용할지에 중점을 두고 보기를 바랍니다.

총자산회전율

보통 재무비율 가운데 '회전율'이라고 불리는 것들은 활동성 비율이라고도 한다. 이런 활동성 비율은 기업이 가진 자산의 종류마다 얼마만큼의 매출이나 매출원가를 일으키는지 그 속도를 나타낸다. 즉 활동성 비율은 자산을 얼마나 잘 활용했는지를 나타내는 지표다. 먼저, 총자산회전율을 살펴보자.

총자산회전율이란 매출액을 창출하는 데 기업의 총자산을 얼마나 활용했는지를 나타내는 지표를 말한다. 즉, 총자산회전율은 기업에 투자한 총자산이 1년에 몇 번 회전되었는지를 말해준다. 이는 총자본회전율이라고도 하는데, 매출액을 총자산으로 나누면 산출된다. 자산을 투자해서 매출액이 많이 창출될수록 활동성이 높고 자산을 효율적으로 이용한 것으로 평가된다. 이 비율은 과거보다 높을수록 좋으며, 다른 기업보다 높을수록 유리한 것으로 평가된다.

$$총자산회전율 = \frac{매출액}{총자산}$$

총자산회전율이 높아지는 추세라면 기업의 전체 자산이 잘 활용되고 있다는 증거이다. 이 비율은 산업마다 다르므로 해당 기업이 속한 산업 및 업종의 평균과 비교해서 판단하는 것이 좋다.

유형자산회전율

유형자산회전율은 유형자산 대비 매출액이 얼마나 창출되었는지를 나타내는 비율로, 주로 제조업에서 사용하는 수치다. 유형자산은 물리적 형체가 있는 토지, 건물 등을 가리키는데, 유형자산회전율이 높을수록 유형자산의 이용도가 좋다는 것을 나타낸다.

$$유형자산회전율 = \frac{매출액}{유형자산}$$

유형자산회전율은 과거의 추세와 비교하는 것이 좋은데, 지속적으로 높아지는 추세라면 유형자산의 활용성이 높아지고 있다는 뜻이다. 서비스업의 경우 유형자산이 별로 없기 때문에 유형자산회전율은 큰 의미가 없다.

제조업이면서 유형자산회전율이 떨어지고 있는 기업은 성장 가능성도 그만큼 낮아진다는 의미일 수 있다. 자산의 이용 효율이 떨어진다는 것은 매출액 저하의 선행 현상일 수 있기 때문이다.

재고자산회전율

재고자산회전율이란 재고자산 대비 매출액이 얼마나 발생하는지를 측정하는 지표다. 연 매출액을 재고자산으로 나누면 산출되며, 재고자산이 얼마나 빨리 판매되고 있는지를 가늠하게 해준다. 즉 재고자산회전율은 재고자산이 얼마나 빠르게 매출로 이어지는지를 나타낸다.

$$재고자산회전율 = \frac{매출액}{재고자산}$$

재고자산회전율은 높을수록 좋으며, 업종 평균보다 지나치게 높은 경우에는 적정 재고를 늘릴 필요가 있다. '365÷재고자산회전율'로 계산하면 '재고자산 회전기간'을 구할 수 있다. 재고자산 회전기간은 재고자산이 며칠마다 모두 팔리는지를 계산하기 위한 지표로, 이 기간이 짧을수록 판매력이 좋은 기업이라는 뜻이다. 재고자산회전율은 과거보다 증가하는 추세일수록 긍정적이므로 추세를 보고 기업의 활동성을 평가하는 것이 좋다.

매출채권회전율

매출채권회전율이란 한 회계기간 동안 평균 매출채권 금액이 현금으로 회수되는 횟수를 말한다. 즉 장부에 외상으로 판매된 금액이 얼마나 빨리 현금으로 회수되는지를 나타낸다. 따라서 매출채권회전율이 높을수록 매출채권이 빠르게 현금화되므로 자금의 유동성이 좋다는 의미일 수 있다.

$$\text{매출채권회전율} = \frac{\text{매출액}}{\text{매출채권}}$$

기업의 매출채권회전율이 과거보다 낮아지는 추세라면, 매출채권의 회수에 문제가 생겨 대손이 발생할 가능성이 높아지고 있음을 의미한다. 이는 기업의 수익성이 악화할 가능성이 높다는 것을 나타낼 뿐 아니라 기업의 흑자도산 가능성도 보여주는 위험한 신호다. 매출채권회전율이 낮은 기업은 경쟁력이 낮은 것으로 판단해도 좋으니 동종 업종의 평균 수치와 비교하는 것도 의미가 있다.

07

종목의
성장성 확인하기

포인트! 이번에는 기업의 성장성을 말해주는 재무비율을 살펴보겠습니다. 성장성 비율을 말해주는 지표에는 보통 '증가율'이 붙습니다. 매출액증가율, 영업이익증가율, 순이익증가율, EPS 증가율 등이 바로 기업의 성장성을 나타내주는 지표에 해당합니다. 즉 각종 수익증가율이 여기에 해당하죠. 투자자가 이 같은 수익증가율을 파악하는 이유는 수익성이 얼마나 성장하고 있는지, 그리고 그 추세는 어떠한지를 보고 주가를 예측하기 위해서입니다. 여기 언급된 수익증가율은 주가 흐름과 연관성이 매우 높기 때문에 눈여겨보길 바랍니다.

수익성장성 지표

기업의 성장성을 나타내는 비율로는 매출액증가율, 영업이익증가율, 순이익증가율 등이 있다. 이 같은 수익증가율은 주가의 흐름과 연관성이 매우 높은 지표이므로 투자 종목을 선정할 때 반드시 확인할 필요가 있다. 삼성전자의 각종 수익증가율을 살펴보자.

[그림 8-6] 삼성전자의 성장성 지표(2022. 12. 31.)

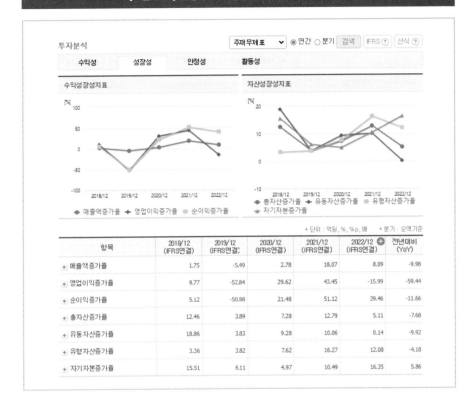

항목	2018/12 (IFRS연결)	2019/12 (IFRS연결)	2020/12 (IFRS연결)	2021/12 (IFRS연결)	2022/12 (IFRS연결)	전년대비 (YoY)
+ 매출액증가율	1.75	-5.49	2.78	18.07	8.09	-9.98
+ 영업이익증가율	9.77	-52.84	29.62	43.45	-15.99	-59.44
+ 순이익증가율	5.12	-50.98	21.48	51.12	39.46	-11.66
+ 총자산증가율	12.46	3.89	7.28	12.79	5.11	-7.68
+ 유동자산증가율	18.86	3.83	9.28	10.06	0.14	-9.92
+ 유형자산증가율	3.36	3.82	7.62	16.27	12.08	-4.18
+ 자기자본증가율	15.51	6.11	4.97	10.49	16.35	5.86

삼성전자(005930)의 성장성을 나타내는 지표 중 좌측 수익성장성 지표를 보면 2018년 12월~2022년 12월까지의 매출액증가율, 영업이익증가율, 순이익증가율을 알 수 있다. 2022년 12월 말 기준으로 매출액증가율은 8.09%, 영업이익증가율은 -15.99%, 순이익증가율은 39.46% 상승한 것으로 나타난다. 영업이익증가율이 2022년에 들어서 감소하였으며 이는 주가가 조정을 받고 있는 것과도 관련이 깊다. 그래도 순이익증가율과 매출액증가율은 상승추세를 유지하고 있으며 전체 시장의 추세가 상승세만 타게 되면 삼성전자의 주가는 대체

[그림 8-7] 삼성전자 주가 월봉차트(2023. 3. 10)

로 상승세를 보일 가능성이 높다.

전년도 대비 재무제표의 요소가 증가한다는 것은 그 기업이 성장하고 있다는 뜻이며, 각종 증가율은 기업의 성장성을 나타낸다. 대표적인 증가율 몇 가지만 분석해도 해당 기업의 성장 가능성과 주가의 추세를 간단하게나마 예상해볼 수 있기 때문에 투자자에게 증가율 분석은 의미가 있다.

매출액증가율

매출액증가율은 전년 대비 매출액의 증가를 나타내는 지표다. 매출액은 주된 영업활동으로 벌어들인 수익으로 기업의 수익성을 보여준다. 매출액이 지속적으로 늘어난다는 것은 기업의 시장성이 좋다는 것을 증명한다. 매출액이 증가하는 추세여서 매출액증가율이 지속적으로 플러스(+)를 유지하면 기업의 영업이익도 증가할 것이다. 이와 더불어 기업의 현금흐름이 증가하고 주가도 상승할 가능성이 커진다. 이 추세를 분석해 증가세를 보인다면 투자해도 나쁘지 않다.

$$매출액증가율 \ = \ \frac{당기매출액 - 전기매출액}{전기매출액}$$

매출액증가율이 마이너스(-)로 나타나면, 사업성 때문인지 경제 상황 때문인지 따져보고 투자 여부를 고민해보아야 한다. 거시경제 상황이 좋지 않아 매출액증가율이 낮은 것이라면, 해당 종목의 주가가 하락했을 때 그 주식에 투자하는 것도 좋은 전략일 수 있다.

영업이익증가율

　　　　　　　　영업이익증가율은 전기에 비해 영업이익의 증가 추세가 어떤지를 보여주는 지표다. 영업이익증가율이 플러스(+)라면, 영업이익이 증가 추세에 있는 것이므로 기업가치와 주가가 성장할 가능성이 있다. 영업이익을 조금만 변형하면 기업의 현금흐름이 되기 때문이다.

$$영업이익증가율 \ = \ \frac{당기영업이익 - 전기영업이익}{전기영업이익}$$

기업은 영업레버리지(고정비 효과) 때문에 매출액증가율보다 영업이익증가율의 변동이 크다. 특히 고정비가 큰 설비산업의 경우 감가상각비 때문에 그 변동성이 다른 업종보다 크다. 이런 업종은 매출액증가율보다 영업이익증가율이 훨씬 커야 정상적인 영업활동을 하고 있는 것이다.

만약 그 증가율이 비슷하다면 매출액의 증가 추세에 비례해 영업비용의 증가 추세도 증가하는 것이므로 기업의 비용 효율성이 많이 낮아지고 있다는 것을 의미한다. 이 경우 경영진의 관리 능력이 저하되고 있다는 신호이므로 투자를 미루는 것이 현명하다.

순이익증가율

순이익증가율은 당기순이익이 전기순이익에 비해 얼마나 증가 추세에 있는지를 보여준다. 순이익은 주주에게 배당 가능 이익으로 귀속되는 이익이므로 주가에 큰 영향을 미치는 요소다. 따라서 순이익증가율이 클수록 주가가 상승할 가능성이 높다고 보면 된다. 주가가 상승할 가능성이 높다는 것은 그만큼 기업의 성장성이 높다고 풀이할 수도 있다.

$$\text{순이익증가율} = \frac{\text{당기순이익} - \text{전기순이익}}{\text{전기순이익}}$$

만약 매출액과 영업이익증가율은 플러스(+)로 지속적으로 성장하는데 순이익증가율은 정체돼 있거나 마이너스(-)를 보인다면 이는 영업외손익의 영향이 분명하다. 보통 영업외손익은 이자비용이나 법인세비용, 기타 우발적 손실의 영향을 받으므로 특별한 사항이 있는지 분석해보고 경영 과정에서 지속적으로 영업외손실이 우려된다면 해당 기업에 투자하지 않는 것이 타당하다.

한편, 당기순이익증가율이 마이너스(-)라 해도 당기에만 일시적으로 영업외손실이 발생한 것이라면 앞으로의 성장 가능성은 긍정적으로 평가할 수 있다. 따라서 다른 비율과 계정과목을 잘 살펴봐야 한다.

자산성장성 지표

지금까지 수익성장성 지표를 보았다면, 이번엔 자산성장성 지표를 살펴볼 차례다. 자산성장성 지표는 기업의 규모가 어떻게 성장하는지, 기업의 가치가 얼마나 증가했는지 등 기업의 성장세를 보여준다. 주가를 예측할 때도 매우 유용한 지표이므로 투자자가 꼭 눈여겨봐야 할 것이다. 자산성장성 지표에는 대표적으로 총자산증가율, 유형자산증가율, 자기자본증가율이 있다.

총자산증가율 활용하기

총자산증가율은 당기말 총자산이 전기말 총자산에 비해서 얼마나 증가했는지를 나타내는 지표다. 총자산은 기업 전체의 규모와 기업가치를 대변하는 요소이므로 총자산증가율은 기업 자체가 얼마나 성장하고 있는지를 보여준다고 할 수 있다.

$$총자산증가율 = \frac{기말\ 총자산 - 기초\ 총자산}{기초\ 총자산}$$

총자산은 자기자본과 부채의 합이다. 자기자본의 성장으로 총자산이 성장하는 것이라면 긍정적이다. 주주의 몫이 커진다는 것은 주가가 상승할 가능성이 크다는 뜻이기 때문이다. 반면, 부채의 증가로 총자산증가율이 높은 것은 바람직하지 않다. 채무자의 몫이 커져 결국 주가가 하락할 수도 있기 때문이다.

총자산은 기업의 영업활동에 사용하는 영업자산과 영업활동과 무관하게 보유하는 비영업자산으로 구성된다. 영업자산의 증가는 매출액과 영업이익을 성장시키는 요인으로서 바람직하다. 그러나 비영업자산은 성격에 따라 전혀 수익을 내지 않은 무수익자산도 존재하고, 이는 일종의 비용이라고 볼 수 있다. 이런 무수익자산의 비중이 크다면 주가에 좋은 영향을 끼치지 못하고, 결국에는 주가가 하락하는 요인이 될 수도 있다.

따라서 총자산증가율이 높더라도 무수익자산의 증가율이 더 높다면 이런 주식에는 투자하지 않는 것이 좋을 수 있다. 물론 주가는 기업의 내재적 성장성을 모두 반영하는 것은 아니지만 말이다.

유형자산증가율 활용하기

유형자산증가율은 당기말 유형자산이 전기말 유형자산에 비해 얼마나 증가하고 있는지 그 추세를 나타낸다. 유형자산은 서비스업을 제외한 대부분의 업종에서 수익성의 기초가 되는 자산인 만큼 유형자산의 증가율이 높다는 것은 곧 투자를 많이 한다는 것을 뜻한다. 즉, 경영진의 의지가 확실하고 미래에 기업의 성장이 예상된다는 이야기다.

$$\text{자기자본증가율} = \frac{\text{기말 자본} - \text{기초 자본}}{\text{기초 자본}}$$

　기업은 수익성이 있는 시장에 진입해서 앞으로 수익을 더 창출하고자 할 때 유형자산에 대한 투자를 확대한다. 이는 유형자산증가율의 플러스(+)로 증명된다. 새로운 공장을 증설하거나 기계설비에 투자하는 등 캐파capacity를 늘리는 것은 기업가가 기업의 성장 잠재력을 확신하기 때문이다. 이 때문에 부채도 증가한다면 조금 위험하겠지만, 유상증자 등을 통해 대주주의 지분율이 늘면서 유형자산증가율이 플러스(+)로 나타난다면 긍정적으로 해석하는 것이 타당하다.

자기자본증가율 활용하기

$$\text{유형자산증가율} = \frac{\text{기말 유형자산} - \text{기초 유형자산}}{\text{기초 유형자산}}$$

　자기자본증가율은 당기말 자기자본이 전기말 자기자본에 비해 얼마나 증가하고 있는지 그 추세를 나타내는 지표다. 자기자본은 주주의 몫이므로 그 증가율이 크다는 것은 곧 주가가 상승할 가능성도 크다는 것을 뜻한다. 자기자본증가율이 클수록 주가는 빠르게 성장할 것이다.

물론 주식수가 빠르게 증가하면 그만큼 주가는 증가하지 않을 수도 있다. 따라서 자본 항목 내부적으로도 이익잉여금이나 기타자본 요소가 증가해서 자기자본증가율이 증가하면 곧 주가가 상승하리라는 것을 알 수 있지만, 자본금과 자본잉여금이 증가해서 자기자본증가율이 높아진 경우에는 추가증자로 인한 물타기 효과 때문에 주가가 오히려 하락할 수도 있다는 점에 유의해야 한다.

08

1주당 가치를
나타내는 비율들

포인트! 지금부터는 주식투자자가 기본적으로 이해해야 할 비율들을 살펴보겠습니다. 우선, 주당 가치비율입니다. 주당 가치비율이란 주식 1주당 특정한 항목의 비율이 어떠한지를 보여주는 지표를 말합니다. 그런 지표들에는 EPS^{주당순이익}, BPS^{주당장부가치}, SPS^{주당매출액}, CPS^{주당현금흐름} 등이 있습니다. 여기서는 이런 주당 가치비율 각각의 개념을 이해하고 주식투자 시 활용 방안을 살펴봅니다.

EPS(주당순이익)

주가는 주식 한 주당 얼마인지로 계산된다. 재무제표를 통해 주가를 추정하기 위해서는 총재무요소가 아닌 주식 한 주당 얼마의 금액으로 재무요소가 평가되는지를 파악할 필요가 있다. 그래서 분석하는 것이 주당 가치비율이다. 주당 가치비율 중 먼저 주당순이익^{EPS}을 살펴보자.

주당순이익EPS은 당기순이익을 발행주식 수로 나누어 계산한다. 즉 EPS는 보통주 주식 한 주당 당기순이익이 얼마인지를 나타내는 주당 가치비율을 말한다. 기업의 주가를 주당순이익으로 나눈 것은 주가수익비율PER인데, 이에 대해서는 뒤에 소개하겠다.

$$EPS = \frac{당기순이익}{발행주식 수}$$

EPS Earning Per Share는 주식 한 주에 귀속되는 주주의 몫을 나타낸다. 따라서 EPS의 증가 추세를 분석하면 주가 추세를 간접적으로 예상할 수 있다.

주당순이익은 당기순이익의 크기뿐만 아니라 발행주식 수에도 큰 영향을 받는다. 이때 발행주식 수만 증가시키는 신주인수권부사채의 행사나 전환사채의 행사는 주당순이익을 희석시켜 주주가치에 부정적인 영향을 미칠 수 있다. 반대로 무상감자를 통해 주식 수가 감소하면 주당순이익이 증가해서 주주가치에 긍정적인 영향을 미치게 된다.

BPS(주당장부가치)

주당장부가치BPS는 재무상태표상 자산에서 부채를 차감한 잔여지분인 자본을 발행주식 수로 나누어 계산한 지표다. 이는 장부가 기준으로 한 주당 얼마의 자본이 있는지를 나타내는 것으로 장부가 기준의 주가라고 볼 수 있다. 시간가치 기준 주가를 주당장부가치로 나누면 주가순자산비율PBR이 나오는데, 이에 대해서는 뒤에 설명하겠다.

$$BPS = \frac{\text{장부상 자기자본}}{\text{발행주식 수}}$$

BPS$^{\text{Book Value Per Share}}$는 발행주식 수에 영향을 많이 받는다. 즉, 주식 수가 늘수록 주당장부가치는 감소하게 되어 있다. 주당장부가치는 해당 기업의 순자산이 지속적으로 성장하는지를 파악하기 위해 전기와의 금액 비교가 중요하다. 주당장부가치가 기마다 증가 추세라면 주가도 상승할 것이기 때문이다.

SPS(주당매출액)

주당매출액^{SPS}은 당기에 발생한 매출액을 발행주식 수로 나누어 계산한다. 이는 주식 한 주당의 매출액이므로 수익의 질을 나타낸다. 투자자의 입장에서는 SPS$^{\text{Sales Per Share}}$가 증가하는 추세에 있는 주식에 투자하는 것이 타당하다. 재무비율 분석에서는 주당매출액을 자주 사용하지 않는다.

$$SPS = \frac{\text{매출액}}{\text{발행주식 수}}$$

CPS(주당현금흐름)

주당현금흐름^{CPS}은 현금흐름표에 나와 있는 영업활동으로 인한 현금흐름을 발행주식 수로 나누어 계산한 지표다. 영업활동으로 인한 현금흐름은 기업가치를 평가할 때 주로 사용하는 요소로 한 주당 현금흐름으로 전환해서 적절한 할인율로 할인만 하면 주가를 구할 수도 있다.

$$CPS = \frac{영업활동으로\ 인한\ 현금흐름}{발행주식\ 수}$$

CPS^Cashflow Per Share, 즉 주당현금흐름은 기업가치를 대변한다. CPS가 증가하는 기업은 기업가치가 증가할 가능성이 매우 높은 기업이다. 발생주의 순이익보다 현금흐름이 기업가치에 더 직접적인 영향을 끼치므로 적극 활용하는 것이 좋다.

EPS는 금액 비교와 증가율
둘 다 보라

신규 투자 종목을 발견하는 원리로 많이 활용하는 것이 EPS인데, 이때 함께 분석하는 것이 EPS증가율이다. EPS증가율 상위 종목은 증권사 홈페이지 또는 에프앤가이드^FnGuide에서 확인할 수 있다(그림 8-8).

2021년 1월을 기준으로, EPS증가율 1위 종목은 '풍산'이었다. 풍산이라는 종목은 나름 건실한 회사라는 것을 재무정보를 찾아보면 알 수 있다. 풍산은 1968년 10월 설립된 풍산홀딩스에서 2008년 7월 인적분할해 설립되었으며 2008년 7월 유가증권시장에 주식을 재상장한 종목이다. 사업 분야는 동 및

[그림 8-8] EPS증가율 상위 종목(2021. 1)

KB증권   주간리포트 동향   기업요약   리서치   지분변동   경쟁사 비교   **종목발굴**   🖨인쇄

- ⊛ EPS 상향비율 상위
- ⊛ 고 ROE
- ⊛ 최근투자의견 변동률
- ⊛ 외국인 지분증가 상위
- ⊛ **EPS 증가율 상위**
- ⊛ 저 PER
- ⊛ 최근목표주가 변동률
- ⊛ 주가상승률 상위
- ⊛ 영업이익률 상위
- ⊛ 저 PBR
- ⊛ 목표주가 괴리율 상위
- ⊛ 배당수익률 상위
- ⊛ ROIC

▶ EPS 증가율 상위

No.	종목코드	종목명	EPS	EPS(E)	EPS증가율(%)	추정기관수	Action
1	A103140	풍산(*)	539	2,442	353	4	📊 📄
2	A104700	한국철강(*)	414	1,038	150	3	📊 📄
3	A178920	PI첨단소재(*)	603	1,467	143	9	📊 📄
4	A088350	한화생명(*)	132	274	108	11	📊 📄
5	A185750	종근당(*)	4,716	8,605	82	9	📊 📄
6	A213420	덕산네오룩스(*)	798	1,407	76	14	📊 📄
7	A071050	한국금융지주(*)	5,664	9,445	67	3	📊 📄
8	A006800	미래에셋대우(*)	552	856	55	3	📊 📄
9	A053580	웹케시(*)	1,384	1,944	41	4	📊 📄
10	A016360	삼성증권(*)	4,146	5,755	39	3	📊 📄
11	A005830	DB손해보험(*)	5,264	7,161	36	11	📊 📄
12	A247540	에코프로비엠(*)	1,744	2,372	36	4	📊 📄
13	A000060	메리츠화재(*)	2,385	3,237	36	9	📊 📄
14	A064760	티씨케이(*)	4,011	5,423	35	6	📊 📄
15	A001450	현대해상(*)	2,801	3,744	34	10	📊 📄

* 최근 결산 Data
* 재무Data : 최근결산
* EPS 증가율 : 직전결산 실적 대비 당해년 예상 EPS 증가율

[그림 8-9] 풍산(103140) 주가 주봉차트(2021. 1. 27)

풍산 103140 코스피 ⓘ 2021.01.27 기준(장마감) 정지점 기업개요▼   ⊕ MY STOCK 추가 빠른주문

31,250
전일대비▲50 +0.16%

| 전일 31,200 | 고가 31,650 (상한가 40,550) | 거래량 265,448 |
| 시가 31,350 | 저가 31,000 (하한가 21,850) | 거래대금 8,300 백만 |

선차트 1일 1주일 3개월 1년 3년 5년 10년   봉차트 일봉 주봉 월봉

투자정보   호가 10단계

시가총액	8,758억원
시가총액순위	코스피 223위
상장주식수	28,024,278
액면가	매매단위	5,000원	1주
외국인한도주식수(A)	28,024,278
외국인보유주식수(B)	3,861,667
외국인소진율(B/A) ▶	**13.78%**
투자의견	목표주가	4.00매수	36,167
52주최고	최저	33,300	13,500
PER	EPS(2020.09) ▶	19.02배	1,643원
추정PER	EPS ▶	11.95배	2,616원
PBR	BPS(2020.09) ▶	0.62배	50,330원
배당수익률 ▶	N/A
동일업종 PER	**22.45배**
동일업종 등락률	-0.10%

동합금 소재와 가공품을 제조 및 판매하는 신동사업 부문과 각종 탄약류를 생산하는 방산사업 부문으로 구분된다.

[그림 8-9] 주가 차트를 보면, 풍산은 EPS증가율이 높은 만큼 주가도 눈에 띄게 증가했다는 점은 흥미롭다. 코로나 팬데믹 시작 직후 13,500원이라는 최저가를 찍은 이후에 EPS 증가 속도에 따라 주가가 꾸준히 상승해 2021년 1월 33,300원 최고 주가를 달성했는데, 증가율이 약 2.5배에 이른다.

향후의 주가 상승은 이익 증가와 그 증가 추세에 영향을 받기 때문에 EPS 증가율을 보는 것은 이처럼 의미가 있다. 이런 이익 증가 추세에 비추어 보면 풍산은 향후 주가 상승세를 이어갈 것이라고 예측해볼 수 있다. 실제로 풍산은 2021년 5월 31일 49,950원의 고점을 찍은 바 있다. 물론, 이후에 주가가 38,000원 대로 감소하기는 하였으나 이는 2021년 넘어서면서 EPS증가율이 둔화된 것과도 관련이 있어 보인다.

09

저평가 여부를
말해주는 재무비율

포인트! 주식투자에서 종목을 선정할 때 기업의 저평가 여부를 확인하는 것은 아주 중요한 문제입니다. 특히 장기투자와 가치투자에서 이는 핵심이라 해도 과언이 아니죠. 주식 초보자는 어떻게 기업의 저평가 여부를 확인하면 좋을까요? 기업의 저평가 여부를 단적으로 말해주는 재무비율들이 있는데, 주가에서 1주당 가치를 나눈 비율이 그렇습니다. 이런 비율을 나타내는 지표에는 PER, PBR, PSR, PCR가 있습니다. 본문에서 각각에 대해 자세히 알아봅시다.

PER(주가수익비율)

주가와 주당 가치 비율의 관계를 통해 주가를 추정하는 것은 일종의 상대가치평가법이다. 즉, '주가 ÷ 주당 가치'로 산출한 비율에, 대응되는 주당 가치를 곱하면 주가를 구할 수 있다는 논리다. 이 같은 논리로 우선 주가수익비율인 PER에 대해 알아보자.

PER는 주가를 주당순이익으로 나눠 계산한다. PER는 현재 주가가 현재 이익에 대비한 적정 주가보다 과대평가되었는지 과소평가되었는지를 파악하게 해주는 지표다.

PER는 주가를 추정할 때 많이 사용한다. 해당 기업의 PER를 계산해서 작년의 PER에 비해 높으면 과대평가되었다고 해석하거나, 업종 평균 PER와 비교해서 높으면 과대평가된 것으로 판단할 수 있다. 이렇게 고PER 주식에는 되도록 투자하지 않는 것이 유리하고, 저PER 주식은 시장에 비해 과소평가된 주식이므로 투자하는 것이 좋다.

$$PER = \frac{주식의\ 시장가치}{주당순이익(EPS)}$$

일시적으로 기업에서 영업외이익이 발생하거나 영업외비용이 감소해서 당기순이익이 높아지면 PER가 급락할 수도 있다. 이렇게 저PER가 된 경우 섣불리 투자했다가는 오히려 손해를 볼 수도 있으니 주의해야 한다. 이런 오류를 방지하기 위해 다른 재무비율도 함께 분석해봐야 한다.

PBR(주가장부가비율)

주가장부가비율PBR은 주가를 주당순자산 장부 가치로 나누어 산출한다. PBR은 현재 주가 수준이 순자산 장부 가치에 비해 고평가되었는지 저평가되었는지를 나타내는 지표다. 장부 가치에 비해 고평가된 경우에는 원인을 파악하는 것이 중요하지만, 일반적으로 장부 가치 대비 주가가 과대평가된 것으로 파악한다.

$$PBR = \frac{주식의\ 시장가치}{주당장부가치(BPS)}$$

　　PBR가 1.0 이상이면 장부 가치 대비 과대평가된 것이므로 투자할 때 신중해야 한다. 최근 국제회계 기준이 도입되면서 공정가치평가가 확대돼 PBR는 과거에 비해서 1.0에 가까워졌다. 따라서 PBR가 1.0보다 훨씬 크다면 그 주식에는 투자하지 않는 것이 현명하다고 볼 수 있다.

PSR(주가매출액비율)

$$PSR = \frac{주식의\ 시장가치}{주당매출액(SPS)}$$

　　주가매출액비율PSR은 주가를 주당매출액으로 나누어 산출한 값이다. PSR는 현재의 주가가 1주당 매출액에 비해 과대평가되었는지 과소평가되었는지를 판단하는 지표다. PSR는 매출수익을 통한 상대가치평가 방법으로 PER와는 달리 고정비 때문에 적자를 볼 수밖에 없는 신생기업이나 설비 투자가 큰 기업의 가치평가에 주로 사용한다.

PCR(주가현금흐름비율)

$$PCR = \frac{주식의\ 시장가치}{주당현금흐름(CPS)}$$

주가현금흐름비율^{PCR}은 주가를 주당현금흐름으로 나누어 산출한 값이다. 현재의 주가가 1주당 영업활동 현금흐름에 비해 과대평가되었는지 과소평가되었는지를 판단하는 지표로 활용된다. 이 지표 또한 낮을수록 저평가된 것이므로 투자하는 것이 좋고, 높을수록 투자에 신중을 기해야 한다.

EV/EBITDA 비율

EV/EBITDA 비율은 증권가에서 기업가치를 평가할 때 흔히 사용하는 비율로, 이 지표를 잘만 활용하면 기업가치를 추정할 수 있고, 이를 통해 주가도 예측해볼 수 있다. 여기서 EV$^{Enterprise\ Value}$란 기업가치를 뜻하며 '시가총액 + 순부채의 시장가치'로 산출한다. 순부채의 시장가치는 '총차입금 – 현금성 자산'으로 산출한다. EBITDA$^{Earnings\ Before\ Interest,\ Taxes,\ Depreciation\ and\ Amortization}$란 세금과 이자 및 감가상각비를 차감하기 전 순이익을 뜻하며 간단히 '이자와 법인세, 감가상각비 차감 전 순이익'이라고 이야기한다.

$$EV/EBITDA\ 비율 = \frac{EV}{EBITDA}$$

EV/EBITDA 비율은 시장에서 평가되는 기업의 가치를 추정할 때 유용하게 사용된다. 분모 EBITDA는 기업의 수익성을 나타내며, 분자 EV는 기업의 시장가치를 나타낸다. 따라서 이 비율로 기업의 수익성 대비 기업의 시장가치를 파악하게 된다.

분자인 EV를 산출할 때 시가총액과 순부채의 시장가치를 더하는 이유는 기업을 매수할 때 기업의 시장가치와 함께 기업이 차입한 부채까지 떠안아야 하기 때문이다. EBITDA는 영업이익EBIT에 감가상각비depreciation를 더해서 산출할 수도 있고, 매출액에서 매출원가와 현금유출 비용만 따로 차감해서 구할 수도 있다.

감가상각비는 기업의 영업활동에 사용하기 위해 취득한 유형자산 또는 무형자산을 기마다 일정한 방법으로 비용화한 항목으로 현금유출이 없는 비용이다. EBITDA는 EBIT에 감가상각비를 더해서 산출하므로 현금유출입이 있는 수익비용만 고려한 영업이익이라고 볼 수 있다. 즉, EBITDA는 영업현금흐름의 대용치로 적합하다.

EV/EBITDA 비율이 1이면 1년간 기업에서 창출된 영업이익 또는 영업현금흐름으로 해당 기업을 인수하는 것이 가능하다는 의미다. 만약 EV/EBITDA 비율이 5라면 5년은 걸려야 영업이익으로 이 기업을 인수할 수 있다는 의미로 볼 수 있다. 따라서 EV/EBITDA가 낮을수록 기업의 수익 창출력에 비해 기업가치가 낮게 평가돼 있다는 뜻으로, 매력적인 인수대상 기업이라고 볼 수 있다.

이는 주식투자에도 유용하게 활용할 수 있다. EV/EBITDA가 낮은 기업의 주식은 저평가되었을 가능성이 크므로 매수하는 것이 좋다.

10

가장 헷갈리는
배당 관련 비율 총정리

포인트! 주식투자자들이 가장 관심을 두는 두 가지를 꼽으라면 단연코 수익과 배당일 것입니다. 그중 '배당'은 기업이 일정 기간에 벌어들인 당기순이익을 사내에 유보하지 않고 주주들에게 지급하는 것을 말합니다. 배당금이 높은 기업에 투자하는 것을 투자자들은 당연히 선호할 것입니다. '배당금'은 주주총회를 거쳐서 지급하는 주주에 대한 회사의 이익분여금이라고 볼 수 있습니다. 배당금을 많이 주는 기업인지 아닌지 투자자들은 어떻게 알 수 있을까요? 배당과 관련된 지표들이 있는데 바로 배당성향, 사내유보율, 배당률, 배당수익률이 그렇습니다. 주식투자자들이 가장 헷갈려하는 것이 바로 배당과 관련된 지표들입니다. 본문에서 각각에 대해 자세히 알아봅시다.

배당성향

'배당'은 기업이 일정 기간에 벌어들인 당기순이익을 사내에 유보하지 않고 주주들에게 지급하는 것을 말한다. '배당금'은 주주총회를 거쳐서 지급하는 주주에 대한 회사의 이익분여금이라고 볼 수 있다. 이런 배당을 얼마나 주는지를 보여주는 대표적 비율이 배당성향이다.

배당성향은 당기순이익 중에서 현금으로 지급한 배당금 총액의 비율을 말하는 것으로 '배당지급률'이라고도 한다. 만약 당기순이익이 100만 원인데 주주총회를 거쳐 배당금으로 50만 원이 지급되었다면 배당성향은 50%가 된다.

$$배당성향 = \frac{배당금총액}{당기순이익}$$

배당성향이 클수록 당기순이익에서 배당금으로 지급되는 부분이 높아지기 때문에 재무 구조 악화의 원인이 되기도 한다. 한편, 배당성향이 낮으면 사내유보율이 높아지는데, 이는 다음에 주식배당이나 현금배당의 재원인 미처분이익잉여금이 늘어난다는 것을 의미한다. 이를 달리 보면 사내유보금을 통한 재투자 여력이 증가한다는 의미이기도 하다.

배당성향이 큰 것이 나쁜 것만은 아니다. 주주 입장에서 보면 배당성향이 크면 현금으로 받는 이익이 늘어 주식의 매력도가 상승하며, 그만큼 주가에도 긍정적인 영향을 줄 수 있다.

사내유보율

사내유보율은 사내유보금이 당기순이익에서 차지하는 비율로, '1 - 배당성향'으로 산출할 수 있다. 사내유보금이란 당기순이익 중에서 배당금으로 주주에게 주고 회사 내부에 남은 금액을 뜻한다. 만약 당기순이익이 100만 원인데 40만 원을 배당으로 지급했다면 60만 원은 사내유보금이 되고, 사내유보율은 60%가 된다. 사내유보율이 높을수록 재투자 재원은 많아진다.

$$\text{사내유보율} = \frac{\text{사내유보금(당기순이익−배당금)}}{\text{당기순이익}}$$

사내유보율은 기업을 성장시키기 위한 투자가 많이 필요한 고성장 기업에서 다소 높게 나타난다. 이런 기업은 배당성향이 낮지만, 성장 후 안정 기업에 올라서면 사내유보율보다 배당성향이 늘어나게 된다.

배당률

배당률이란 액면가 대비 배당금의 비율을 뜻한다. 배당률로 알 수 있는 것은 주식의 액면가당 배당을 얼마나 지급하는지다. 주식에 대한 순배당수익률을 알려준다는 점에서 배당률은 투자자에게 매우 유용한 지표다. 이때 주식의 액면가는 주식의 순가치라고 할 수 있다.

$$\text{배당률} = \frac{\text{주당 배당금}}{\text{액면가}}$$

주식의 액면가는 쉽게 변하지 않기 때문에 다른 지표에 비해 배당금의 수준을 안정적으로 나타낸다. 이때 주식의 액면병합과 액면분할로 액면가가 변하면 배당률이 높아지거나 낮아지는 특징이 있다.

배당수익률

배당수익률은 주식의 액면가가 아니라 시장가치 대비 주당 배당금을 나타내는 비율로, '시가배당수익률'이라고도 한다. 만약 시장의 주가가 10만 원이고 주당 배당금이 5천 원이라면 배당수익률은 5%가 된다.

$$배당수익률 = \frac{주당\ 배당금}{주식의\ 시장가치}$$

배당수익률은 배당으로 얻게 되는 실질적 수익률을 알려주는 지표다. 현재 시장의 주가를 기준으로 배당수익률이 10%라면 지금 해당 주식에 투자했을 때 실질수익률이 세전 10%라고 말할 수 있다. 다만 주당 배당금은 전년도 배당을 기준으로 하기 때문에, 그 금액이 유지된다는 보장은 없다.

배당수익률이 높다는 것은 배당금이 높거나 주식의 시장가치가 낮기 때문이므로 배당수익률이 높은 주식에 투자할 경우 저평가된 주식일 가능성이 크다. 따라서 배당수익률이 높은 주식에 투자하면 그만큼 시세차익을 볼 가능성도 커진다.

9장

머리에 쏙쏙 들어오는
신박한 차트 분석

01

캔들차트(봉차트)의
기본기 쌓기

주식 차트는 기본 패턴을 이해하는 것이 중요합니다. 차트의 기본 패턴을 알면, 조금 특별한 형태로 변형된 패턴에 대해서 어렵지 않게 해석할 수 있기 때문입니다. 주식 차트에 대해 알아야 할 것은 크게 봉차트와 이동평균선입니다. 그중 기본이 되는 것이 봉차트인데, 봉의 형태가 양초 같다고 해서 캔들차트라고도 불립니다. 여기서는 캔들차트가 무엇이며, 캔들차트에 어떤 의미가 담겨있는지, 캔들차트의 다양한 패턴은 어떻게 형성되는지, 캔들의 모양과 주가가 어떤 상관관계가 있는지를 이해할 것입니다. 한마디로 캔들차트의 기본기를 쌓는 것이 이 섹션의 목표입니다.

캔들차트의 기본 패턴

주식 차트는 크게 선차트와 봉차트로 구분된다. 일정 기간의 주가 움직임을 선으로 나타낸 것을 선차트라 하고, 막대 모양의 봉들로 나타낸 것을 봉차트라 한다. 봉 모양이 양초 같다고 해서 봉차트를 캔들차트^{Candle Chart}라고도 한다. 주가 흐름뿐만이 아니라, 좀 더 많은 정보를 얻고 싶다면 캔들차트의 의미와 그 패턴을 읽을 줄 알아야 한다.

캔들차트는 시가, 종가, 최고가, 최저가 총 4가지 요인에 의해 다양한 패턴을 만들어낸다. 캔들차트의 기본적인 패턴을 알아두면 주가 흐름에 대한 시장의 장세를 이해할 수 있고 주가의 단기적 흐름을 예측할 수도 있다. 그러므로 단기적으로 매매 포인트를 잘 포착하려면 캔들차트의 기본 패턴을 자주 분석해보는 습관이 유용하다.

네이버 검색창에 '삼성전자'를 입력해보자. 스크롤을 조금만 내리면 삼성전자의 현재 주가와 그래프가 나온다. 그래프 상단 우측에 일봉, 주봉, 월봉이 있는데 각각을 클릭하면 각각 일, 주, 월 단위의 주식 차트를 볼 수 있다. 봉의 종류는 시간을 기준으로 해서 분봉, 일봉, 주봉, 월봉, 연봉으로 나눌 수 있다. 앞에서 설명한 데이트레이더인 단기투자자들은 차트를 볼 때 분봉, 일봉 등 주기가 짧은 봉차트를 보고 투자하면 되고, 가치투자를 하는 장기투자자들은 월봉

[그림 9-1] 삼성전자 일봉 캔들차트

이나 연봉을 보고 투자하면 될 것이다.

주가를 클릭하고 들어가면 해당 종목에 대한 정보를 좀 더 자세하게 볼 수 있다. 확대해서 보면 빨간색·파란색 막대와 꼬리 모양을 한 수많은 캔들을 볼 수 있을 것이다.

캔들차트의 의미를 구체적으로 살펴보면 다음과 같다.

캔들차트는 네모나고 길쭉한 박스 모양의 몸통과 위아래에 삐죽하게 솟아난 선 모양의 꼬리로 이루어져 있다. 캔들 색상은 주가가 올랐느냐 떨어졌느냐에 따라 빨간색과 파란색으로 구분된다. 주가가 오르는 경우(종가 〉 시가)에는 캔들 색상이 빨간색이고 '양봉'이라 부른다. 주가가 떨어지는 경우(종가 〈 시가)에는 캔들 색상이 파란색이고 '음봉'이라고 한다.

캔들차트의 몸통 부분은 일정 기간 주가의 상승과 하락폭을 보여준다. 시가와 종가의 차이가 몸통의 길이를 나타내는데, 이를 통해 장이 얼마에 시작해서 얼마에 마감했는지를 알 수 있다. 고가선과 저가선을 통해 주가의 총변동 범위를 파악할 수 있다. 고가와 저가 사이의 차이가 크면 클수록 주가의 상승과 하락폭이 크다는 것을 뜻한다.

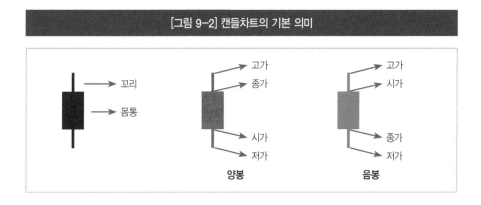

[그림 9-2] 캔들차트의 기본 의미

여러 개의 개별 차트가 모여 특정한 주가 패턴을 만들어내며, 이를 잘 분석하면 주가 변동의 전환 시점을 찾아낼 수 있다. 개별 차트의 모양에서는 시장의 매입 세력과 매도 세력의 심리와 의도도 파악할 수 있다. 재미있는 점은 같은 모양의 캔들차트라 해도 시장 상황에 따라 의미하는 바가 다르며 원인도 다양하다는 것이다. 캔들차트의 모양에 대해서 좀 더 자세히 알아보자.

캔들의 모양을 알면 주가가 보인다

캔들의 몸통 길이는 시가와 종가가 얼마나 차이 나느냐에 따라 정해진다. 차이가 많이 나면 길어질 것이고, 차이가 적게 나면 길이가 짧아질 것이다. 캔들의 꼬리는 저가와 고가의 시세가 얼마나 차이 나느냐에 따라 길이가 달라진다. 고가와 저가의 시세 차이가 적게 나면 꼬리가 짧을 것이고, 시세 차이가 많이 나면 꼬리가 길어질 것이다.

이는 시가와 저가가 일치하고 종가와 고가가 일치하는 패턴이다. 매입 세력이 강하다는 의미이고, 특히 긴 상승선이 저가권에서 나타나면 방향이 전환되는 경우도 생긴다. 강한 매수세라고 보면 된다.

이는 시가와 고가가 일치하고 종가와 저가가 일치하는 패턴이다. 매도 세력이 강하다는 의미이고, 하락세가 강력해서 주가가 급락할 가능성이 있다. 고가권에서 긴 하락이 나타나면 방향전환이 되는 경우가 발생한다.

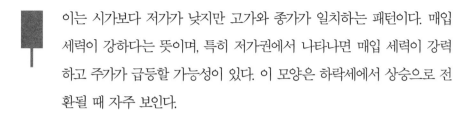 이는 시가보다 저가가 낮지만 고가와 종가가 일치하는 패턴이다. 매입 세력이 강하다는 뜻이며, 특히 저가권에서 나타나면 매입 세력이 강력하고 주가가 급등할 가능성이 있다. 이 모양은 하락세에서 상승으로 전환될 때 자주 보인다.

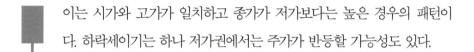 이는 시가와 고가가 일치하고 종가가 저가보다는 높은 경우의 패턴이다. 하락세이기는 하나 저가권에서는 주가가 반등할 가능성도 있다.

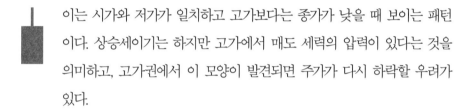 이는 시가와 저가가 일치하고 고가보다는 종가가 낮을 때 보이는 패턴이다. 상승세이기는 하지만 고가에서 매도 세력의 압력이 있다는 것을 의미하고, 고가권에서 이 모양이 발견되면 주가가 다시 하락할 우려가 있다.

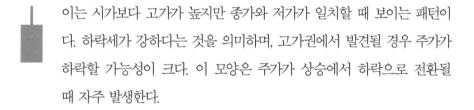 이는 시가보다 고가가 높지만 종가와 저가가 일치할 때 보이는 패턴이다. 하락세가 강하다는 것을 의미하며, 고가권에서 발견될 경우 주가가 하락할 가능성이 크다. 이 모양은 주가가 상승에서 하락으로 전환될 때 자주 발생한다.

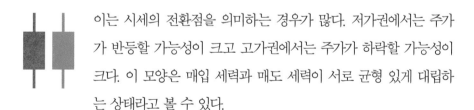 이는 시세의 전환점을 의미하는 경우가 많다. 저가권에서는 주가가 반등할 가능성이 크고 고가권에서는 주가가 하락할 가능성이 크다. 이 모양은 매입 세력과 매도 세력이 서로 균형 있게 대립하는 상태라고 볼 수 있다.

02 캔들차트 분석의 기초

포인트! 캔들차트를 분석하는 이유는 주가 흐름을 예측하고 매매 시점을 정확히 잡는 것입니다. 캔들차트의 모양을 보고 향후 주가가 어떤 방향으로 움직일지 파악하기만 해도 지금이 매수 시점인지 매도 시점인지, 아니면 결정을 보류해야 할지 알 수 있을 것입니다. 이번 섹션에서는 캔들차트의 형태를 살펴보고 함께 분석해보도록 합시다. 캔들차트의 기초적인 모양은 대략 10가지입니다. 이 10가지 모양이 기본이며 여기에 추가적으로 조금 특이한 형태만 알면 주식장세를 읽고 매매 시점을 잡는 데 큰 문제가 없습니다.

캔들차트의 형태를 이해하기 앞서 용어 정리를 해보겠다. 기본적으로 알아두어야 할 용어로 장대, 단대, 음봉, 양봉이 있다. 장대는 긴 막대, 단대는 짧은 막대, 음봉은 파란색 막대, 양봉은 빨간색 막대를 의미한다.

우선 장대음봉의 의미를 살펴보자.

장대음봉

장대음봉은 시가와 종가의 등락폭이 커서 몸통이 상대적으로 길게 나타나는 형태다. 이는 하락장일 때 계속 하락이 유지되는 경향을 보이지만 절대적인 것은 아니다. 장대음봉 이후 주가가 상승하는 경우도 있으므로 향후 주가의 추이를 관찰하면서 매매에 임하는 것이 좋다.

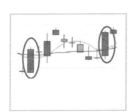

장대양봉

장대양봉은 시가와 종가의 등락폭이 커서 몸통이 상대적으로 긴 형태 가운데 양봉을 말한다. 상승장에서의 양봉은 주가 상승을 지속할 가능성이 크다는 이야기이지만 섣부른 판단은 금물이다. 이 패턴만 보고 매매를 하는 것은 성급한 결정이고, 향후 주가의 추이를 관찰하면서 매매에 임하는 것이 좋다.

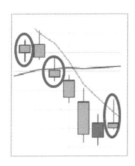

단대음봉

단대음봉은 시가와 종가의 등락이 작아서 몸통이 상대적으로 작은 음봉을 말한다. 굳이 구분하자면, 이는 애매한 캔들에 속하며 이 형태만 가지고는 매매를 결정할 수 없다. 다만, 전날 장대음봉이 발생한 다음 하락 갭을 보이며 단대음봉이 생겼다면 장세 전환이 임박했다는 신호로 받아들이면 된다. 이후 장세 전환 패턴이 완성된 뒤에 매매를 결정하는 것이 좋다.

단대양봉

단대양봉은 시가와 종가의 등락폭이 작아 몸통이 짧은 양봉을 말한다. 이 형태만 가지고는 매매를 판단하기 어려우며, 전날 장대양봉이 발생한 다음 상승 갭을 하며 단대양봉이 발생했다면 장세 전환이 임박했다는 신호 정도로 판단할 수 있다. 이후 장세 전환을 확인한 뒤 매매에 임하는 것이 바람직하다.

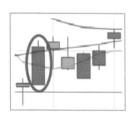

위꼬리 양봉

위꼬리 양봉은 시가와 저가가 같아서 아래쪽 꼬리가 없는 형태를 말하며, 종가보다 고가가 높아 위쪽으로 꼬리가 솟아 있다. 이는 주가의 강한 상승세를 나타내는 패턴이다. 시장에서 이 패턴이 나타나면 완전양봉(꼬리가 전혀 없는 양봉)보다는 약하지만 지속적으로 주가가 상승하리라고 예상해볼 수 있다.

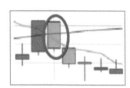

위꼬리 음봉

위꼬리 음봉은 시가와 고가가 같아서 몸통 위쪽으로는 꼬리가 없고 종가보다 저가가 낮은 경우에 해당하며, 아래 꼬리가 밑으로 축 늘어진 모양이다. 이는 하락장을 지속하는 신호로 여겨지지만 완전음봉(꼬리가 전혀 없는 음봉)에 비해서는 힘이 약한 편이다.

밑꼬리 양봉

밑꼬리 양봉은 종가와 고가가 같고 시가가 저가보다 다소 높을 때 나타난다. 아래쪽의 꼬리 부분이 몸통보다는 작은 모양새인데, 강한 주가 상승세를 의미하는 패턴으로 해석된다.

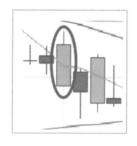

밑꼬리 음봉

밑꼬리 음봉은 종가와 저가가 같으며 몸통 아래의 꼬리는 없는 모양새다. 고가가 시가보다 높아서 몸통 위쪽으로 꼬리가 나 있으며 꼬리는 몸통에 비해서 짧다. 주가가 하락하는 신호로 여겨지며 하락세를 지속하는 패턴이다.

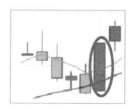

완전양봉

완전양봉은 종가와 고가가 같고 저가와 시가가 같아서 몸통만 있고 꼬리가 없는 양봉을 말한다. 이는 매우 강한 상승세를 보여주는 형태로 상승 지속형 패턴으로 해석된다. 간혹 상승 국면의 마지막에 출현해 하락을 예고하기도 하므로 주의가 필요하다.

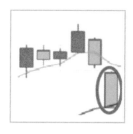

완전음봉

완전음봉은 시가와 고가가 같고 저가와 종가가 같은 경우에 나타나는 형태다. 매우 취약한 하락장을 보이는 형태로 종종 하락 지속형 패턴으로 해석된다. 가끔은 하락 국면의 막바지에 투매를 나타내고 강세 전환 패턴의 첫날에 나타나기도 하므로 주의해야 한다.

03

특이한 모양,
특이한 패턴 분석

지금까지 캔들차트의 의미와 기본 패턴에 대해 알아보았습니다. 이처럼 캔들차트 분석의 기초를 잘 쌓으셨으니, 이제부터는 캔들차트의 특이한 모양과 패턴에 대해서 살펴보기로 합니다. 매수와 매도 시점을 좀 더 정확히 예측하고 주가 추세의 반전 신호를 읽을 수 있으려면 여기 소개하는 모양을 알아두는 것이 좋습니다. 본문에 나오는 캔들차트의 명칭들은 학자마다 혹은 번역서마다 제각각이어서, 제 나름대로 만든 것이니 참고하기 바랍니다. 형태를 직관적으로 표현함으로써 이름이 쉽게 기억되도록 했습니다.

개별 캔들차트 분석

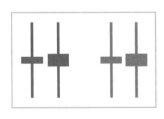

위아래 길쭉이

위아래 길쭉이는 몸통보다 위아래 꼬리가 길쭉하며, 몸통은 위아래 꼬리의 중간쯤에 있는 모양새다. 위아래 길쭉이는 상승과 하락의 힘이 대등해 시장을 예측하기 어려운 상태라고 보면 된다.

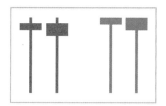

정망치

정망치는 몸통 위에는 꼬리가 거의 없고 아래 꼬리가 매우 긴 형태다. 하락장에서 정망치가 생기는 경우 매도세가 강하다는 뜻이고, 시장이 거의 바닥을 치고 이후 상승세로 돌입할 수 있다는 신호이기도 하다. 만약 하락세에서 주가가 바닥권일 때 이런 정망치 모양이 발견된다면 매수 신호로 볼 수 있다.

역망치

역망치는 몸통 아래에는 꼬리가 거의 없고 위꼬리는 굉장히 길게 난 형태다. 하락장에서 역망치가 발견될 경우 상승 반전을 예상해볼 수 있고, 반대로 상승세에서 발견되면 이는 하락 반전의 신호로 볼 수 있다. 즉, 역망치는 반전의 대왕이라고 봐도 무방하다. 역망치는 상승세에서는 매도 신호로, 하락세의 바닥권에서는 매수 신호로 보면 된다.

수평이

수평이는 시가와 종가, 고가와 종가의 가격이 모두 같아서 수평선 모양이 되는 형태다. 수평이는 주가가 움직이지 않는 형태로, 이후의 주가는 종잡을 수 없다. 이 패턴이 나타나면 투자의사 결정에 신중을 기해야 한다.

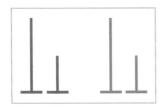

위로 삐죽이

위로 삐죽이는 종가와 시가와 저가가 같으며 위 꼬리가 긴 형태를 띤다. 이 형태를 보면 시가 이후 주가가 상승세를 보이다가 장 마감 시점에 다시 시가로 수렴한 것을 알 수 있다. 위로 삐죽이가 상승 추세의 고점에서 발생할 경우 주가가 하락할 신호이며, 위꼬리가 길수록 그 힘은 강하다. 만약 하락 추세에서 발견되면 상승세로 반등할 수 있다는 의미다. 이럴 때는 매수를 고려해보아야 한다.

아래 삐죽이

아래 삐죽이는 시가와 종가와 고가가 모두 같아서 아래로 꼬리가 길게 나온 형태다. 아래 삐죽이가 하락세의 바닥권에서 발생하면 보통 상승 반전의 신호로 볼 수 있고, 반대로 상승세에서 발생하면 하락 반전의 신호로 볼 수 있다.

2개 이상의 캔들차트 분석법

지금까지 캔들차트의 개별 패턴을 살펴보았다. 이제부터는 두 개 이상의 캔들차트를 분석하는 법을 함께 보도록 하는데, 이는 장세를 읽어내는 데 매우 유용하다. 단일 캔들차트만 가지고 투자를 결정하기보다는 캔들 간의 관계를 분석하는 것이 더욱 안전하다.

잉태형 패턴

먼저 잉태형 패턴부터 살펴보자. 뒤의 캔들이 앞에 있는 캔들을 품는 모양새여서 '잉태형'이라는 이름을 붙였다. 전날의 캔들이 다음 날 캔들보다 크고 우람해 잉태하는 모양을 한다면 주의 깊게 살펴봐야 한다.

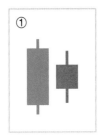

① 전날은 주가가 하락하는 장대음봉이었다가 다음 날은 상승하는 단대양봉인 캔들차트이다.

이 형태는 전날 캔들이 다음 날 캔들을 품는 형태로 하락세이던 주가가 상승세로 반전할 수 있음을 보여준다. 하락추세에서는 전날의 봉이 음봉이고 다음 날 봉이 양봉이며, 몸통이 클 경우 더욱 분명한 상승 반전을 예상해볼 수 있다.

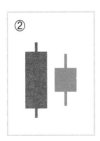

② 전날은 장대양봉이었다가 다음 날은 단대음봉이 발생한 캔들차트이다.

이 캔들차트는 양봉이 음봉을 품고 있는 모양새다. 이는 상승 추세에서 하락 반전세로 전환하는 신호로 해석될 수 있다. 음봉이 작으면 작을수록 하락세는 깊어진다.

천장 또는 바닥을 치는 형태

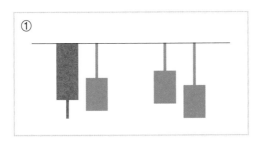

이제 좀 더 재미있는 모양을 살펴보자. 천장을 치고 주가가 내려오거나 바닥을 치고 주가가 올라갈 것을 암시하는 패턴이다.

① 여러 캔들이 천장인 고점에서

일치하는 패턴이다.

이 패턴은 고가를 넘어서지 못하고 이를 저항선으로 해서 주가가 떨어질 것임을 암시한다. 이런 패턴이 발견되면 매수해봐야 손실만 보게 되니 매도하는 것이 좋다.

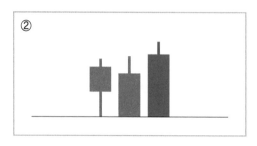

② 여러 캔들이 저가를 뚫고 내려가지 못하는 패턴이다.

이런 패턴은 저점이 일치하는 모양새로, 저점을 지지선으로 해서 반등하고 주가가 상승할 수 있는 신호로 볼 수 있다. 주가 상승이 강력히 예상되는 만큼 매수 시점이다.

하락 반전 패턴

가끔 주가가 상승하는 도중 갑자기 하락하는 경우가 있는데, 이를 찾을 수 있는 패턴도 있다. 매도할 시점인지는 정확히 알 수 없지만, 분명 상승에서 하락으로 전환되는 패턴들이 있다.

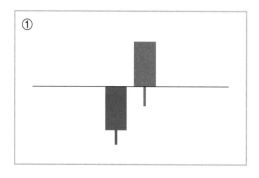

① 전날의 양봉 종가 및 고가가 다음 날 음봉의 종가와 일치하지만, 고가와 시가는 한참 위에 있는 형태다.

이 패턴이 나타나면 상승세를 탄 주가는 하락 반전을 하며, 이 패턴 이후 다음 날 종가가 더 낮은 지점에서 형성되면 하락세를 탄 것으로 볼 수 있다.

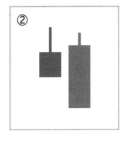

② 단대양봉이 장대음봉을 품는 형태로 상승에서 하락으로 전환되는 것이 더 명확하게 보인다.

이 패턴은 전날의 주가 상승세를 다음 날의 주가 하락이 장악한 경우다. 상승 추세에서 이런 패턴이 발생했다면 주가가 하락세를 탈 가능성이 매우 크다. 상승 추세의 고점에서 이런 패턴이 나오면 분명히 하락 반전하게 돼 있으니, 이때는 매도 시점이다.

04

애매한 패턴에서
하락세, 상승세 보기

지금까지 캔들차트의 기본부터 특이한 모양과 복잡한 패턴을 분석하는 방법을 살펴보았습니다. 여기까지 잘 이해하셨다면 한 걸음 더 나아가 좀 더 애매한 패턴들을 분석하는 법을 살펴보면 좋겠습니다. 목적은 매수, 매도 시점에서 정확성을 기해 위험을 줄이려는 것입니다. 상승세를 보이다가 하락세로 접어드는 패턴은 앞에서도 몇 번 살펴보았습니다. 그런데 다시 하락할지 아니면 상승할지 애매한 경우도 있습니다. 하락세에서 상승세로 전환되는 신호로도 애매한 패턴이 있지요. 어떤 경우가 그런지 자세히 살펴보고 이런 패턴이 나타나면 매매 결정을 유보할 필요가 있습니다.

양봉에서 음봉으로

전날은 양봉이었으나 오늘은 음봉으로 바뀐 패턴을 보자. 문제는 바뀐 음봉이 전날의 주가 범위보다 높게 형성되어 있다는 것이다. 종가는 하락했지만 음봉이 더 위에 위치한 것은 사실이다. 종가가 낮을수록 하락 반전일 가능성이 높지만 아직 섣불리 판단하기는 힘들다. 만약 상승세의 최고 점에서 이런 패턴이 발생했다면 하락 반전으로 매도할 시점이지만 아직 불안 하다.

음봉에서 양봉으로

다음은 이와 반대되는 패턴으로, 전날 장대음봉이었다가 오늘 단대 양봉인 경우다.

이 캔들차트 패턴은 얼핏 보면 상 승 전환처럼 보인다. 그러나 조심해야 할 게 양봉이 음봉보다 낮게 형성돼 있 기 때문이다. 전날 종가와 오늘 종가의 차이가 크지 않기 때문에 완전히 상승 세에 접어들었다고 보기는 애매하다. 그래도 하락 추세의 맨 밑바닥에서 이런 패턴이 보인다면 향후 주가가 상승할 것으로 예측해도 크게 무리는 없지만, 아 직은 불안한 것이 사실이다.

장대음봉에서 장대양봉으로

앞에서 본 패턴보다 양봉의 몸통 이 훨씬 길어지고 종가도 높게 형 성되었다. 오늘 고가가 전날 고가 와 근접하면서 종가도 상당히 위에 형성돼서 하락에서 상승으로 반전될 가능성이 앞의 패턴보다는 크다. 만약 이 런 패턴이 하락세의 바닥권에서 보인다면 다시 주가가 반등해 상승세로 갈 것을 예상해볼 수 있다.

단대음봉에서 장대양봉으로

이 패턴은 좀 더 확실한 상승세임을 말해준다. 이는 전날의 하락을 보인 음봉이 다음 날 상승을 보이는 양봉에 먹힌 패턴이다. 즉, 주가가 하락하다가 제대로 상승하는 모양새다. 만약 주가가 하락 추세에 있다가 일정한 시기를 지나 이런 패턴을 보인다면 주가의 상승세를 예상해볼 수 있다. 상당 기간 하락세를 이어오다가 갑자기 이런 패턴이 발생한다면 매수 시점이라고 볼 수 있다.

적삼병 패턴

적삼병은 주가 상승세를 예고하는 강력한 신호로 인식되고 있다. 먼저 다음 패턴을 보자.

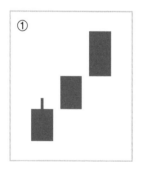

① 마치 계단을 타고 주가가 올라가는 것 같은 어마어마한 패턴이다. 3개의 양봉이 종가가 지속적으로 급등하면서 상승 패턴을 만드는데, 이것이 적삼병이다. 만약 이런 패턴이 하락 추세 끝에 발견된다면 주가의 상승 추세를 강하게 예측해볼 수 있다. 이 같은 적삼병은 주가가 꾸준히 상승할 전조 증상에 해당한다. 특히 꼬리가 짧고 몸통이 클수록 주가를 더 끌어올리는 힘을 지닌다.

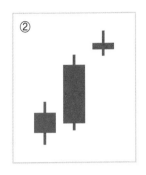

② 조금 변형된 적삼병으로, 조금 극단적인 경우로 실제로 많이 나타나는 형태다.

전날과 전전날에 비해 오늘의 캔들은 몸통이 짧고 위에 붕 떠 있는 모양새다. 이렇게 붕 뜬 것을 상승 갭GAP이라고 한다. 이런 상승 갭을 보이면 몸통이 큰 세 덩어리로 이루어진 첫 번째 적삼병에 비해 상승세를 지속할 힘이 모자란다고 볼 수 있다.

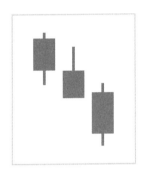

흑삼병 패턴

적삼병의 반대는 흑삼병이다. 흑삼병은 세 개의 음봉이 연속적으로 하락하는 형태로 주가 하락세를 이어간다.

흑삼병은 매일의 종가가 폭락하면서 주가를 끌어내리므로 하락세를 강력하게 이끄는 패턴이다. 꼬리가 짧을수록 주가를 폭락시키는 힘이 더욱 커진다. 만약 주가 상승세에서 이런 패턴을 만나면 주가가 하락세로 접어들 것을 예상할 수 있다.

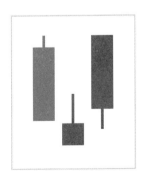

상승 반전을 예고하는 패턴

위꼬리 음봉 이후 역망치 양봉 다음 날 최종적으로 밑꼬리 양봉을 보이고 있다. 이는 초기 매도세가 지나치게 낮은 가격으로 매도하는 것을 꺼려 다시 양봉으로 돌아서고, 결국 긴 몸통의 양봉으로 전환돼 주가가 상승 반전한 것이다. 오랜 주가 하락세 이후 이런 패턴이 발견된다면 매수 시점이라고 볼 수 있다.

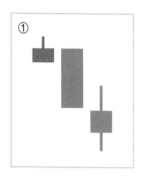

하락 반전을 예고하는 패턴

① 이 패턴은 최근의 종가가 전날 종가와 전전날 종가보다 훨씬 낮게 형성되면서 주가가 하락세에 들어섰음을 암시한다. 만약 오랜 상승세 속에서 이런 패턴이 나타난다면 하락 반전이 일어날 것을 예상해볼 수 있다. 이때는 매도 시점으로 보아도 될 것이다.

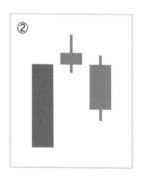

② 이 패턴 역시 하락 반전을 예측하게 해준다. 주가가 상승하기 전전날의 일봉이 긴 몸통의 양봉을 보인 이후 전날은 작은 몸통의 역망치 음봉을 보이고 최종적으로 장대음봉이 아래에 형성되는 형태다. 만약 이런 패턴이 주가 상승기에 발생하면 주가의 하락 반전 신호로 볼 수 있다. 이는 분명한 매도 시점이다.

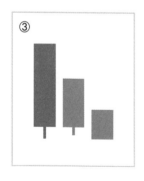

③ 좀 더 분명한 하락 반전 패턴이다.

이 패턴은 전전날 몸통이 긴 밑꼬리 양봉이 발생하고 다음 날에는 밑꼬리 음봉, 최종적으로는 완전음봉이 아래에 형성돼 주가의 하락을 견인하고 있다. 만약 주가 상승세에서 이 패턴이 발생하면 주가가 하락세로 전환될 것을 예상해볼 수 있다.

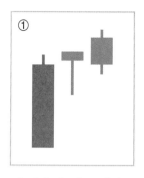

조금 애매한 패턴

① 이 패턴은 주가가 상승세를 이어가다가 몸통이 긴 양봉이 발생한 뒤 두 개의 음봉을 만들어내면서 최종적으로 종결한다. 이는 최근의 음봉이 주가 하락을 견인하는 듯 보이지만 아직 완전한 하락세로 판단할 수는 없다. 종가가 높게 형성되어 있기 때문에 이후 추세를 지켜보고 매매 시점을 잡는 것이 현명하다.

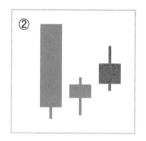

② 반대의 경우도 생각해볼 수 있다. 즉, 주가가 하락세를 보이다가 상승세로 반등하는 듯 보이지만 주의해야 하는 경우다.

이 패턴은 주가가 하락세를 이어오다가 음봉이 연속으로 두 번 발생하고 상승 갭을 일으키면서 마무리하고 있다. 이는 주가가 하락세에서 상승 반전을 예상하는 신호라고 볼 수 있지만, 완전한 상승세라고 보기에는 아직 종가가 별로 높지 않으므로 좀 더 지켜볼 필요가 있다.

05   차트로 매매 전략 짜기

포인트! 이번에는 캔들차트의 연속된 움직임을 읽고 매매 전략을 세우는 법을 살펴보겠습니다. 주식 초보자들은 주식을 언제 사고, 언제 팔아야 할지 확신이 없어서 망설일 때가 많습니다. 망설이다가 매매 시점을 놓쳐 후회하는 일도 종종 벌어지죠. 이제 알려드릴 패턴들은 매수, 매도 시점을 잡을 때 실질적으로 도움이 될 것입니다. 차트로 매일 주식투자를 하는 데이트레이더들에게는 헤드앤숄더 패턴과 역헤드앤숄더 패턴이 필수입니다. 장기간 보합세를 유지하는 경우, 큰 오차 없이 이익을 취할 수 있는 패턴도 소개해드릴 텐데, 바로 선형과 둥근 바닥형이 그렇습니다. 과연 어떤 모양이고 왜 그런지 본문에서 사례와 함께 자세히 살펴보겠습니다.

매도 시점, 헤드앤숄더 패턴

차트를 통해서 주식투자를 하는 데이트레이더에게 가장 기본이 되는 차트 패턴은 헤드앤숄더와 역헤드앤숄더 패턴일 것이다. 헤드앤숄더head and shoulder 패턴은 반전형의 패턴 가운데 가장 유명한 패턴이다. 양 봉우리 가운데 큰 봉우리가 솟아 있는 것이 사람의 머리와 양어깨를 닮았다고 해서 붙여진 명칭이다.

가운데 머리를 중심으로 양어깨는 각자 의미가 있는데, 왼쪽 어깨와 오른쪽 어깨로 나누어 설명해보면 이렇다. 먼저 왼쪽 어깨는 지속적으로 상향 추세선을 따라서 주가가 큰 폭으로 상승한다. 상승세를 인식한 투자자들은 이에 반응하면서 매매에 나선다. 가운데 머리는 왼쪽 어깨보다 치솟은 주가를 보여준다. 오른쪽 어깨는 세 번째로 주가가 치솟은 지점인데, 가운데 머리에 비해 주가가 상승하지 못하고 하향 전환하는 것이 특징이다.

여기서 중요한 개념이 네크라인이다. 네크라인은 상승세에서 하락 반전을 판단하는 기준이며, 네크라인 아래로 주가가 내려오기 시작하면 다시 주가가 하락세를 탄 것으로 확신해도 된다. 이때가 매도 시점이라고 볼 수 있는데, 잘못해서 주가가 더 하락한 뒤 매도하게 되면 손실이 커진다. 오히려 네크라인 아

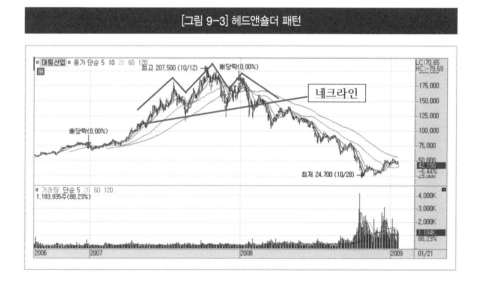

[그림 9-3] 헤드앤숄더 패턴

래서 주가가 한참 내려간 뒤 매수 시점을 잡는 것도 나쁘지 않은 전략이다.

매수 시점, 역헤드앤숄더 패턴

헤드앤숄더 패턴이 매도 시점을 잡고 하락세를 예측하는 것이라면, 이제 매수 시점을 잡고 상승세를 예측하는 패턴을 살펴보겠다. 이때 알아두어야 할 것이 역헤드앤숄더 패턴이다.

역헤드앤숄더 패턴은 주가가 하락세에 있다가 일정하게 오르락내리락한 뒤에 주가가 반등해서 상승할 때 나타나는 패턴이다. 헤드앤숄더 패턴을 뒤집은 모양새다.

우선, 왼쪽 어깨 부분은 장기간 하락세를 이어오다가 주가의 하락세가 작아

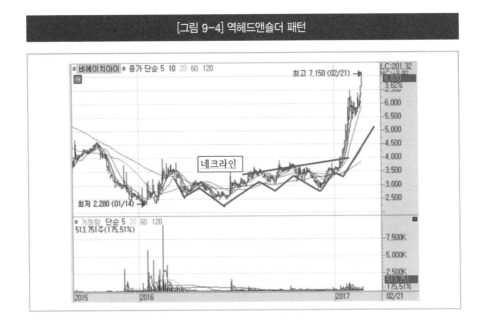

[그림 9-4] 역헤드앤숄더 패턴

지면서 반등해 상승하는 모습을 보여준다. 그러나 다시 본전 찾기 매도 물량에 밀려 하락하고 다시 반등을 거듭하면서 가운데 머리를 만들어낸다. 이것이 다시 하락과 반등을 보이면서 오른쪽 어깨를 만들고 난 뒤 주가가 급등하게 된다. 이는 강력한 매수세라고 할 수 있다.

선형 패턴

선형 패턴과 둥근 바닥형 패턴은 많은 투자자들이 노리는 패턴이다. 왜냐하면 이것은 매매 시점을 판단하기 편리할 뿐만 아니라 큰 오차 없이 이익을 취할 수 있는 형태이기 때문이다. 이는 다른 패턴에 비해 미래에 주가가 어떻게 움직일지를 더 잘 예측할 수 있기 때문에 돈 버는 투자에 적합하다.

먼저 선형 패턴을 살펴보자. 정말 극적인 사례인 '뉴프라이드'의 2013년부

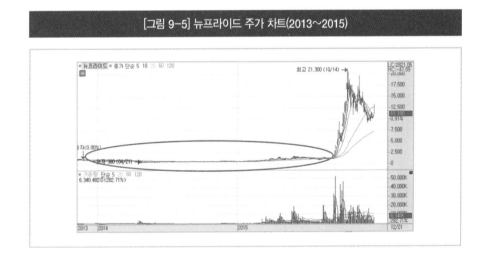

[그림 9-5] 뉴프라이드 주가 차트(2013~2015)

터 2015년까지의 주가 차트를 보자. [그림 9-5]를 보면, 주가 차트가 거의 직선에 가깝다. 주가 등락이 거의 없는 이런 차트는 장기간 보합세를 유지하는 경우다. 이후 어느 시점이 되면 거래량이 증가하면서 주가가 폭등하게 되는데, 이 시점이 되면 해당 종목 주주는 갑자기 100%, 많게는 2000%까지 엄청난 수익을 얻게 된다.

만약 선형 패턴을 발견했다면 이 주식에 묻어두고 해당 주식이 폭등하기를 기다리는 것도 투자의 한 방법이다. 다만 상장폐지 직전의 종목은 아닌지 재무제표를 통해 검증해야 한다. 자칫하다간 원금도 못 건지는 일이 생길 수도 있다.

둥근 바닥형 패턴

다음으로 둥근 바닥형을 살펴보자. [그림 9-6]에서 표시한 부분을 주목해보라. 주가 하락세가 부드러운 곡선을 그리며 서서히 상승 추세로 변환되면서 둥근 바가지 모양을 그리고 있다. 이 같은 둥근 바닥형은 하락세가 상승세로 전환되는 경우로 바닥권에서는 거래량이 주춤하다가 상승 시점에 가서는 거래량이 급증하면서 큰 폭의 주가 상승을 이끌게 된다. 투자자들의 관심을 받지 못하던 종목의 수익률이 갑자기 상승하면서 종종 이런 패턴이 만들어진다.

둥근 바닥형에서 이익을 극대화하는 매수 시점은 언제일까? 주가가 천천히 상승하면서 거래량이 줄어드는 시점이 바로 매수 시점이다. 이 시점을 놓치더라도 주가가 일정한 네크라인을 넘어가는 시점에서 매수할 경우 큰 이익을 얻을 수 있다.

[그림 9-6] 네오위즈게임즈 주가 차트(2008~2009)

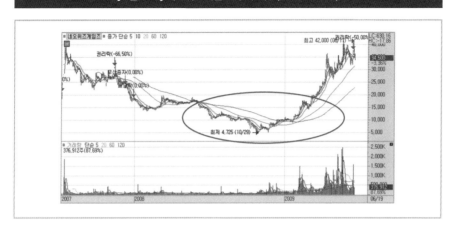

06 이동평균선으로 주가 예측하기

포인트! 이동평균선이란 일정 기간의 주가를 평균해 낸 선을 말하며, 그 기간은 보통 5일, 20일, 60일, 120일, 200일로 구분합니다. 이동평균선은 각각의 기간 동안 평균 주가의 흐름을 한눈에 보기 쉽게 한다는 장점이 있습니다. 또한 불필요한 주가 변동을 최소화해 매매 시점을 잡는 데도 큰 도움을 줍니다. 네이버 금융 등 각종 주가 차트를 제공하는 곳에서 이동평균선은 쉽게 볼 수 있습니다. 여기서는 이동평균선을 보는 방법과 그 형태와 배열을 분석하는 법을 살펴보도록 하겠습니다. 초보자들이 매도·매수 시점을 대략적으로나마 파악하는 데 도움이 될 것입니다.

홈트레이딩(HTS)에서
이동평균선 활용

이동평균선은 주가의 지속적 변화에서 비정상적 등락의 영향을 줄임으로써 전체 주가의 흐름을 잘 보여주기 위해서 만들어낸 선이다. 이동평균선을 통해 주가의 평균적인 방향을 알 수 있으므로,

[그림 9-7] HTS상의 이동평균선 모습

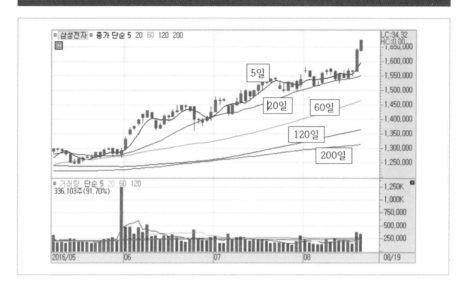

주가가 어떻게 움직일지 예측하는 데 이를 사용한다.

[그림 9-7]처럼 이동평균선은 보통 5일, 20일, 60일, 120일, 200일을 사용한다. 5일과 20일을 단기로 보고, 60일과 120일을 중기, 200일을 장기로 분류한다.

이동평균선은 홈트레이딩시스템HTS에서 기본적으로 제공되는 차트의 일부이다. 네이버 금융을 비롯한 각종 주가 차트 서비스에서도 이동평균선이 제공된다. 이동평균선이 나타내는 형태에 따라서 매매 시점을 잡을 수 있다는 점에서 초보자가 활용하기에 좋다. 주의할 것은 이동평균선은 어디까지나 과거의 주가 흔적이라는 점이다. 이것으로 미래를 100% 확신해서는 안 된다.

강세장의 이동평균선 모양을 살펴보자

강세장에서는 주로 봉차트가 이동평균선의 상방에서 삐죽삐죽 튀어나온 형

[그림 9-8] 강세장의 이동평균선 모습

[그림 9-8] 강세장의 이동평균선 모습

[그림 9-9] 약세장의 이동평균선 모습

태로 운동을 지속하며 상승하는 추세를 만들어낸다. [그림 9-8]에서 동그라미
친 부분과 같다.

약세장의 이동평균선 모습은 [그림 9-9]와 같다. 이동평균선의 하방에서 봉

차트가 삐죽삐죽 아래로 튀어나온 형태로 운동하면서 하락하는 추세를 나타낸다.

이동평균선은 기간이 길어질수록 완만한 모양을 이루며, 주가가 이동평균선과 멀어져 있는 경우 주가에 가까워지려는 성질을 지닌다.

주가 예측을 위한
이동평균선 분석법

이동평균선은 주가를 예측하기 위해서 많이 사용하는데, 기초적 분석방법을 하나씩 살펴보자. 이동평균선은 단기(5일, 20일), 중기(60일, 120일), 장기(200일) 순으로 상승하므로 상승기에는 5일, 20일, 60일, 120일 순으로 배열된다. 하락세에서는 단기선인 5일선과 20일선이 가장 빨리 하락하고, 중기선인 60일선과 120일 선이 뒤따라 내려간다.

여기서 배열 상태를 나눌 수 있다. 5일선, 20일선, 60일선, 120일선, 200일선의 순서로 배열될 경우에는 '정배열', 반대로 200일선, 120일선, 60일선, 20일선, 5일선의 순서로 배열된 경우에는 '역배열'이라고 한다(그림 9-10 참조). 주가는 상승기에 정배열을 보이다가 하락 반전 시 역배열로 전환해 역배열을 유지하게 된다. 하락기에 역배열을 보이다가 반등할 경우에는 정배열로 전환된다.

그럼 언제 매수하면 좋을까?

이동평균선이 역배열을 보이다가 갑자기 주가가 5일선, 20일선, 60일선, 120일선을 차례로 뚫고 올라갈 때가 있다(그림 9-11 참조). 주가가 반등할 때가 그렇고 이는 새로운 상승세를 예고한다. 이런 추세가 보이면 이를 매수 시점으로 보고 적극적으로 매수에 나서는 것도 한 방법이다.

[그림 9-10] 이동평균선 배열로 보는 상승세와 하락세

[그림 9-11] 이동평균선으로 포착하는 매수 시점

07

골든크로스와 데드크로스

이번에는 이동평균선을 이용한 대표적인 투자 기법 두 가지를 설명해드리 겠습니다. 전통적인 기법이고 기본 중의 기본이라 할 수 있으니 알아둘 필 요가 있습니다. 그 두 가지는 바로 골든크로스와 데드크로스입니다. 골든크로스는 기간이 짧은 이동평균선이 기간이 긴 이동평균선을 뚫고 올라가는 현상을 말하며, 데드크로스는 기간이 짧은 이동평균선이 기간이 긴 이동평균선을 뚫고 내려가는 현상을 말합니다. 일반 적으로 골든크로스가 보이면 주가가 상승할 것으로 예상해 매수 시점으로 보고, 데드크 로스가 보이면 주가가 하락할 것으로 예상해 매도 시점으로 봅니다.

이동평균선을 보고 사고파는 법

골든크로스와 데드크로스로 매매 시점을 잡는 것은 이동평균선을 이용한 전통적인 투자 기법이다. 완벽한 투자 시점을 잡을 수는 없지만, 많은 사람이 투자에 고려하는 기법이라고 할 수 있다.

골든크로스는 기간이 짧은 이동평균선이 기간이 긴 이동평균선을 아래에서

위로 뚫고 올라가는 현상을 말한다. 예를 들어 5일 이동평균선이 20일 이동평균선을 뚫고 올라가거나 60일선을 뚫고 올라가는 모양새를 생각해볼 수 있다. 이렇게 기간이 짧은 이동평균선이 기간이 긴 이동평균선을 뚫고 올라갈수록 주가가 상승할 가능성이 높아지므로, 이때를 매수 시점으로 해석한다. 당연한 이야기이지만, 골든크로스 분석을 하려면 이동평균선이 적어도 두 개 이상은 돼야 한다.

[그림 9-12]는 네오위즈게임즈의 2016년 9월부터 2017년 1월까지의 주가 흐름을 나타내는 차트다. 동그라미로 표시한 부분을 보면 2016년 12월, 5일짜리 짧은 이동평균선이 20일과 60일짜리 긴 이동평균선을 뚫고 올라갔다. 이는 분명 골든크로스다. 그런데 주가는 조금 상승하다가 2017년 1월 말에 다시 하락세를 탔다.

[그림 9-12] 이동평균선의 골든크로스

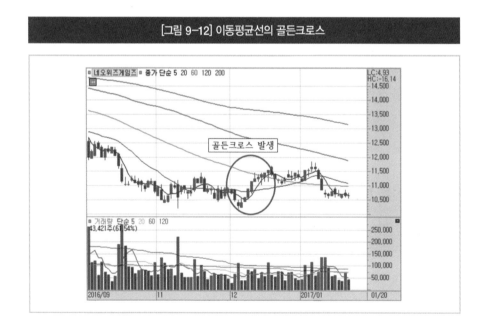

강한 골든크로스
vs 약한 골든크로스

골든크로스는 원래 주가의 상승을 예고 하는 이동평균선 형태다. 그런데 왜 네오위즈게임즈의 주가는 상승하다가 다시 하락 반전해서 추락했을까?

골든크로스라고 해서 다 같은 골든크로스가 아니라는 데 이유가 있다. 골든크로스도 강한 놈과 약한 놈이 있다. 네오위즈게임즈의 차트에서 발생한 골든크로스는 약한 골든크로스다. 5일 이동평균선이 20일 이동평균선을 뚫고, 60일 이동평균선을 뚫고 올라가다가 주저앉았다. 단기 매수 세력이 달린다는 의미다. 골든크로스의 힘이 약해서 주가는 더 상승하지 못한 채 하락하고 말았다.

강한 골든크로스는 5일 선이 20일, 60일 선뿐만 아니라 120일, 200일 이동

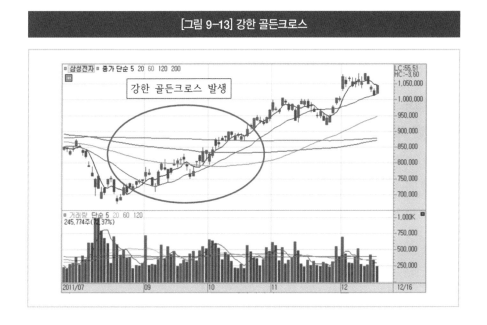

[그림 9-13] 강한 골든크로스

평균선도 뚫고 올라간다. 단기 매수세가 장기 흐름을 뚫고 올라가는 힘이 있으므로 강한 골든크로스는 분명한 주가 상승을 예측하게 해준다.

[그림 9-13]은 삼성전자의 2011년 7월부터 12월까지의 주가 흐름을 나타내는 차트다. 이를 보면 5일 이동평균선이 20일, 60일, 120일, 200일 이동평균선을 차례로 뚫고 올라가고 있다. 이것이 바로 강한 골든크로스다. 강한 골든크로스는 주가를 상승시키는 힘이 있으므로 그 뒤의 주가도 지속적으로 상승세를 보인다. 단기 매수세가 전반적인 주가 상승을 이끌고 있는 것이다.

이처럼 강한 골든크로스와 약한 골든크로스를 구분할 수 있어야 매수 시점을 제대로 잡을 수 있다. 강한 골든크로스에서는 해당 종목을 매수해야 하고, 약한 골든크로스에서는 조금 지켜볼 필요가 있다. 다만, 이동평균선의 특성상 골든크로스도 과거의 주가 흐름에 불과하므로, 미래를 예측할 때는 여기에 100% 의존해서는 안 된다. 투자를 실행할 때는 거래량, 외국인 및 기관투자자의 동향도 함께 분석할 필요가 있다.

약한 데드크로스
vs 강한 데드크로스

데드크로스는 기간이 짧은 이동평균선이 기간이 긴 이동평균선을 뚫고 내려가는 모양을 가리킨다. 데드크로스는 주가 하락을 예측하고 주식을 파는 시점이라 할 수 있다.

[그림 9-14-1]은 삼성전자의 2010년 12월부터 2011년 5월까지의 주가 흐름을 나타낸다. 5일 이동평균선이 20일과 60일의 이동평균선을 뚫고 내려갔지만, 120일 이동평균선까지는 뚫지 못하고 다시 반등하는 모양새로 주가가 옆

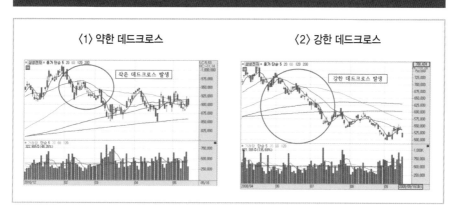

[그림 9-14] 약한 데드크로스 vs 강한 데드크로스 차트

⟨1⟩ 약한 데드크로스

⟨2⟩ 강한 데드크로스

치락뒤치락하고 있다. 이런 데드크로스를 약한 데드크로스라고 한다. 약한 데드크로스의 경우 주가가 다시 올라갈 여지가 있으므로 완전한 주가 하락세를 예상하기는 힘들다.

반면 강한 데드크로스는 완전한 주가 하락세를 예상하도록 도와준다. [그림 9-14-2]는 삼성전자의 2008년 4월부터 9월까지의 주가 흐름을 나타낸다. 5일 이동평균선이 20일, 60일, 120일, 200일 이동평균선을 차례로 뚫고 내려갔다. 이는 주가의 하락세를 확실히 예고하며 매도 시점임을 뜻한다. 데드크로스도 약한 놈과 강한 놈을 구분해서 분석할 필요가 있다.

08 거래량 이동평균선 분석

포인트! 주식 차트를 보면 상단은 주가 흐름을, 하단은 거래량 흐름을 나타냅니다. 앞서 주가 기준으로 이동평균선을 분석하는 법을 배웠습니다. 이제는 거래량 기준으로 이동평균선을 분석하는 법을 알아보겠습니다. 거래량은 주가에 선행해서 주가의 상승과 하락을 견인합니다. 거래량이 증가하면 물량 세력이 늘어나 주가가 상승하고 반대로 거래량이 저조하면 주가가 하락합니다. 따라서 거래량 흐름을 분석하면 매매 시점을 잡는 데 매우 도움이 되는데, 거래량 이동평균선이 바로 그 역할을 합니다. 거래량 이동평균선은 주가 이동평균선과 같은 방식으로 계산합니다. 거래량 이동평균선의 배열 방식과 크로스 형태를 활용해 매매 시점을 잡을 수 있습니다.

거래량의 의미

일반적으로 거래량과 주가는 비례 관계에 있다. 거래량이 증가하면 그만큼 물량의 세력이 강해서 주가가 상승하고, 반대로 거래량이 감소하면 주가가 하락하게 된다. 거래량은 보통 주가에 선행한다.

거래량 추이를 분석하면 주가가 어떻게 움직일지 예상하는 데 큰 도움이 된다. 주가가 상승세이면서 거래량이 증가하면 주가 상승에 더욱 가속도가 붙게 된다. 주가가 하락세이면서 거래량도 감소하면 이를 매도 시점으로 보면 된다. 반대로 감소하던 거래량이 지속적으로 증가하면 주가가 상승하고, 반대의 경우에는 주가가 하락한다.

이처럼 거래량의 증감 추세를 잘 이용하면 앞으로 주가가 어떻게 움직일지 예상할 수 있고, 이를 통해 매매 시점을 잡을 수도 있다. 거래량 추이를 잘 활용하기 위해 추가로 따져볼 수 있는 것이 바로 거래량 이동평균선이다.

거래량 이동평균선도 주가 이동평균선과 같은 방식이어서 5일선, 20일선, 60일선, 120일선을 주로 사용한다. 주가 차트 하단에 자동으로 거래량이 뜬다. 거래량 이동평균선은 네이버 증권에는 나타나지 않고 HTS상에서 확인할 수 있다.

거래량 이동평균선의
정배열, 역배열

거래량 이동평균선은 거래량에 따른 추세를 보여주며 단기와 중기, 장기로 나누어 주가 이동평균선 분석과 같은 방식으로 분석해볼 수 있다. 거래량 이동평균선도 주가 이동평균선처럼 5일, 20일, 60일, 120일의 순으로 배열되는 경우는 정배열이라고 한다. 120일, 60일, 20일, 5일 순으로 배열되는 경우는 역배열이라고 한다.

정배열의 거래량 이동평균선에서는 단기적 거래 세력이 강하므로 주가가 상승한다. 역배열의 거래량 이동평균선에서는 주가가 하락세를 보인다.

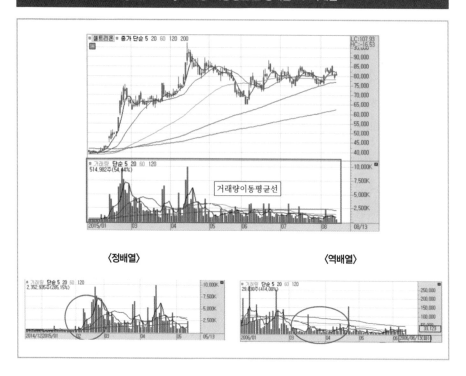

[그림 9-15] 거래량 이동평균선 정배율 vs 역배율

〈정배열〉　　　　　　　　　　　〈역배열〉

거래량 이동평균선
골든크로스, 데드크로스

　　　　　　　　거래량 이동평균선도 골든크로스와 데드크로스로 나누어볼 수 있다. 기간이 짧은 거래량 이동평균선이 기간이 긴 거래량 이동평균선을 뚫고 올라가는 모습을 보인다면 골든크로스가 함께 나타날 가능성이 크고, 이때를 매수 시점으로 보면 된다. 반대로 기간이 짧은 거래량 이동평균선이 기간이 긴 거래량 이동평균선을 뚫고 내려가는 모습을 보이면 데드크로스가 발생할 가능성이 크고, 이때를 매도 시점으로 보아도 된다.

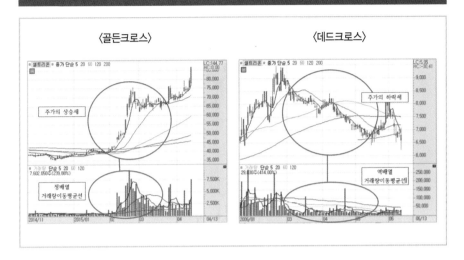

[그림 9-16] 거래량 이동평균선 골든크로스 vs 데드크로스

〈골든크로스〉　　　　　　　　〈데드크로스〉

거래량과 주가의 관계

　　　　　　　　　　　　거래량 이동평균선으로 매수 시점은 어디
서 잡을까? 거래량이 증가하다가 5일 거래량 이동평균선이 상승 반전하는 경
우가 있는데 이때를 매수 시점으로 잡으면 된다. 반대로 거래량이 급감하다가
5일 거래량 이동평균선이 하락 반전하면 매도 시점으로 해석하면 된다. 5일 거
래량 이동평균선의 상승과 하락 반전을 보고 매수 및 매도 시점을 잡는 전략
도 사용해볼 만한 것이다(그림 9-17 참조).

　주가는 지속적으로 상승하지만 거래량은 줄어들고 있는 경우 해당 종목의
주가는 하락 가능성이 높다고 판단할 수 있다. 거래 물량이 주가를 끌어올릴
힘을 가지지 못해서 그렇다. 이 경우는 주가가 하락할 것이므로 매도 시점으
로 해석해도 무방할 것이다.

　[그림 9-18]은 메디톡스의 주가 차트다. 이 차트를 보면 2009년 3월 거래량

[그림 9-17] 5일선으로 매수 매도 시점 잡기

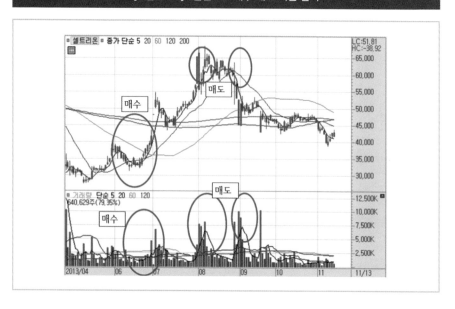

[그림 9-18] 거래량이 저조하면서 주가 하락

이 증가하면서 주가가 상승했지만 거래량이 저조해지면서 주가는 지속적으로 하락했다. 거래량의 감소가 주가 하락을 견인한 격이다.

이와 반대의 경우도 가능하다. 주가가 보합세에 있는데 거래량이 갑자기 늘어나는 경우 조만간 주가가 상승할 것으로 예상할 수 있다. 이럴 때는 매수에 나서는 것이 현명하다.

09

추세선으로 매수, 매도 포인트 잡기

포인트!

주식투자에서 많이 사용하는 단어 중 '추세'라는 것이 있습니다. 추세라는 말이 어렵다면 트렌드는 어떻습니까? 추세의 영문이 바로 트렌드^{trend}입니다. 주가가 이동하는 방향이 추세이고 추세선이란 주가가 만들어내는 추세를 이은 선을 말합니다. 추세선은 주가의 이동 방향을 알려주는데 일봉, 주봉, 월봉으로 구분해 상승 추세선, 하락 추세선, 보합 추세선을 그려볼 수 있습니다. 일반적으로 추세선의 기간이 길수록 그 추세를 신뢰할 수 있습니다. 이번에는 추세선을 보는 법과 추세선을 이용한 매수·매도 포인트 잡는 법을 알아보겠습니다.

추세선 읽는 법

추세선이란 주가가 만들어내는 추세^{trend}를 이은 선을 말한다. 주가는 지속적으로 곡선 운동을 하면서 일정한 추세를 만들어가는데, 시간이 지남에 따라 추세가 변하는 게 정상이다. 차트에서 추세는 고점과 저점을 만들며 일정한 방향을 형성한다. 이를 연결한 추세선은 형태에 따라 다양한 종류로 분류할 수 있다.

주가가 상승세에 있는 경우 상승 추세선을 그어볼 수 있다. 매도 물량보다 매수 물량이 강해서 주가의 상승 방향을 만들어내는 것이다. 상승 추세선은 주가의 저점을 연결해서 그릴 수 있다. 반대로 하락 추세선은 매수 물량보다 매도 물량이 강해서 형성되는 것으로 주가의 고점들을 연결해서 그려볼 수 있다. 보합 추세선의 경우에는 추세를 보았을 때 방향성이 불분명하고 수평 형태로 나타나는데, 분석할 때 별로 사용하지 않는 편이다.

추세선은 일반적으로 두 개 이상의 고점과 저점을 연결해 그릴 수 있고, 고점과 저점의 개수가 많을수록 추세의 신뢰도는 높아진다. 추세선은 일봉, 주봉, 월봉 모두로 그릴 수 있는데, 기간이 길수록 신뢰성이 높은 추세로 볼 수

[그림 9-19] 상승 추세선, 하락 추세선

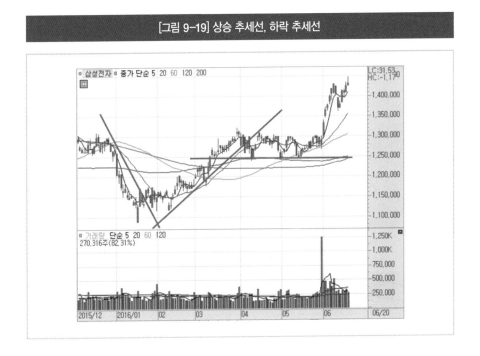

있다. 장기간에 걸쳐 주가의 이동 방향이 일관되게 형성되면 그 추세의 지속 가능성이 높다고 보기 때문이다.

추세선으로 매수 포인트 잡기

첫째, 주가가 지속적으로 상승세를 보이며 상승 추세선을 타다가 갑자기 치솟는 경우 그 치솟는 지점이 바로 매수 포인 트다. 이 포인트에서 매수하면 수익률을 높일 수 있다. 위에 있는 선을 저항선, 아래 있는 선을 지지선이라고 하지만 용어는 중요하지 않다(그림 9-20-1 참조).

둘째, 주가가 곡선 운동을 하며 보합세를 유지하는 보합 추세선 범위 안에 있다가 갑자기 급등하면서 치고 올라가는 지점이 매수 포인트다. 이 지점에서

[그림 9-20] 수익률 높은 매수 지점

〈1〉 상승 추세선을 그리다가 갑자기 상향 돌파하는 지점

〈2〉 보합 추세선을 그리다가 갑자기 상향 돌파하는 지점

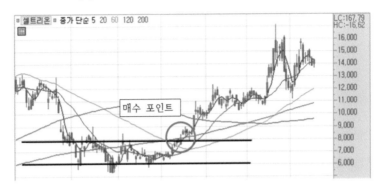

〈3〉 하향 추세선 안에 있다가 상향 돌파하는 지점

매수하면 수익률을 높일 수 있다(그림 9-20-2 참조).

셋째, 주가가 지속적으로 하향세를 그리며 하향 추세선 안쪽에 있다가 갑자기 반등하면서 치솟는 경우 그 지점을 매수 포인트로 본다. 이 지점에서 매수하면 수익률을 높일 수 있다(그림 9-20-3 참조).

추세선으로 매도 포인트 잡기

주식은 적절한 매도 시점을 놓치지 않을 때 높은 수익률을 실현할 수 있다. 매도 시점은 어떻게 잡을까? 주가가 추세선을 뚫고 내려가는 지점만 잘 파악해도 매도 포인트를 잡을 수 있다. 즉, 주가가 갑자기 하락하는 지점을 찾는 것이다. 다만, 주가가 갑자기 하락하더라도 다시 상승 반전이 있을 수 있으니 주의해야 한다. 주식 초보자들도 파악할 수 있는 매도 포인트를 함께 살펴보자.

첫째, 주가가 하락세를 타면서 일정 범위 안에 있거나 저점만 연결한 하향 추세선을 타고 움직이다가 일정한 지점에서 급락하는 경우, 그 지점이 매도 포인트가 된다. 매도 포인트에서는 신속하게 매도하는 전략을 취하는 것이 좋다. 그 지점을 놓치면, 지나치게 낮은 주가에서 평가손실을 떠안아야 할 수도 있다(그림 9-21-1 참조).

둘째, 주가가 보합 추세선을 따라서 수평적으로 곡선 운동을 하다가 어느 순간 보합 추세선 아래로 뚫고 내려가는 경우 그 지점이 매도 포인트다. 이 지점에서 신속하게 매도해야 손해를 줄이고 실현 수익률을 높일 수 있다(그림 9-21-2 참조).

셋째, 주가가 상승세를 타고 저점을 연결한 상향 추세선을 따라 곡선 운동을 하다가 갑자기 상향 추세선을 뚫고 내려오는 지점이 매도 포인트다. 이 지점을 빠르게 파악해서 매도를 진행하면 손실을 최소화하고 수익률은 높일 수 있다(그림 9-21-3 참조).

이 밖에도 매도 포인트를 잡는 다양한 전략이 있지만, 다 안다고 해서 다 쓰게 되는 건 아니다. 초보 투자자일수록 기본 기술만 알아두고 반복적으로 투자하면서 노하우를 쌓는 것이 중요하다.

[그림 9-21] 수익률 높은 매도 지점

〈1〉 하향 추세선을 하향 돌파하는 지점

〈2〉 보합 추세선을 그리다가 갑자기 하향 돌파하는 지점

〈3〉 상향 추세선을 그리다가 갑자기 하향 돌파하는 지점

10 OBV 선으로
장세 파악하기

포인트!

주가 차트에서 매수, 매도 시점을 파악하는 데 유용한 몇몇 추가 지표들이 있습니다. 이제부터 그 추가 지표들에 대해 살펴보겠습니다. 증권사 HTS에 투자에 도움 되는 메뉴가 많은데 이를 잘 활용하는 사람은 많지 않습니다. 특히 초보 투자자일 때 이런 지표들을 활용하는 것이 좋습니다. 먼저 살펴볼 것은 OBV 선입니다. OBV란 On Balance Volume의 약자로 거래량이 주가에 선행한다는 전제하에 거래량을 분석해서 주가를 예측하는 지표입니다. OBV 선은 시장이 보합세나 방향성 없이 곡선 운동을 하고 있을 때 주가의 변화를 예측하는 데 효과적입니다. 여기서는 증권사 HTS에서 OBV 선을 보는 법, OBV가 나타내는 의미, 이를 통해 매매 시점을 잡는 법을 살펴보겠습니다.

OBV 선의 골든크로스 vs 데드크로스

OBV 선을 찾으려면 먼저 증권사 HTS(예: 영웅문) 화면에서 원하는 종목의 주가차트를 연다. 그런 다음 우측 마우스를

[그림 9-22] OBV 선 찾는 법

클릭해 메뉴에서 '지표추가'를 클릭한다. 적용을 누르면 차트 하단에 빨간색 선과 파란색 선으로 이루어진 그래프가 보일 것이다. 그중 빨간색 선이 OBV 선이고 파란색 선은 시그널 선이다.

빨간색 OBV 선과 파란색 시그널 선을 활용한 가장 기본적 투자 방침은 이렇다. OBV 선이 시그널 선을 뚫고 올라가는 골든크로스가 발생할 때 매수하고, OBV 선이 시그널선을 뚫고 내려가는 데드크로스에서 매도한다.

매수, 매도 전략 세우기

OBV 선 사례로 셀트리온 주가 차트를 보고 있는데 구체적인 매수, 매도 시점은 [그림 9-23]을 참조하길 바란다. 골든크로스가 발생했을 때 셀트리온 주가는 90,000원까지 떨어졌는데, 이때 매수 전략을 취한다. 데드크로스가 발생했을 때 주가가 118,000원까지 올라갔는데, 이때 매도 전략을 취한다. 이를 통해 28,000원의 차익을 실현할 수 있다.

OBV 선은 물량의 힘이 주가를 끌어올리는 것을 보여주는 지표다. 2012년도 상반기 셀트리온의 주가는 4월까지 보합세를 유지했다. 한편, OBV 선의 고점은 꾸준히 상승했는데, 이 경우 물량의 상승세로 주가가 조만간 상승할 것으로 예측해볼 수 있다. 예측대로 5월과 6월에 주가가 급등해 25,000원에서 32,500원까지 치솟았다.

반대로 주가가 하락하는 추세에서도 OBV 선이 증가하거나 유지되는 추세에 있다면 이 또한 주가가 반등해 상승할 것으로 예측해볼 수 있다. OBV 선은 물량의 힘을 나타내므로, 그 흐름만 잘 읽어도 매매 시점을 잡아 수익률을 극대화할 수 있다.

[그림 9-23] OBV 선을 보고 매수, 매도 시점 잡기

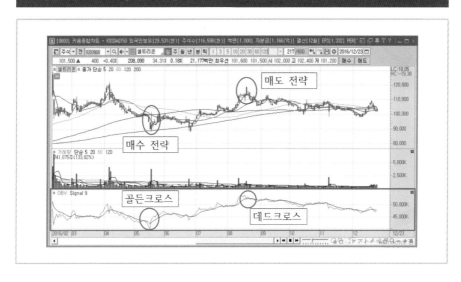

[그림 9-24] OBV 선 응용하기

11 투자심리선, MACD, MACD 오실레이터

포인트! 이번에 볼 추가지표는 투자심리선과 MACD, 그리고 MACD Oscillator입니다. 투자심리선이란 해당 종목 투자자들의 심리 상태를 반영하는 지표입니다. 75%를 넘으면 '과매수'로 보아 매도 전략을 취하고, 25% 아래라면 '과매도'로 보아 매수 전략을 취해야 합니다. 투자심리선은 주가의 변동을 반영하지 못한 지표라는 한계가 있지만, 투자에 참고하면 시세차익을 얻는 데 도움이 됩니다. MACD는 단순 이동평균선 분석보다 주가에 대한 예측력이 높고 매매 시점을 판단하는 방법도 단순해서 많은 투자자가 활용하는 지표입니다. MACD Oscillator는 MACD에서 시그널값을 차감해서 산출한 지표로 MACD와 함께 많이 사용됩니다.

과매수와 과매도를 파악한다

투자심리선은 최근 12일 동안의 매일 종가를 전날 종가와 비교해 상승일수와 하락일수를 계산해서 주식의 과매수

[그림 9-25] 투자심리선 지표 불러오기

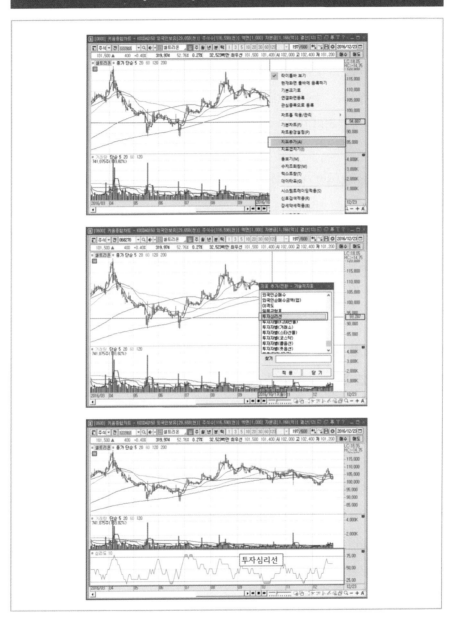

over bought 또는 과매도over sold를 파악하는 보조지표다. 투자심리선은 상승일 수÷12일로 산출되며, 그 형태에 따라 현재 시장이 과열인지 침체인지 판단할 수 있다. 이를 보고 매매 시점을 잡는 것도 좋은 방법이다.

보통 투자심리선이 75% 이상이면 주가가 과열돼 매도 시점으로 판단하고, 25~75%인 경우에는 중립 상태이므로 매매 시점을 유보하는 것이 좋다. 만약 투자심리선이 25% 이하라면 주가가 침체기이므로 매수하는 것이 좋다고 판단한다.

투자심리선을 불러와서 실제로 투자에 어떻게 활용하는지 알아보자. 증권사 HTS(예: 영웅문)를 실행한 다음 분석하고 싶은 종목의 차트를 연다. 차트 여백에 마우스를 대고 마우스 우측을 클릭해 지표추가(A)를 클릭한다. 지표추가 창이 뜨면 투자심리선을 선택해 적용을 클릭한다.

투자심리선으로
매매 시점 찾는 법

차트와 거래량 아래에 투자심리선 창이 추가되었다면, 이제 매매 시점을 파악해 투자 전략을 세워보자.

[그림 9-26]은 셀트리온의 2016년 주가 차트와 투자심리선을 나타낸 것이다. 투자심리선을 보면 25% 이하를 과매도 구간으로 보고 2016년 6월 약 95,000원에 주식을 매수했다. 그리고 투자심리선 75% 이상은 과매수 구간이어서 주식을 팔아야 하므로, 2016년 7월 과매수 구간에서 약 102,000원에 매도했다. 이에 따라 시세차익이 1주당 7,000원 정도 발생했다.

사실 자세히 보면 주식 매도 시점 이후에도 주가가 상승했으니, 투자심리선

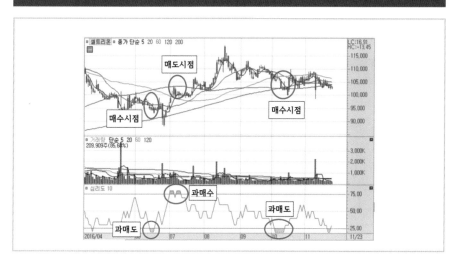

[그림 9-26] 셀트리온 주가 차트와 투자심리선

은 수익을 최대화하는 전략은 아니다. 하지만 참고해볼 만은 하다. 투자심리선은 주식시장의 심리 상태를 나타내는 도구다. 강력한 힘을 지녔지만 한편으로는 주가의 움직임을 완벽히 고려하지 못하는 한계도 지닌다. 따라서 투자심리선과 다른 보조지표를 함께 사용할 것을 권한다.

MACD란 무엇인가?

MACD란 Moving Average Convergence Divergence의 약자로 '이동평균 수렴·확산 지수'라고도 부른다. 장·단기 이동평균선의 차이를 활용한 지표다. 이동평균선을 통해 주가의 흐름을 예측하고 매매 시점을 잡았던 것처럼, MACD는 지속적으로 모였다 흩어지는 이동평균선의 성질을 이용해서 매매 시점을 잡는 데 사용한다. 이동평균선은 과거 주

[그림 9-27] MACD 지표

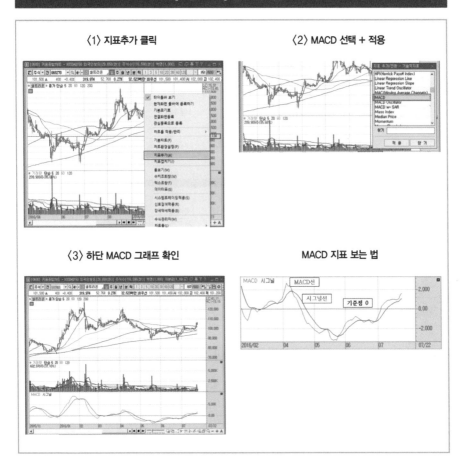

〈1〉 지표추가 클릭

〈2〉 MACD 선택 + 적용

〈3〉 하단 MACD 그래프 확인

MACD 지표 보는 법

가의 평균 추세이므로 미래 주가를 예측하는 데 한계가 있는데, MACD는 이 한계를 어느 정도 보완해준다. 즉 MACD는 단순 이동평균선 분석보다 주가에 대한 예측력이 높고 매매 시점을 판단하는 방법도 단순하다.

MACD 지표를 활용하는 법을 살펴보자. 우선, 증권사 HTS(예: 영웅문)를 열고 분석을 원하는 종목의 차트를 띄운다. 마우스 우측을 클릭해 지표추가(A)

를 클릭한 다음 MACD를 선택해 적용을 누른다. 그럼 차트 하단에 MACD 창이 추가된 것을 확인할 수 있다. MACD 창을 자세히 보면 빨간색 선, 보라색 선, 그리고 0선이 보일 것이다. 빨간색이 MACD 선이고 보라색은 시그널 선, 0선은 기준점이다(그림 9-27 참조).

MACD로 매매 전략 세우기

MACD는 매매 시점을 쉽게 찾을 수 있어서 매매 전략을 수립할 때 매우 유용하다. MACD를 이용한 매매 전략은 두 가지로 나뉜다.

첫째, 크로스 전략이다. MACD 선이 시그널 선을 뚫고 올라가는 모양이 골

[그림 9-28] MACD 크로스 전략

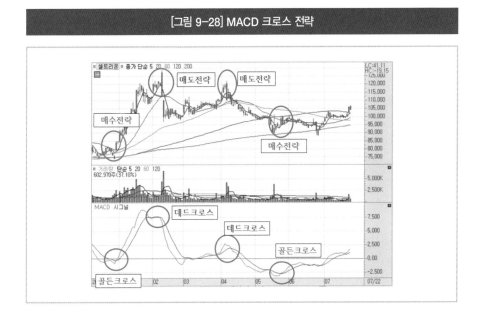

든크로스라 할 수 있는데, 이 시점에 매수를 한다. 그리고 MACD 선이 시그널 선을 뚫고 내려오는 모양은 데드크로스라고 할 수 있는데, 이 시점에는 매도를 한다. 이렇게 매수·매도를 하면 쌀 때 사서 비쌀 때 팔아 시세차익을 얻을 수 있다.

둘째, 좀 더 단순한 전략인데 기준선을 이용하는 방법이다. MACD 선을 기준 선인 0선과 비교해서 MACD가 0을 뚫고 올라가는 시점에 매수하고 MACD가 0을 뚫고 내려오는 시점에 매도하는 전략이다.

0선과 비교하는 이 전략은 좀 더 시간을 두고 매매하게 되므로 크로스 전략 보다는 더 많은 시세차익을 얻을 수 있다. 몇 달 걸릴 수 있으니 인내심이 필요 한 전략이다.

[그림 9-29] MACD 기준선 전략

MACD Oscillator 지표추가

MACD Oscillator(오실레이터)는 MACD 에서 시그널값을 차감해서 산출한 지표로 MACD 분석 기법과 함께 많이 사용된다. 주가를 예측하는 데 탁월한 MACD 오실레이터는 선도지표의 기능을 하므로 주가와 MACD 오실레이터의 방향이 반대로 움직일 때를 매매 시점으로 잡아 거래하는 전략을 취하게 된다. 먼저, MACD 오실레이터를 보는 법을 살펴본다.

증권사 HTS(예: 영웅문)를 실행해 분석하려는 종목의 차트를 띄운다. 차트 여백에 마우스를 대고 마우스 우측을 클릭해 지표추가(A)를 클릭한다. 지표추가 창이 뜨면 MACD 오실레이터를 선택하고 적용을 클릭하면, 차트 하단에 MACD 오실레이터 창이 뜬다.

[그림 9-30] MACD Oscillator 추가

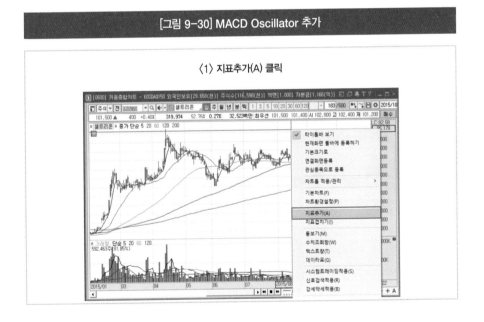

⟨1⟩ 지표추가(A) 클릭

〈2〉MACD Oscillator 선택 + 적용

〈3〉MACD Oscillator 그래프 확인

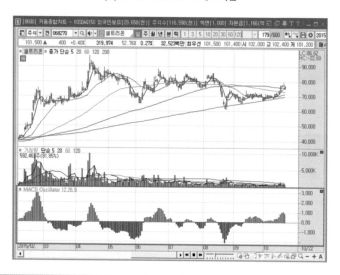

MACD 오실레이터 분석법

MACD 오실레이터가 음수(-)에서 양수(+)로 전환하는 경우 상승 추세로 주가가 반등하는 것으로 본다. 반대로 MACD 오실레이터가 양수에서 0 지점을 돌파해 음수가 될 경우는 하락 추세로 주가가 하락할 것으로 예상할 수 있다. 만약 MACD 오실레이터가 0 지점을 뚫기 전이라고 해도 상승 추세를 보이면 이 지점을 매수 지점으로 보아 매수 전략을 취해야 할 것이다(그림 9-31-1 참조).

주가는 하락하고 있는데 MACD 오실레이터가 상승하는 추세를 나타날 때도 있다. 이를 '다이버전스divergence'라고 하는데, 이때는 매수 시점으로 보고 즉시 해당 종목을 매수해야 할 것이다(그림 9-31-2 참조). 다이버전스는 하락세에서 상승 반전을 예고하는 것이므로 주식을 싼값에 사서 비싸게 팔 기회이기도 하다.

[그림 9-31] MACD Oscillator 분석하는 법

〈1〉 상승 vs 하락

〈2〉 다이버전스

12

스토캐스틱, 볼린저밴드

이번에 살펴볼 추가지표는 Stochastics(스토캐스틱)과 Bollinger Bands (볼린저밴드)입니다. Stochastics은 과매수, 과매도 기간을 포착해 매매 시점을 잡는 방식으로 다른 지표와 달리 예측력과 정확도가 높습니다. 추세가 없는 주가 흐름에도 적용이 잘 된다는 장점이 있습니다. Bollinger Bands는 주가의 상한선, 하한선 을 파악하고 주가가 움직일 수 있는 범위를 90% 이상의 확률로 계산해 밴드로 설정한 지 표를 말합니다. 이 역시 매매 시점을 잡는 데 매우 효과적이며 요즘 투자자들이 많이 사 용하는 지표입니다. Stochastics과 Bollinger Bands 사용법과 이를 활용해 수익률을 높이는 방법을 함께 알아봅시다.

스토캐스틱이란?

Stochastics(스토캐스틱)은 일정 기간의 주 가 움직임을 예측할 수 있게 도와주는 지표다. Stochastics Fast, Stochastics Oscillator, Stochastics Slow가 있는데, 여기서는 주식투자에서 일반적으로

[그림 9-32] Stochastics Slow 지표추가

〈1〉 지표추가(A) 클릭

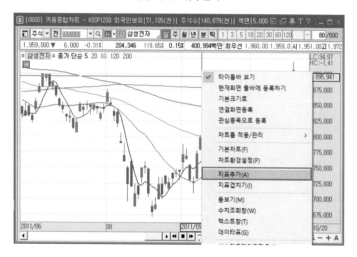

〈2〉 Stochastics Slow 선택 + 적용

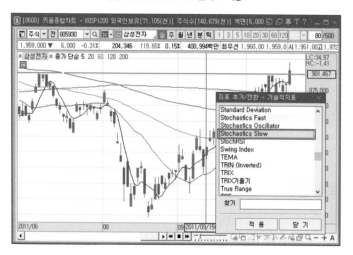

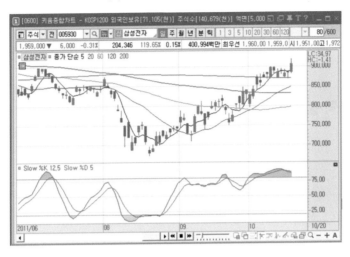

많이 사용하는 Stochastics Slow에 관해 살펴보도록 한다. 스토캐스틱 분석은 다른 보조지표 분석보다 예측력과 정확도가 높아서, 수익률을 극대화하는 데 큰 도움이 될 것이다.

우선, 스토캐스틱 슬로우Stochastics Slow 지표를 추가해보자. 증권사 HTS(예: 영웅문)에 접속해서 분석하려는 종목의 차트를 띄운다. 마우스 우측을 클릭해 지표추가(A)를 클릭한 다음, Stochastics Slow를 선택해 적용을 클릭한다.

스토캐스틱 선은 빨간색 선과 보라색 선으로 구성되는데, 빨간색 선은 슬로우 %K, 보라색 선은 슬로우 %D로 구분된다. 슬로우 %K는 다음과 같이 계산된다.

$$\frac{\text{(오늘 종가 - 최근 n일 동안 장중 최저가)의 3일간 이동평균}}{\text{(최근 n일 동안 장중 최고가 - 최근 n일 동안 장중 최저가)의 3일간 이동평균}}$$

슬로 %D는 슬로 %K의 3일 단순 이동평균값을 뜻하는데, 이런 계산법은 투자하는 데는 아무 필요가 없으니 잊어도 된다.

스토캐스틱 활용법

구체적으로 스토캐스틱 매매 방법을 살펴보자.

먼저 스토캐스틱이 80을 넘어서면 과매수 구간으로 보아 그때를 매도 시점으로 보아야 한다. 정확히 말해, 스토캐스틱이 80을 넘어섰다가 다시 내려오려는 시점에 즉각 매도해야 한다. 반대로 스토캐스틱이 20 아래에 머무르면 과매도 구간이라고 볼 수 있다. 이때 20 아래의 구간에서 다시 올라가려는 시점에 매수를 하면 수익률을 높일 수 있다(그림 9-33-1 참조).

스토캐스틱도 다른 보조지표와 마찬가지로 추세를 보인다는 점에서 착안한 매매 전략도 있다. 즉, 스토캐스틱이 증가하는 추세를 보이면 주가도 상승세를 타게 되고, 스토캐스틱이 감소하는 추세를 보이면 주가도 하락세를 타게 된다. 이를 읽으면서 매매 시점을 잡는 전략을 활용하라(그림 9-33-2 참조).

스토캐스틱의 추세와 주가의 추세는 거의 비슷하게 움직인다. 스토캐스틱의 흐름을 잘 보고 주가의 방향을 예측한 뒤 상승세가 예상되는 경우에는 매수 전략을, 하락세가 예상되는 경우에는 매도 전략을 펼치는 것도 한 방법이다.

[그림 9-33] 스토캐스틱 매수, 매도 전략

〈1〉 20 이하, 80 이상 지점 확인

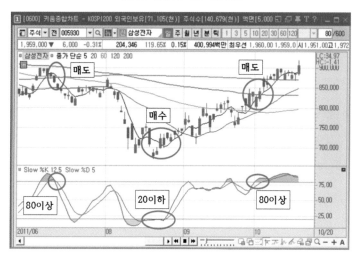

〈2〉 주가 추이를 따름

볼린저밴드란?

Bollinger Bands(볼린저밴드)란 주가가 움직이는 편차를 고려해 주가가 이 범위 내에서 움직일 것이라고 제시한 범위를 말한다. 주가는 이동평균선을 그리면서 일정한 변동성 안에서 움직이게 되는데, 여기에서 착안해 개발된 것이 볼린저밴드다. 볼린저밴드는 상한선, 중심선, 하한선으로 구성되는데, 매매 전략을 취하는 데는 상한선과 하한선이 중요한 역할을 한다. 주가가 볼린저밴드를 이탈할 때 이를 급등 또는 급락 신호로 보아 매매 시점으로 잡는다.

볼린저밴드를 이용해 투자 수익률을 높이는 방법을 알아보자. 우선 증권사 HTS(예: 영웅문)에 접속하고 분석하려는 종목의 차트를 띄운다. 차트 여백에 마우스를 대고 마우스 우측을 클릭해 지표추가(A)를 클릭한다. 창에서 볼린저밴드를 선택한 뒤 적용을 클릭한다. 그럼 차트의 주가를 둘러싸고 볼린저밴드가 나타난다.

주가 위쪽에 나타나는 빨간색 선이 상한선, 주가 아래쪽에 나타나는 파란색 선이 하한선이고 가운데 선이 중심선이다(그림 9-34-3 참조). 주가는 90% 이상의 확률로 볼린저밴드 안에서 곡선 운동을 하며 움직인다. 이때 주가가 볼린저밴드의 상한선이나 하한선을 뚫고 삐져나가는 경우 추세 변화를 예상할 수 있다.

볼린저밴드 전략

주가가 볼린저밴드의 상한선을 뚫고 올라가면 주가가 급등하는 신호로 볼 수 있고, 하한선을 뚫고 내려가면 주가가 급

[그림 9-34] Bollinger Bands 추가하는 법

〈1〉 지표추가(A) 클릭

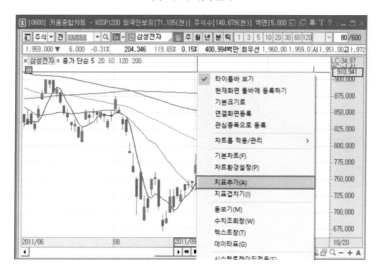

〈2〉 Bollinger Bands 선택 + 적용

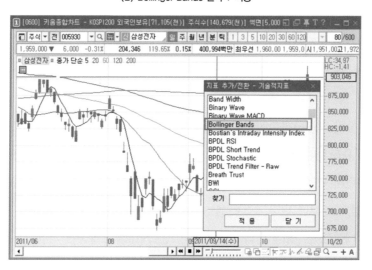

〈3〉 Bollinger Bands 확인

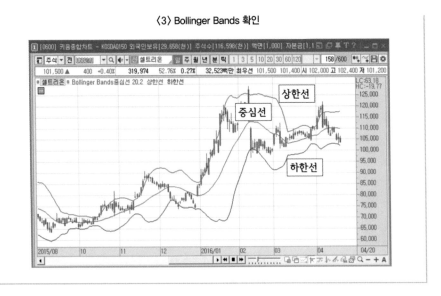

락하는 신호로 볼 수 있다. 이때 볼린저밴드의 폭이 가늘게 나타나는 경우 주가가 전환되기 위해 보합세를 보이는 중이라고 볼 수 있다. 주가 변동이 작은 부분에서는 볼린저밴드가 얇고 길며, 이럴 때는 투자 시점을 기다리는 것이 좋다. 주가가 볼린저밴드 안에서 놀다가 볼린저밴드 하한선에 붙을 때 이를 매수 시점으로 볼 수 있다. 반대로 볼린저밴드 상한선에 붙을 때 이를 매도 시점으로 본다(그림 9-35-1 참조).

만약 볼린저밴드 하한선에서 중심선을 뚫고 올라간다면 즉각적으로 매수하는 것이 유리하다(그림 9-35-2 참조). 주가가 상승세를 보일 것이기 때문이다. 반대로 볼린저밴드의 상한선에서 주가가 머무르다가 중심선을 뚫고 내려온다면 매도시점으로 보면 된다(그림 9-35-3 참조).

특히 데이트레이더나 단타 매매를 즐기는 개미들에게 볼린저밴드도 수익률을 높일 수 있는 좋은 보조지표다.

[그림 9-35] 볼린저밴드로 본 매수, 매도 시점

⟨1⟩ 볼린저 밴드 매수, 매도

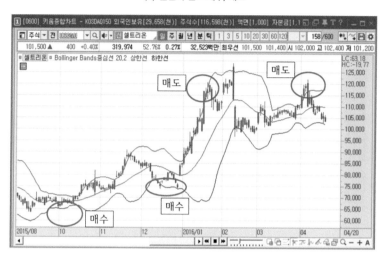

⟨2⟩ 주가가 볼린저밴드 중심선을 뚫고 오름

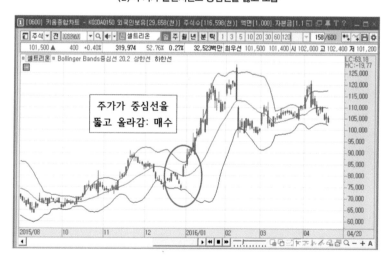

〈3〉 주가가 볼린저밴드 중심선을 뚫고 내려옴

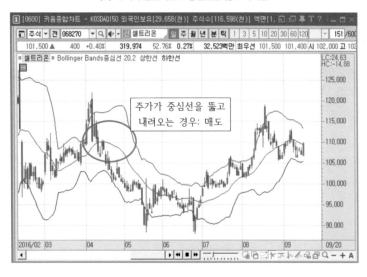

주가가 중심선을 뚫고
내려오는 경우: 매도

Part 4

주식투자 시뮬레이션, 최대 수익률 내는 알짜 팁

10장

PC 또는 스마트폰으로 하는
실전 주식투자

01

PC 또는 스마트폰에 거래 시스템 설치하기

이제는 주식투자도 홈트레이딩 시대가 되었습니다. 굳이 증권사를 찾아가지 않아도 집에서 인터넷을 통해 손쉽게 주식 거래를 할 수 있습니다. 증권사마다 제공하는 HTS홈트레이딩시스템, MTS모바일트레이딩시스템 서비스 덕분인데요. 인터페이스가 다르고 투자자가 사용할 수 있는 메뉴도 차이가 있지만, 기본적인 거래 기능은 비슷합니다. 인터넷이 연결된 컴퓨터만 있다면, 혹은 스마트폰 같은 모바일 기기만 있다면 누구나 쉽게 집에서 편하게 주식 거래를 할 수 있습니다. 이 장에서는 HTS, MTS로 주식투자를 처음 시작하는 분들이 쉽게 따라 할 수 있도록 제가 차근차근 과정을 설명해드리겠습니다.

어떤 HTS를 사용할까?

HTSHome Trading System는 증권사에서 제공하는 주식 거래 시스템으로 증권사에 직접 가지 않고도 집에서 쉽게 거래하도록 만들었다. 그럼 초보 투자자들은 어떤 HTS를 사용하는 게 좋을까?

증권사마다 인터페이스가 다르고 메뉴에도 다소 차이가 있다. 하지만 어떤 HTS를 설치하든 기본적인 기능은 비슷하다. 다만, 초보 투자자일수록 가능한 한 많은 투자자가 사용하는 HTS를 사용하는 것이 유리하다고 생각하는데, 투자 공부를 하면서 고급 기능도 사용하게 될 것이기에 그렇다.

내가 주로 쓰는 HTS는 키움증권에서 나온 영웅문이다. 영웅문은 가장 많은 유저들이 사용하고 있고 기능이 다양한 것도 장점이다. '호가주문' 창에서 클릭 한 번으로 주문이 가능하고, 금액 버튼을 설정하면 알아서 주식수가 계산되니 매매가 빠르고 간편하다. 보유주식의 현재 상황이 실시간으로 확인되고 손익이 얼마인지를 보여주며, 자동주문 기능도 있다.

키움증권의 영웅문 외에도 대신증권의 크레온, NH증권의 나무 등도 기능 면에서 큰 차이가 없다. 네이버 증권 등 투자정보와 종목 분석을 제공하는 사이트가 보편화된 만큼 증권사에서 제공하는 HTS는 무엇보다 거래 시 신속하고 편리한 인터페이스를 제공하는 것이 중요하다. 증권사 HTS를 선택할 때 거래수수료와 함께 이런 점을 고려하라.

HTS 설치부터 계좌 개설까지

HTS는 증권사 홈페이지에서 다운로드 받는다. 가장 많이 사용되고 있는 키움증권의 영웅문을 예로 설치 방법을 알아보자.

우선 키움증권 홈페이지에 접속하면 메인 화면 우측에 '영웅문4 다운로드'라는 단추가 있다. 이를 클릭해 프로그램을 다운로드 받아 설치하면 된다. 용량이 크지 않아 큰 부담이 없다.

[그림 10-1] 영웅문 설치 화면

영웅문 설치가 완료되면 컴퓨터 바탕화면에 영웅문4라는 아이콘이 생성된다. 이를 더블클릭해서 접속 첫 단계로 가보자. 프로그램에 접속하면 [그림 10-2]와 같은 화면이 뜬다. 접속 방법은 간편인증, 인증서, ID, 모의투자 네 가지가 있지만, 주식 거래를 위해서는 공인인증서 로그인이 편하다. 따라서 공인인증서를 미리 받아두어야 하는데, 증권사 계좌에서 사용하는 공인인증서는 일반 은행에서 사용하는 인증서와 다르다. 금융 거래용 공인인증서는 증권사 계좌 개설을 하면서 무료 발급이 가능하다. 증권사 홈페이지에 가면 계좌 개설을 위해 친절하게 안내해준다.

계좌 개설은 스마트폰에서도 가능한데, 만약 스마트폰에서 계좌 개설을 했다면 스마트폰에 공인인증서를 저장했을 것이다. 그 인증서를 컴퓨터에 옮기면

[그림 10-2] HTS 로그인 화면

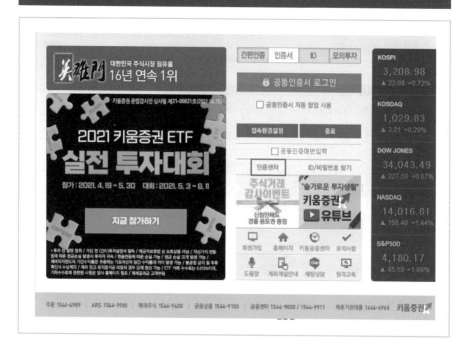

되는데 스마트폰에서 받아둔 공인인증서를 컴퓨터에 옮기는 방법을 알아보자.

[그림 10-2]에서 인증센터를 클릭한다. 공동인증서 관리 화면이 나오면 왼쪽 메뉴에서 스마트폰 공동인증서를 클릭한다. 여기서 '스마트폰 → pc 인증서 복사' 메뉴를 클릭한다. 그러면 스마트폰에 있는 공인인증서를 PC로 옮길 수 있는 페이지로 이동한다. PC에 [그림 10-3-3]과 같은 화면이 뜰 것이다. 거기엔 스마트폰 인증센터에서 필요한 인증번호가 적혀있다.

이제 스마트폰의 영웅문S에 접속할 차례다. 영웅문S에 접속해서 인증센터를 클릭한다. '인증서 보내기'를 클릭하고 인증서 비밀번호를 입력한 뒤 확인 버튼을 클릭한다(그림 10-4-1 참조).

[그림 10-3] PC 공인인증센터 화면

〈1〉 인증센터 초기화면

〈2〉 스마트폰 → pc 인증서복사 창

〈3〉 인증서 가져오기

[그림 10-4] 스마트폰 공인인증센터 화면

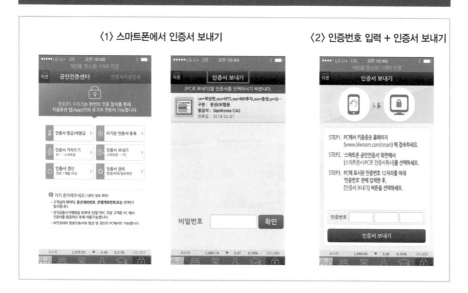

〈1〉 스마트폰에서 인증서 보내기 　　　　〈2〉 인증번호 입력 + 인증서 보내기

그럼 [그림 10-4-2]와 같은 화면이 뜨고 거기에 [그림 10-3-3]에서 뜬 인증서 번호를 입력한다. 여기까지 한 다음 PC 화면에 가서 확인 버튼을 클릭한다. 인증서 저장매체 선택창이 뜨면 저장매체를 선택해 확인을 누른다. 그럼 인증서가 PC에 복사된다.

여기까지 완료했으면, 영웅문4를 실행해서 공동인증서로 접속하고, 인증서 비밀번호 입력 뒤 본격적으로 HTS에 접속할 수 있다.

스마트폰으로 간편한 주식 거래

　　　　　　　　　　　MTS^{Mobile Trading Sytem}는 스마트폰을 비롯한 모바일 기기에서 사용할 수 있는 증권사 앱으로 모바일트레이딩시스템이라고도 한다. HTS가 주로 집에서 컴퓨터로 주식투자하는 서비스라면, MTS는 밖에서 스마트폰으로 주식투자하는 시스템을 가리킨다. 대부분의 증권사들이 모바일 기기 사용자를 위해 주식 거래 앱을 제공한다.

MTS는 주로 직장인들이 사용하지만 최근에는 남녀노소 상관없이 MTS를 이용하는 것 같다. 걸어 다니면서도 언제 어디서든 주식투자를 할 수 있기 때문이다. 특히 단기투자자에게 타이밍은 생명이기 때문에 모바일 기기로 거래하는 것이 더 합리적인 것 같다.

MTS의 장점은 언제 어디서든 주식투자를 할 수 있다는 것이다. 종목을 실시간으로 분석하고 투자할 수 있으므로 잘만 활용하면 이익이 된다. 증권사에서도 스마트폰 유저들을 위해 다양한 기능을 강화하고 있다. 최근에는 음성인식 검색 기능과 투자자들의 의견을 공유하는 기능도 추가되었고, 초보자들을 위한 주식교육 자료도 제공하고 있다.

앱을 다운받을 수 있는 스토어에 접속해 MTS를 검색하면 증권사별 MTS를 찾을 수 있다. 영웅문이나 크레온 등 별도로 명칭을 입력해야 나오는 앱도 간혹 있다. 증권사별 MTS를 몇 가지 소개하면 이렇다. DB금융투자 MTS, NH투자증권 QV MTS, 하나금융투자 하나원큐프로, 신한금융투자 알파, 키움증권 영웅문S 등이 있다.

MTS 설치하는 방법

증권사 계좌 개설을 했다면 스마트폰 앱으로 MTS를 사용해보자. 먼저, 증권사 홈페이지에 접속해 회원가입을 한다. 스마트폰 play 스토어에서 '키움증권 계좌개설'을 검색 후 설치한다. 계좌개설을 했다면 공인인증서를 스마트폰에 받아야 한다. 만약 PC에 이미 공인인증서를 받아두었다면 이것을 스마트폰으로 복사하면 되는데, 방법은 다음과 같다.

증권사 홈페이지 메인에서 '인증서 복사' 메뉴를 찾아 이를 클릭한다. 그리고 스마트폰 공인인증서 카테고리에서 'PC → 스마트폰 인증서 복사'를 클릭해 타고 들어가면 인증서를 복사하는 과정이 상세히 나와 있다. 그 과정을 그대로 따라 하면 된다.

스마트폰을 꺼내 앱스토어에서 영웅문S(또는 자신이 개설한 계좌의 증권사 MTS)를 다운받아 설치한다. 설치를 완료한 뒤 앱을 실행한다.

앱을 클릭하면 로그인 화면이 뜰 것이다. 이때 스마트폰에 공인인증서가 저장돼 있지 않다면 먼저 공인인증서부터 받자. 로그인 화면에서 맨 아래 '공인인증'을 클릭한다(그림 10-5-1).

클릭하면 공인인증센터로 넘어간다. 이미 PC에 공인인증서를 받아두었다면 '인증서 가져오기'를 클릭하면 되고, 그렇지 않은 경우에는 '인증서 발급/재발급' 절차를 거친다(그림 10-5-2).

다시 증권사 홈페이지의 'PC → 스마트폰 인증서복사'를 클릭한 뒤 스마트폰 앱에 나온 승인번호를 옮겨서 입력한다. 그런 다음 '인증서 보내기'와 '확인'을 클릭하면 공인인증서 복사가 끝난다. 이제 다시 증권사 MTS 앱을 실행해 로그인 화면으로 간다(그림 10-5-3).

아이디와 비밀번호는 증권사에 가입할 때 만들어놓은 것으로 입력한다. 로그인이 되면 주식 거래를 시작할 수 있다.

[그림 10-5] MTS 로그인 하기

〈1〉 MTS 로그인 화면 하단 인증센터 클릭 + 인증서 가져오기

〈2〉 공인인증서 가져오기 실행

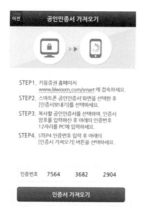

〈3〉 MTS로 로그인

02

PC 또는 스마트폰으로 주식 사고팔기

포인트! 컴퓨터와 스마트폰에 주식 거래 시스템을 설치 완료했다면 이제부터는 본격적으로 주식을 거래해보도록 하겠습니다. 처음 하시는 분들은 매우 어려워하는데 여기서 설명하는 몇 가지 절차를 따라 하면 주식 매매가 생각보다 어렵지 않다는 것을 알게 됩니다. 증권사 앱은 누구나 편하게 사용할 수 있도록 만들어진 만큼 적응하는 데 그리 많은 시간이 걸리지 않을 것입니다.

PC로 주식 사기

이번에는 HTS를 통해 주식을 거래해보자. 거래는 주식 종목을 사는 매수와 보유하고 있는 주식을 파는 매도로 나뉜다.

우선 HTS에 접속하면 여러 창이 뜨는데, 모든 창을 닫고 초기화면을 보면 이렇다.

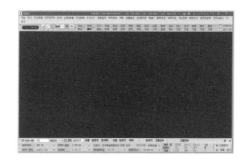

주식을 거래하려면 맨 위의 메뉴 바에서 '주식주문'을 클릭한다. 하위 메뉴 중에서 '키움주문'을 클릭한다 (증권사마다 다소 차이가 있지만 방식은 비슷하다).

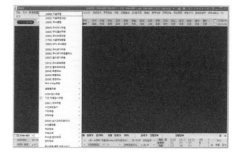

① 주문창이 뜨면 '매수' 탭 '종목'을 클릭해 사고 싶은 종목을 검색한다. '셀트리온'을 검색했더니 이 같은 창이 뜬다.

하단에 수량을 입력하면 자동으로 가격이 입력된다. 가격 하단에 현재가로 자동 입력되는 창을 클릭해두면 편하다. '2'주 입력했더니 가격이 267,000원이다.

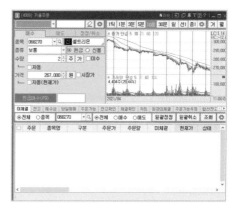

② 그런 다음 하단 '현금매수'를 누르면 '비밀번호 확인' 창이 뜬다. 비밀번호를 입력하고 확인 버튼을 누른다.

③ '현금매수'를 다시 한 번 더 클릭하면 '주문 확인' 창이 뜬다. '매수확인'을 클릭하면 매수가 진행된다. 최초 거래 시 매수 금액이 증권계좌에 있어야 한다.

PC로 주식 팔기

다음으로 주식을 매도하는 방법을 알아보자. 매도는 매수의 반대라고 생각하면 이해하기 쉬울 것이다.

① 매수 탭 오른쪽에 있는 '매도' 탭을 클릭한다. 매도 수량을 지정하고 가격을 설정한 다음, '현금매도'를 클릭하면 매도가 진행된다. 호가는 저렴하게 입력할수록 매도될 가능성이 크지만, 현재 시가로 매도를 확정하려면 '자동(현재가)'에 체크를 하면 된다.

② '매도확인'을 클릭하면 매도가 완료된다.

스마트폰으로 주식 사기

이번에는 스마트폰으로 주식을 사는 법을 알아보자. 영웅문S를 예로 설명해보겠다.

영웅문S에 접속해 하단 '주문' 버튼을 클릭한다. 계좌 개설 시 설정에 따라 PIN 입력창 또는 공인인증서 비밀번호 입력창이 뜬다. 그런 다음 주문을 위한 화면이 나오는데, 이제 하나씩 따라 해보자.

① MTS에 접속해 로그인한 다음 하단에서 '주문' 버튼을 클릭한다.

② 창에서 자신이 원하는 종목을 검색하고 주문을 진행해 나간다. 예를 들어, '크리스탈신소재'라는 종목을 산다고 가정해보자. 종목검색 창의 돋보기를

① 하단 '주문' 버튼 클릭

② 종목 검색 및 주문

클릭해서 종목명을 검색하고 누르면 종목에 관련된 정보가 자동으로 입력된다. 바로 아래 빈칸에는 계좌 비밀번호를 미리 입력해두자.

바로 아래에 있는 '수량'은 몇 주를 살지 설정하는 칸이다. 자신이 사고 싶은 주식수를 여기에 입력하면 된다. '가격'은 현재 시장가로 자동입력이 돼 있어 그대로 진행해도 무방하다.

만약 다른 호가를 지정하고 싶을 때는 '호가' 버튼을 누르면 새 창이 뜬다. 여기서 자신이 원하는 호가를 선택하면 된다. 매수호가이기 때문에 가격을 높게 부를수록 체결 확률이 높지만, 그럴 필요 없이 시가대로 거래하는 것이 가장 빠르다. 거래가 체결되면 그 즉시 확인문자가 올 것이다.

③ 계좌 비밀번호를 입력한다.

④ 주식매수 주문 창이 뜨면 확인을 누른다.

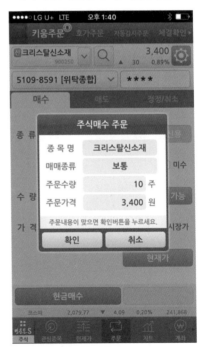

스마트폰으로 주식 팔기

　　　　　　　　이제 스마트폰 증권사 앱으로 주식을 파는 방법에 대해 알아보자.

① 우선, MTS에 접속해 맨 아래(MTS마다 조금씩 다름) 메뉴에서 '계좌'를 클릭한다. 설정에 따라 공인인증서 비밀번호 또는 PIN 번호를 입력하는 창이 나타난다. 비밀번호를 입력하면 보유종목이 뜨게 된다.

② 보유종목의 종목명을 누르면 새로운 팝업이 뜬다. 팝업창 하단의 '매도'를 클릭한다.

③ 매도 페이지로 넘어가서는 가장 먼저 계좌 비밀번호부터 입력해둔다. 그

① 보유종목 화면

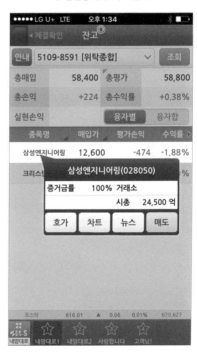

② 팝업창에서 '매도' 클릭

런 다음 수량과 가격을 설정하면 되는데, 시장가가 자동적으로 입력되어 있을 것이다. 다른 가격에 매도하고 싶다면 '호가' 버튼을 클릭한다.

④ 호가표가 뜨면 원하는 가격을 정하면 된다. 매도는 가격을 낮게 부를수록 체결 확률이 높지만, 즉시 체결을 원한다면 그냥 현재 시장가로 하면 된다.

⑤ 수량과 가격을 입력하고 나서 맨 아래 '현금매도' 버튼을 클릭한다. 이렇게 해서 매도 주문이 완료되었다. 매도 주문이 완료된 뒤에는 그 즉시 주문이 체결되었다는 확인문자가 올 것이다.

⑥ 매도가 잘 처리되었는지 확인하려면 다시 메뉴에서 '잔고'를 클릭해 들어가면 된다. 매도 거래가 체결된 종목은 내 계좌에서 사라진다.

③ 매도 페이지

④ 호가표

⑤ 매도주문 완료　　　　　　　　　⑥ 계좌 '잔고' 확인

03 HTS로 차트 분석 따라 하기

포인트! 증권사 앱은 캔들차트를 정밀하게 분석할 수 있도록 다양한 기능을 제공하고 있습니다. 여기서는 HTS에서 정밀한 차트 분석을 어떻게 할지, 메뉴를 활용하는 법을 알아봅니다. 메뉴에 있는 다양한 차트의 의미를 살펴보고 차트를 불러오는 방법을 알아보겠습니다. 생각보다 그리 어렵지 않으니 잘 따라오기 바랍니다.

기술적 주가 분석

　　　　　　　　　　HTS에서 차트를 보는 방법은 간단하다. 내가 주로 쓰는 영웅문을 기준으로 설명하겠지만, 다른 HTS도 비슷하니 직접 따라 해보기 바란다.

① 차트의 분석은 주가 분석 가운데서도 기술적 분석의 영역에 해당한다. 먼저 맨 위 메뉴에서 '차트'를 클릭하면 아래에 다양한 소메뉴가 뜬다. 그중 '키움종합차트'를 클릭한다.

① 차트 → 키움종합차트 클릭

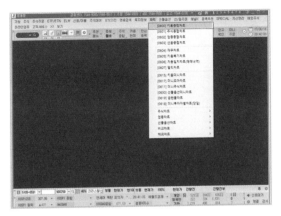

② 차트 화면이 뜨면, 화면 왼쪽 위에 돋보기 모양이 보인다. 돋보기를 클릭하라.

② 돋보기 클릭

③ 그 아래 '업종'이라고 쓰인 부분 아래에 종목을 입력할 수 있는 칸이 있다. 여기에 원하는 종목의 명칭을 입력한다.

③ '업종' → 종목 입력

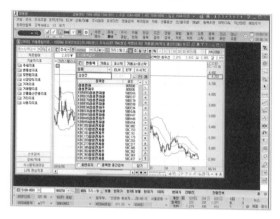

④ 예를 들어 '삼성전자'라고 입력하고 선택하면 삼성전자의 캔들차트를 확인할 수 있다. 가장 일반적인 캔들차트가 일봉이므로 아마 일봉이 먼저 뜰 것이다. 일봉을 기초로 주봉, 월봉이 형성되는데, 거래량을 시간 단위에 따라 일, 주, 월로 구분한 것이다.

④ 주식 툴바에서 '일' '주' '월' '년' 등 클릭

주봉을 보고 싶다면 주식 툴바에서 네모난 상자로 된 '주'를 클릭한다. 주봉은 매주 주가의 흐름을 파악할 수는 있지만, 장기적인 주가의 흐름을 보기에는 부족하다. 장기적인 주가의 흐름을 파악하고 싶다면 메뉴 툴바에서 '월'을 클릭해 월봉을 보자. 좀 더 장기적인 흐름을 지닌 주식의 경우 메뉴 툴바에서 '년'

을 클릭해 연봉도 볼 수 있다.

⑤ HTS는 단기투자자들을 위해 분봉도 볼 수 있도록 제공하고 있다. 분봉은 3, 5, 10, 30, 60 등 다양하다. 예를 들어 메뉴 툴바에서 '분'을 클릭하고 오른쪽의 '3'을 클릭하면 3분봉을 볼 수 있다. 3분봉차트를 통해서는 3분마다의 캔들을 볼 수 있다.

⑤ 분봉 차트

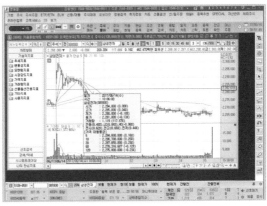

⑥ 캔들(또는 봉)에 마우스 커서를 가져가면 이와 같이 정보가 뜬다. 기본적으로 일자와 시간이 뜨고 해당 캔들의 시가, 고가, 저가, 종가뿐만 아니라 거래량과 이동평균선 정보까지 나오니 참고하기에 좋다.

⑥ 봉에 커서를 대면 자세한 정보가 뜬다.

```
일자      : 2017/06/14(수)
시간      : 10:06:00
삼성전자(005930)
  시가    : 2,284,000 (0.00%)
  고가    : 2,285,000 (0.04%)
  저가    : 2,280,000 (-0.18%)
  종가    : 2,281,000 (-0.13%)
  거래량  : 1,119 (117.67%)
전종(0.48%),LC(0.84%),HC(-0.96%)
전시(0.62%),전고(0.66%),전저(0.44%)
[가격 이동평균]
  5       : 2,284,600.000 (0.16%)
  10      : 2,286,700.000 (0.25%)
  20      : 2,287,650.000 (0.29%)
  60      : 2,278,316.667 (-0.12%)
  120     : 2,275,800.000 (-0.23%)
```

04

전문가 분석,
기관투자자 동향 파악하기

포인트! 주식투자자라면 애널리스트 등 전문가의 산업분석을 항상 눈여겨볼 필요가 있습니다. 그들의 분석이 다 맞는 것은 아니지만, 전문가의 조언을 항상 가까이하면 시장을 읽는 눈이 조금씩 뜨일 수 있습니다. 증권사 앱의 장점은 종목에 관한 모든 정보를 한눈에 볼 수 있도록 양질의 서비스를 제공한다는 데 있습니다. 산업분석 코너를 잘 활용해 애널리스트 등 전문가의 조언을 들으며 투자하기를 바랍니다. 이와 더불어 개인투자자는 기관투자자들의 매매 동향을 파악하는 것이 중요한데, 그들의 행동 패턴에 따라 주가가 오르내리기 때문입니다. 여기서는 기관투자자들이 눈독 들이는 '될 만한' 주식을 골라서 투자하도록 방법을 알려드리겠습니다.

좋은 종목 발굴은 산업분석으로

주식투자자라면 산업분석에 대해 알아야 한다. 증권사 HTS에서 제공하는 산업과 업종에 대한 정보만으로도 좋은 종목을 발굴할 수 있으니 꼭 따라 하길 바란다.

우선, 증권사 HTS에 접속한다. 내가 자주 사용하는 영웅문을 기준으로 설명하겠다.

① 메뉴 툴바를 보면 맨 왼쪽에 검색바가 보일 것이다. 이 검색창에 메뉴명을 입력하면 된다. 예를 들어 '산업분석'이라고 입력하면 아래에 [1902]기업/산업분석이 뜬다. 이를 클릭한다.

① 검색창에 산업분석 입력

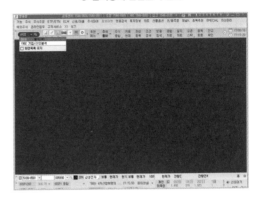

② 그러면 산업분석창이 뜨는데, 이 코너에서는 증권사 애널리스트들이 직접 분석한 산업분석보고서가 종합적으로 제공된다. 이제 종목을 탐색하는 데 참고할 만한 자료를 찾아보자. 산업분석보고서 가운데 자신이 평소에 관심 있는 분야를 클릭한

② 산업보고서 클릭 화면

다. 나는 '철강금속: 공급 우려에 철강, 철광석 동반 상승'을 클릭해보겠다. 그럼 애널리스트들의 보고서를 통해 해당 산업에 대한 분석을 확인할 수 있다.

산업분석 코너에는 최근의 기업분석이나 종목의 주가 및 목표 주가도 친절하게 제시해주는 등 고급 정보를 제공해주므로 투자에 큰 도움을 받을 수 있다. 이를 잘만 활용하면 전문가의 조언을 받으며 투자하는 일석이조 효과를 누릴 수 있을 것이다.

기관투자자들의 매매 동향 파악하기

영웅문을 기준으로 기관투자자들의 매매 동향을 살펴보자.

① 검색창에 '외국인기관매매'라고 입력한다. 상단에 '[0785] 외국인기관매매 상위'라는 메뉴가 뜬다. 이를 클릭하면 외국인과 기관의 주요 종목을 한눈에 확인할 수 있다.

① '외국인기관매매' 입력

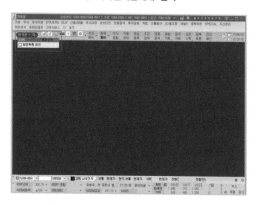

② 코스피나 코스닥 중 원하는 시장을 선택할 수도 있다. 코스피(2021. 5. 12. 기준)를 선택하니 외국인 순매도 1위는 '삼성전자', 국내기관 순매도 1위도 '삼성전자'였다. 외국인 순매수 1위는 'SK텔레콤'이었다.

② 외국인, 기관 순매매 상위

[그림 10-6] 기관투자자 동향 추가 기능

○전체 ◉코스피 ○코스닥 | ◉금액(억원) ○수량(만주) | 조회일자 2021/04/26 | 조회 | 유의사항

외국인						국내기관					
순매도			순매수			순매도			순매수		
종목명	금액	수량	종목명	금액	수량	종목명	금액	수량	종목명	금액	수량
삼성전자우	1,948.2	180.7	삼성전자	1,743.9	208.9	삼성전자	831.6	99.8	KODEX 레버리지	620.5	219.3
SK하이닉스	708.6	54.0	HMM	947.0	262.0	현대모비스	684.5	24.0	LG전자	497.6	29.5
현대모비스	664.8	23.3	삼성SDI	571.1	8.3	NAVER	482.1	12.8	S-Oil	462.8	56.1
KODEX 200	545.6	124.5	한국조선해양	366.8	24.4	KODEX 200선물인버스2X	272.3	1,395.9	현대글로비스	338.5	17.8
현대제철	264.7	50.9	카카오	325.8	27.6	SK바이오사이언스	266.2	17.2	KODEX 200	322.2	73.8
LG디스플레이	215.7	81.4	신한지주	304.1	79.5	카카오	218.6	16.6	한국조선해양	250.8	17.0
동국제강	136.8	58.7	한국금융지주	257.9	22.6	셀트리온	213.0	7.5	SK이노베이션	162.4	6.7
두산퓨얼셀	98.1	19.9	S-Oil	237.6	28.2	SK	170.2	5.8	LG화학	154.6	1.8
OCI	95.2	6.9	SK이노베이션	206.4	7.5	한국금융지주	132.8	11.9	솔루스첨단소재	154.5	30.0
선진	88.8	48.6	현대미포조선	202.8	27.8	현대차	132.1	6.0	현대건설	147.1	29.0
DB하이텍	80.4	13.7	기아	196.9	23.8	KODEX 인버스	112.1	298.6	현대중공업지주	189.3	22.2
한화생명	78.3	225.0	현대중공업지주	194.4	30.5	이마트	106.5	6.3	GS	135.8	30.9
맥쿼리인프라	74.5	62.3	KODEX 레버리지	189.5	66.7	삼성전기	101.2	5.3	HMM	120.7	33.4
효성화학	72.7	1.6	대한항공	153.5	57.3	엔씨소프트	100.2	1.2	삼성바이오로직스	100.3	1.2
LG우	71.1	7.2	현대글로비스	151.1	7.8	하나금융지주	92.2	21.5	LG이노텍	98.8	4.6
삼성에스디에스	69.6	3.6	하이브	125.6	4.8	만도	85.7	14.1	LS	96.4	13.7
SK바이오팜	65.0	5.5	두산인프라코어	125.4	112.5	에스코홀딩스	70.9	20.0	삼성물산	93.7	6.7
한미약품	64.5	1.8	삼성중공업	122.4	164.9	KB금융	69.7	12.7	삼성엔지니어링	86.4	52.8
한온시스템	60.9	36.1	SK텔레콤	122.1	3.9	하이브	67.1	2.6	KODEX 코스닥150선물인버스	75.8	172.5
코웨이	56.6	8.4	LG전자	120.9	7.1	SK텔레콤	68.8	2.1	신세계	70.2	2.5
아모레퍼시픽	53.8	2.1	포스코케미칼	118.5	7.2	KODEX 코스닥150 레버리지	61.6	38.7	TIGER KRX2차전지K-뉴딜	58.1	34.2
만도	50.5	8.3	한국전력	116.2	40.0	OCI	49.3	3.5	현대미포조선	57.9	8.1
고려아연	47.6	1.1	대우조선해양	103.0	33.2	LG생활건강	47.8	0.3	KODEX 2차전지산업	57.8	29.3
셀트리온	46.6	1.6	LG화학	101.4	1.1	동국제강	46.3	19.9	F&F	54.9	9.1
롯데정밀화학	43.5	6.0	금호석유	100.3	3.5	효성화학	45.6	1.0	기아	53.4	6.4

정확히 일치하는 것은 아니나, 기관투자자들의 동향에 따라 투자하면 적어도 망하지는 않을 것이다. 기관투자자들은 웬만해서는 손해 보는 투자를 하지 않을 것이기 때문이다.

기관투자자 동향 화면에서 추가적인 기능을 알아보자. 상단 메뉴바에서 금액에 체크하고 원하는 날짜를 선택한 뒤 검색하면 그날의 순매수와 순매도 상위 종목들을 확인할 수 있다. 이 기능은 날짜마다 차트의 원인을 분석할 때 또는 자신의 투자 실적의 원인을 복기할 때 유용하게 사용할 수 있다.

이제 기관투자자들의 매매 동향에 대해 좀 더 자세히 파악해보자. 메뉴 툴바의 왼쪽 검색창에서 '[0257]일별 기관매매종목'을 검색하면 좀 더 상세한 정보를 얻을 수 있다.

일별 기관 매매 종목뿐만 아니라, 종목별 기관 매매 추이도 확인할 수 있다. 일별 기관 매매 종목에서 관심 있는 종목을 클릭해 메뉴 상단에 있는 '종목별 기관 매매 추이'를 클릭하면 일정 기간 기관투자자들의 누적 순매도, 누적 순

매수량을 확인할 수 있고, 일별 순매매량도 세분화해서 알 수 있다.

이는 내가 관심 있는 종목에 대해 날짜별로 기관투자자들의 움직임을 볼 수 있다는 점에서 의미가 있다. 그뿐만 아니라, 개인, 기관, 외국인별 해당 종목의 순매수 또는 순매도를 파악하게 해준다. 이 동향을 잘 파악하면 초보 주식투자자도 기관투자자처럼 움직일 수 있을 것이다.

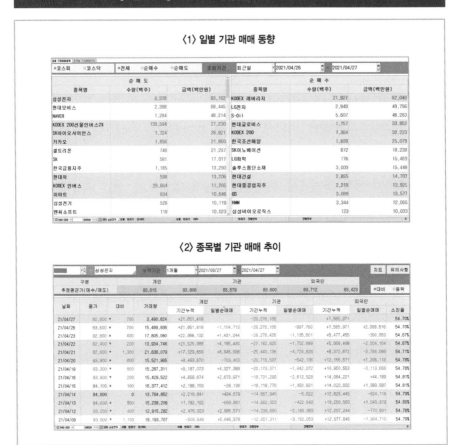

[그림 10-7] 기관 매매 동향/종목별 기관 매매 추이

11장

영웅문 200% 활용,
수익률 높이는 알짜 팁들

01

랭킹 기능으로
대박 종목 고르기

포인트! 초보자가 처음부터 좋은 종목을 고르고 가치투자를 하기란 쉽지 않습니다. 우선 처음에는 돈 벌 욕심보다는 기본에 충실하면서 시장의 흐름을 읽는 데 집중하는 것이 바람직합니다. 어느 정도 주식 매매에 익숙해지면 이제부터는 좋은 종목을 찾아서 수익을 내야 합니다. 이를 위해 '랭킹 분석'이 큰 도움이 될 것입니다. 랭킹 분석이란 각종 투자지표의 랭킹을 매기면서 상위 랭킹의 기업에 투자하는 것을 말하는데, 이런 작업을 통해 우량한 종목을 모으길 바랍니다. 어떻게 하는 건지 이제부터 살펴봅시다.

HTS를 통한 랭킹 분석

       종목에 대한 지표별 랭킹을 확인해 상위를 차지하는 우량주에만 투자하는 것이 초보자로서는 위험을 줄이는 가장 좋은 방법일 것이다. 맨 아랫동네에 있는 찌꺼기 주식에 투자해서는 장기적으로 가치투자를 하기가 어렵다. 기본 지표가 튼튼한 종목으로 포트폴리오를 구성해야 당장은 수익이 저조하더라도 장기적으로 고수익을 얻을 수 있다. 이것이 가치투자다.

영웅문 기준으로 랭킹 분석을 하는 방법을 알아보자.

영웅문 메뉴 툴바 왼쪽 검색창에 랭킹분석이라고 입력한다. '[1703]랭킹분석'이 뜨면 이를 클릭한다. 상단 메뉴에 업종랭킹, 지표순위 항목이 보이는데 각각 업종별 순위와 지표별 순위를 볼 수 있다.

먼저, 업종랭킹부터 자세히 살펴보자.

자세히 보면 표 상단에 업종랭킹을 정하는 기준이 나타나 있다. 먼저 '종목명'을 클릭하면 알파벳과 가나다순으로 순서를 매겨서 정리해준다. 이름에 특별한 의미가 없다면 이것은 별로 중요하지 않다. 여기서 중요한 것은 자산총계, 자본금, 자본총계, 매출액, 영업이익, 당기순이익 등 금액의 크기 순서대로 찾아볼 수 있다는 사실이다. 각 탭을 클릭하면, 각 분야의 랭킹이 오름차순, 혹은

[그림 11-1] 업종랭킹(2020. 12. 기준)

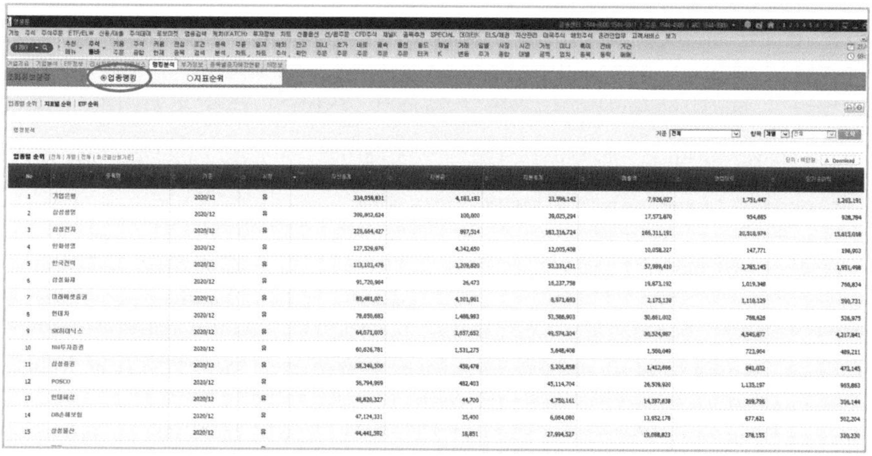

[그림 11-2] 지표순위 검색

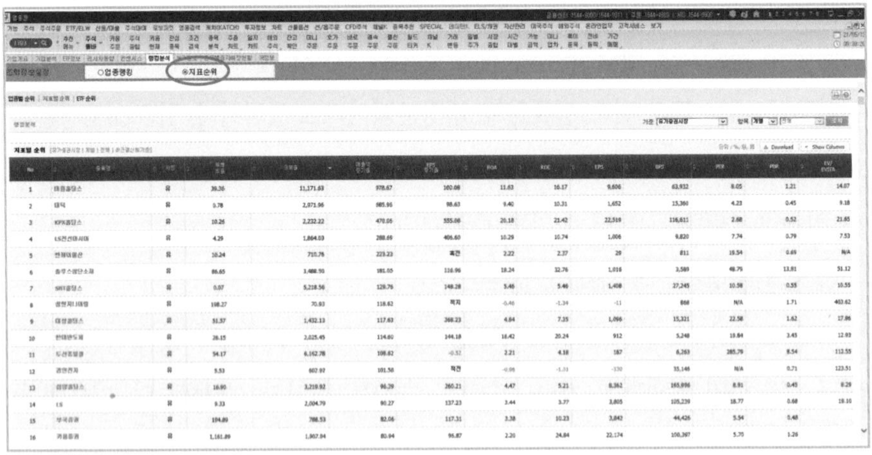

내림차순으로 정렬된다. 이를 통해 규모가 큰 기업 순서대로 정렬해가면서 종목을 분석할 수 있다.

이보다 중요한 기능은 지표순으로 정렬하는 기능이다.

조회정보 설정탭에서 '지표순위'를 체크하면 아래 랭킹분석이 각종 재무지표를 토대로 재설정되어 나타난다. 정말 엄청난 기능이다. 회계사들도 따로 계산해봐야 알 수 있는 엄청난 지표가 간단히 정리되어 한눈에 들어오게 순서가 매겨지는 것이다. 제공되는 지표로는 부채비율, 유보율, 매출액증가율, EPS증가율, ROA, ROE, PER, EV/EBITDA가 있다.

우선, 부채비율부터 살펴보자. 부채비율이라는 탭을 클릭하면 부채비율이 작은 순서부터 큰 순서대로 정리되어 뜬다. 부채비율이 큰 순서대로 보고 싶다면 탭을 클릭해 오름차순으로 볼 수 있다. 부채비율은 기업이 자본에 비해서 빚을 얼마나 지고 있는지를 나타내는 비율이다. 부채는 일반적으로 적을수록

[그림 11-3] 지표 순위 – 부채비율

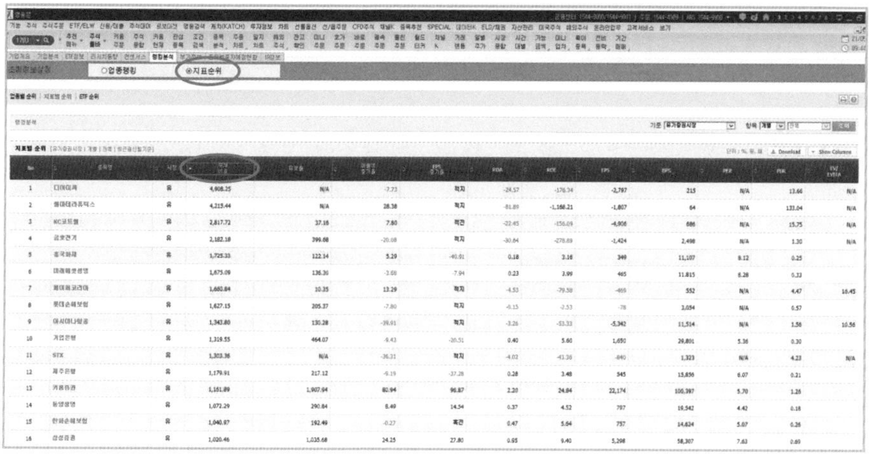

좋지만, 항상 그런 것만은 아니다.

여기서 특이한 것은 '완전잠식'이다. 이는 빚이 자산보다 많아서 주주가 한 푼도 건질 수 없는 기업이라는 뜻이다. 한마디로 망하는 회사라고 보면 된다.

다음으로 볼 것은 유보율이다. 유보율 탭을 클릭해보자. 유보율 탭을 두 번 클릭하면 내림차순으로 정리된다. 유보율은 회사의 각종 잉여금의 합을 납입 자본금으로 나눈 비율로서 회사에 당장 사용 가능한 자금이 어느 정도 되는 지를 파악하는 지표다. 즉, 유보율이 높을수록 안전한 기업이다.

다음으로 볼 것은 매출액 증가율이다. 매출액 증가율 탭을 클릭해보자. 매출액 증가율은 기업의 매출액이 전기에 비해 당기에 얼마나 증가했는지를 비율화한 것이다. '매출액 성장속도'라고도 하는 이 비율은 기업의 성장 상태를 판단하는 지표다. 일반적으로 매출액 증가율이 클수록 주가가 상승할 가능성 이 크다고 본다.

[그림 11-4] 지표 순위 - 유보율

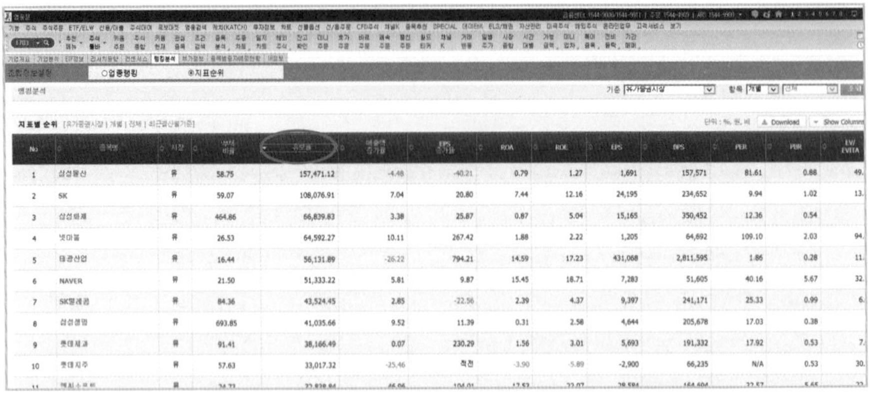

No	종목명	시장	부채비율	유보율	매출액증가율	EPS증가율	ROA	ROE	EPS	BPS	PER	PBR	EV/EVITA
1	삼성물산	유	58.75	157,471.12	-4.48	-40.21	0.79	1.27	1,691	157,571	81.61	0.88	49.
2	SK	유	59.07	108,076.91	7.04	20.80	7.44	12.16	24,195	234,652	9.94	1.02	13.
3	삼성화재	유	464.86	66,839.83	3.38	25.87	0.87	5.04	15,165	350,452	12.36	0.54	
4	넷마블	유	26.53	64,592.27	10.11	267.42	1.88	2.22	1,205	64,692	109.10	2.03	94.
5	태광산업	유	16.44	56,131.89	-26.22	794.21	14.59	17.23	431,068	2,811,595	1.86	0.28	11.
6	NAVER	유	21.50	51,333.22	5.81	9.87	15.45	18.71	7,283	51,605	40.16	5.67	32.
7	SK텔레콤	유	84.36	43,524.45	2.85	-22.56	2.39	4.37	9,397	241,171	25.33	0.99	6.
8	삼성생명	유	693.85	41,035.66	9.52	11.39	0.31	2.58	4,644	205,678	17.03	0.38	
9	롯데제과	유	91.41	38,166.49	0.07	230.29	1.56	3.01	5,693	191,332	17.92	0.53	7.
10	롯데지주	유	57.63	33,017.32	-25.46	적전	-3.90	-5.89	-2,900	66,235	N/A	0.53	30.

[그림 11-5] 지표 순위 – 매출액 증가율

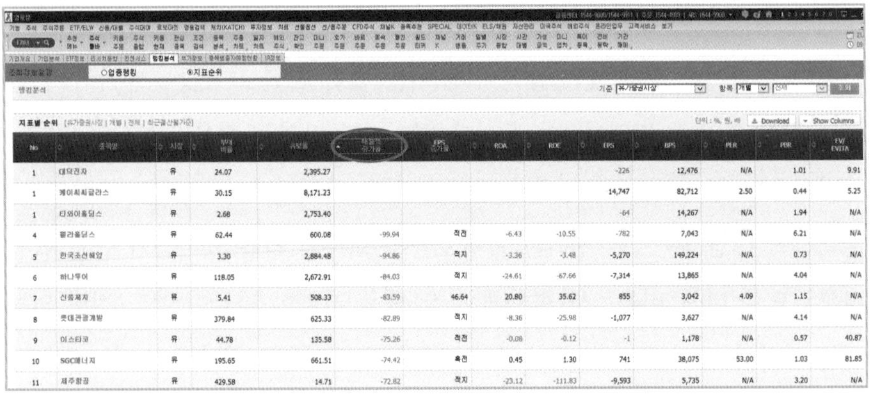

No	종목명	시장	부채비율	유보율	매출액증가율	EPS증가율	ROA	ROE	EPS	BPS	PER	PBR	EV/EVITA
1	대덕전자	유	24.07	2,395.27					-226	12,476	N/A	1.01	9.91
1	케이씨씨글라스	유	30.15	8,171.23					14,747	82,712	2.50	0.44	5.25
1	티와이홀딩스	유	2.68	2,753.40					-64	14,267	N/A	1.94	N/A
4	필라홀딩스	유	62.44	600.08	-99.94	적전	-6.43	-10.55	-782	7,043	N/A	6.21	N/A
5	한국조선해양	유	3.30	2,884.48	-94.86	적지	-3.36	-3.48	-5,270	149,224	N/A	0.73	N/A
6	하나투어	유	118.05	2,672.91	-84.03	적지	-24.61	-67.66	-7,314	13,865	N/A	4.04	N/A
7	신풍제지	유	5.41	508.33	-83.59	46.64	20.80	35.62	855	3,042	4.09	1.15	N/A
8	롯데관광개발	유	379.84	625.33	-82.89	적지	-8.36	-25.98	-1,077	3,627	N/A	4.14	N/A
9	이스타코	유	44.78	135.58	-75.26	적전	-0.08	-0.12	-1	1,178	N/A	0.57	40.87
10	SGC에너지	유	195.65	661.51	-74.42	흑전	0.45	1.30	741	38,075	53.00	1.03	81.85
11	제주항공	유	429.58	14.71	-72.82	적지	-23.12	-111.83	-9,593	5,735	N/A	3.20	N/A

다음은 EPS증가율이다. EPS증가율을 클릭해보자. EPS란 주식 1주당 순이익의 비율을 말하며, 그런 EPS가 얼마나 증가하고 있는지를 나타내는 지표가 EPS증가율이다. EPS는 이익으로 해당 주가를 얼마나 회수할 수 있는지를 판단하는 지표로도 이용된다. EPS증가율 랭킹이 높을수록 기업의 주가가 상승

할 가능성은 크다.

이 밖에도 다양한 재무지표의 순위를 확인하면 종목을 고르는 데 도움이 된다. ROA는 Return On Assets의 약자로 자산 대비 순이익이 얼마나 되는지를 수익률로 나타낸 지표다. 이는 기업이 자산을 사용해서 이익을 얼마나 얻는가를 판단하는 지표로서 기업의 수익성을 파악하는 데 사용한다.

ROE는 Return On Equity의 약자로 자기자본 대비 순이익이 얼마나 되는지를 수익률로 나타낸 지표다. 이 또한 주주들의 자본으로 얼마의 순이익을 벌어들이는지를 판단하는 지표로서 ROA보다 주주들의 직접적인 수익률을 보여준다.

분석에서 가장 중요한 지표인 PER는 Price Earning Ratio의 약자로 기업의 순이익에 비해 주가가 몇 배인지를 나타내는 지표다. 이는 주가가 고평가되었는지 저평가되었는지를 판단하는 데 사용한다. 일반적으로 PER가 낮으면 저평가되었다고 하는데, 기업이 버는 순이익에 비해 주가가 낮으므로 이후 주가가 상승할 것으로 예상할 수 있다.

PBR는 기업의 순자산 장부금액에 비해 주가가 몇 배인지를 나타내는 지표다. 그러므로 PBR가 낮을수록 저평가된 기업이라고 봐도 될 것이다. 그러나 투자자들이 PER만큼 많이 사용하지는 않는다.

마지막으로 EV/EBITDA 비율은 기업가치인 EV^{enterprise value}를 기업의 영업현금흐름의 대용치인 EBITDA^{earning before interest, tax, depreciation and amortization}으로 나눈 비율이다. 이 지표가 클수록 기업이 벌어들이는 현금흐름에 비해 기업가치가 고평가된 것으로 보고, 작을수록 저평가되어 있다고 판단한다. 따라서 이 지표가 작은 기업에 투자하는 것이 좋다고 볼 수 있지만, 그렇다고 이 비율만 보고 투자하는 것은 위험하다.

02

외국인투자자 동향과
차트 동시에 보기

포인트!

개인투자자가 투자할 때 참고할 지표로 기관투자자의 동향을 살펴보았습니다. 이와 더불어 중요한 것이 바로 외국인투자자 동향입니다. 외국인투자자의 영향력이 큰 요즘에는 더더욱 이들의 동향 분석이 중요해졌습니다. 증권사 앱 화면에서 캔들차트와 거래량을 보면서 동시에 외국인투자자의 움직임을 파악할 수 있는 방법이 있습니다. 이번 섹션에서는 HTS에서 차트를 보면서 동시에 외국인투자자의 동향을 확인하는 방법을 알아보겠습니다.

외국인투자자가
주가에 미치는 영향

차트만 보지 말고 외국인투자자의 수급과 주가의 흐름을 동시에 분석해서 매수 종목을 찾는다면 수익률이 훨씬 높을 것이다. 주가의 흐름과 거래량만 가지고는 주가의 상승 또는 하락을 예측하는

데 한계가 있기 때문에 주가 흐름에 영향을 미치는 외국인투자자의 수급을 함께 분석할 필요가 있다.

하나의 차트에 캔들차트와 거래량, 외국인 순매수를 보는 방법을 알아보자. 영웅문을 기준으로 설명하면, 먼저 상단 메뉴 툴바에서 차트를 클릭해 '주식종합차트'를 선택한다. 그럼 기본적으로 캔들차트와 이동평균선 등을 볼 수 있는 화면과 그 아래 거래량을 나타내는 막대그래프가 보일 것이다. 거기에 외국인 투자자 수급 그래프를 추가하는 방법을 알아보자.

우선, 차트 바탕에 마우스 우측을 클릭해 지표추가(A)를 클릭한다. '외국인 순매수량(거래소)'을 선택한 다음 적용을 클릭한다. 그럼 [그림 11-6]과 같은 화면이 뜬다. 참고로 주봉이나 월봉에서는 뜨지 않고 일봉에서만 추가할 수 있음을 알아두자.

외국인순매수량이 맨 아래에 막대그래프로 추가되었는데, 여기서 빨간색은

[그림 11-6] 지표추가 - 외국인순매수량

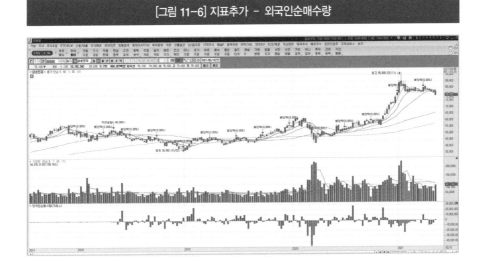

[그림 11-7] 외국인 보유 수량과 주가의 관계

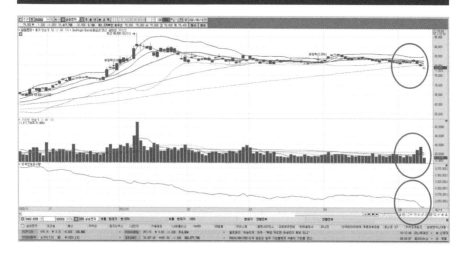

외국인 매수를 뜻하고 파란색은 외국인 매도를 뜻한다. 여기에 외국인 보유수량을 알 수 있는 지표도 추가할 수 있다.

이번에도 마우스 우측을 클릭해 지표추가(A)를 클릭하고, 외국인 보유 수량을 찾아 선택한 뒤 적용을 클릭한다. 그럼 [그림 11-7]과 같이 맨 아래에 선이 추가된다. 이렇게 설정한 뒤 차트를 분석하면 주가와 외국인투자자의 관계를 한눈에 파악할 수 있다.

03

기관투자자 동향과
차트 동시에 보기

포인트! 외국인투자자 못지않게 주식시장에서 막강한 영향력을 행사하는 세력이 바로 기관투자자입니다. 기관투자자는 거대한 자본력과 전문가들의 분석력을 통해 좋은 주식에 투자를 하죠. 기관의 보유 수량과 주가는 정비례합니다. 기관투자자의 매수 및 매도 상황을 차트를 보면서 확인하고 주가 흐름을 분석하는 방법을 알아봅시다.

기관 보유 수량 확인

기관투자자의 보유 수량을 확인하는 지표를 차트해 추가해보자. 영웅문을 기준으로, 기본적인 차트를 띄우고 화면 여백에 마우스 우측을 클릭해 지표추가(A)를 클릭한다. '기관보유수량'을 선택해 적용을 누르면 차트 하단에 선이 나타난다.

기관 보유 수량과 주가의 흐름이 어느 정도 일치한다(그림 11-8 참조). 이런

[그림 11-8] 지표추가 - 기관 보유 수량

[그림 11-9] 지표추가 - 기관 순매수량

흐름을 주시하면서 투자하면 수익을 올릴 수 있을 것이다.

이번에는 기관투자자의 순매수량을 파악해보자. 차트 여백에 마우스 우측을 클릭해 지표추가(A)를 클릭한다. '기관순매수량(거래소)'을 선택해 적용을 누른다.

[그림 11-9]를 보면 기관투자자의 매수 및 매도 상황을 막대그래프로 쉽게 파악할 수 있다. 빨간색은 기관투자자의 매수를 뜻하고, 파란색은 기관투자자의 매도를 뜻한다. 자세히 보면 기관투자자가 매도할 때 주가가 떨어지고, 주가가 상승할 때 기관투자자의 매수량이 대체로 늘어나는 구간이 있음을 볼 수 있다. 기관투자자의 매매 현황과 주가의 등락이 일치하는 구간을 파악해두면 기관투자자의 움직임을 보고 투자 의사를 결정할 수 있을 것이다. 이렇게 해야 손해를 보지 않는다는 것을 명심하자.

04

주가지수 보면서
관심 종목 분석하기

포인트! 종합주가지수와 주가의 관계를 보고 투자하는 방법도 있습니다. 국내 종합 주가지수는 코스피와 코스닥 두 종류가 있는데요. 각각의 주가지수는 코스피 시장과 코스닥 시장 전체를 대변한다고 할 수 있어서 주가지수는 주가의 흐름을 읽는 데 매우 유용합니다. 어떤 종목은 주가지수와 반대로 움직일 때가 있는데, 이 경우 주가지수가 하락세일 때 투자하면 됩니다. 반대로 주가지수와 같은 방향으로 움직이는 종목의 경우에는 주가지수가 상승할 것으로 예상되는 시점에 투자하면 됩니다. 이제 HTS에서 주가지수와 종목의 관계를 통해 투자하는 방법을 구체적으로 살펴봅시다.

주가지수와 종목을
한눈에 보기

주가지수의 움직임과 종목의 주가 흐름을 동시에 파악하면 전체 시장이 하락장일 때 해당 종목을 사야 할지 팔아야 할지를 알 수 있다. 시장이 상승장일 때도 해당 종목의 매수 여부를 결정하는 데 큰 도움을 얻을 수 있다. 이제 주가지수와 종목의 흐름을 한눈에 보는 방법을 알아보자.

영웅문을 기준으로 설명하면, HTS에 접속해 종목의 키움종합차트를 띄운다. 삼성전자 차트를 사례로 보자.

① 차트 상단에 있는 메뉴 툴바에서 '전'이라는 박스를 클릭하면 '추'로 변경되는 것을 볼 수 있다. 이것은 주가지수도 하나의 종목으로 보아 이를 추가적으로 화면에 넣겠다는 의미다.

① 차트에서 '전'을 '추'로

② 메뉴 툴바에서 '추' 왼쪽을 보면 '주식'이 있다. 이를 펼쳐 '업종'을 선택한다.

② '주식'에서 '업종'으로

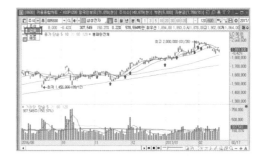

③ 오른쪽 메뉴 툴바를 보면 돋보기 모양이 보일 것이다. 이것을 클릭하고 '001 종합 (KOSPI)'을 클릭한 다음 닫기를 클릭한다.

③ 코스피 → 종합(KOSPI) → 닫기

분석 종목인 삼성전자는 주가지수와 대체로 정(+)의 방향으로 움직이고 있다. 주가지수가 오르면 주가도 오르고 주가지수가 떨어지면 주가도 떨어지는 것을 볼 수 있다. 이런 종목은 주식 시장의 상승장에서 매수하면 이익을 볼 수 있지만, 하락장에서는 동반 하락할 수도 있으니 주의하라.

[그림 11-10] 삼성전자 차트와 종합주가지수(정방향)

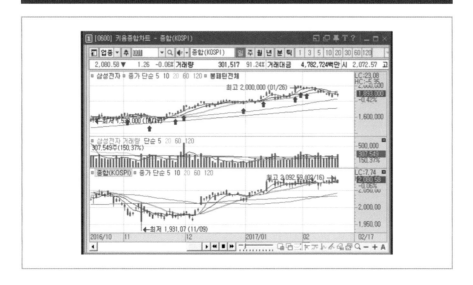

[그림 11-11] 푸른저축은행 차트와 종합주가지수(역방향)

　　주가지수와 반대로 움직이는 종목도 있다. 이런 종목은 오히려 하락장에서 주가가 일시적으로 하락할 때 매수하는 것이 좋은 전략이다.

　　[그림 11-11]에서 푸른저축은행 종목은 주식시장과 대체로 경쟁관계에 있음을 알 수 있다. 주가지수가 하락장에 있을 때 오히려 주가가 상승하고, 반대로 주가지수가 상승장일 때 종목의 주가가 하락하는 것을 확인할 수 있다.

　　만약 분산투자 포트폴리오를 구성한다면 삼성전자 주식은 상승장을 위해 매수하고, 푸른저축은행 주식은 하락장을 위해 손실 회피용으로 매수하는 것이 좋다. 이렇게 하면 손실을 줄이면서 이익을 극대화할 수 있을 것이다.

주식투자는
많이 알수록 성공한다!

'정답'은 없지만 '해답'은 있다

주식투자에서 수익률을 최대로 끌어올리려면 기본적 분석을 통해 좋은 종목을 고르는 법과 적절한 매매 시점을 잡는 법을 알아야 한다. 동물적 감각만으로 투자해서 큰돈을 벌던 시대는 이미 지나갔다. 주식투자와 관련해 엄청나게 많은 투자 기법이 난무하고 있지만, 사실 주식투자는 정해진 답이 없는 분야다. 투자자마다 선호하는 분석 방법이 다르고 전문가마다 종목을 보는 관점이 다르기 때문이다.

주식투자의 '정답'은 없지만 '해답'은 있다. 주식투자의 해답은, 첫째 옳다고 말할 수 있는 수많은 투자 기법을 아는 것이고, 둘째 그 지식을 내 것으로 만들어 돈 버는 투자를 하는 것이다. 주식투자는 다른 투자 수단에 비해 고도화, 전문화되고 있는 분야다. 종목을 고르는 눈과 각종 분석 도구를 활용하는 실력이 주식투자 수익률의 차이를 가져온다. 그래서 실력을 키워야 하고, 실력을 키우려면 가장 기본이 되는 내용부터 제대로 알아두어야 한다. 그냥 뜬소문에 혹해 주식을 사고팔다가는 손해만 보게 될 것이다.

재무제표를 보는 방법과 산업분석보고서를 해석하는 방법, 차트를 보고 주가의 흐름을 파악하는 방법 등 기본기를 다지고 투자를 하면서 조금씩 실력을 늘려 나가야 한다. 주식에 투자하는 것은 그 기업의 오너가 되는 것이라는 생각으로 해당 종목을 둘러싼 모든 경제지표를 철저히 분석해야 한다. 회사가 망하면 주가는 떨어진다. 결국 경영을 잘하는 기업에 투자해야 주식으로 돈을 벌 수 있다. 기업에 대한 철저한 분석과 망하지 않을 종목을 선별하는 기본기가 주식투자의 성공을 좌우한다.

과거와는 달리 요즘에는 인터넷을 통해서 종목에 관한 웬만한 정보와 뉴스를 입수할 수 있다. 활용할 수 있는 정보가 많다 보니 그 정보를 어떻게 활용하느냐에 따라 성과가 극명하게 갈린다. 공부를 하지 않고는 주식투자로 돈을 벌 수 없는 시대가 되었다. 주식은 많이 알고, 많이 찾아보고, 많이 생각할수록 돈을 벌 기회가 무궁무진한 분야다. 주식에 대해 꾸준히 공부하는 데 이 책이 교과서가 되길 바란다!

주식은 꽤 괜찮은 '재산 증식 수단'

주식은 다른 재테크 수단에 비해 초기 투자자금이 적게 들어간다. 부동산 투자만 해도 초기 투자금이 적어도 몇천만 원이 필요하고 많게는 몇억이 필요하다. 주식은 월급에서 일정 비율만 떼어도 충분히 투자를 시작할 수 있다. 게다가 부동산은 양도소득세나 취득세, 보유세의 비중이 커서 거래할 때 부담이 되지만 주식은 거래비용이 상대적으로 매우 저렴한 편이다. 주식은 해당 종목의 기업이 망하지만 않는다면 경제 발전과 더불어 가치가 지속적으로 상승하기 때문에 재산 증식 수단으로 꽤 괜찮은 선택이다.

이 책은 초보 투자자들이 기본기를 갖추도록 하는 데 주력했다. 주식투자자에게 필요한 기본 마인드와 정보 수집 방법을 설명했고, 나아가 증권계좌를 개설해 HTS와 MTS를 설치하고 거래하는 방법 및 수익률 높이는 노하우까지 최대한 쉽고 친절하게 담아내고자 했다. 초보 투자자라도 더 공부해서 좋은 종목을 매수할 수 있도록 재무제표를 이용한 투자 챕터와 차트 분석 챕터에서 기본기를 다지는 내용을 선별하고 구체적으로 사례를 들어가며 서술했다.

이 책은 일종의 '주식투자 백과사전'이다. 투자하다가 의문이 날 때 그 부분을 찾아서 따라 해본다면 몇 년이 지나도 들춰볼 만한 좋은 주식투자 지침서가 되어줄 것으로 생각한다. 주식 초보자들은 이 책을 처음부터 정독하면서 증권계좌를 개설하고 투자도 해보기를 바란다. 수익률이 오르고 계좌에 잔고가 많아지는 큰 기쁨을 누리게 될 것이다.

여러분의 성공적인 투자를 기원한다.